Frontiere Einaudi

www.einaudi.it

ISBN 978-88-06-25798-9

Ernesto Ferrero

# Album di famiglia

## Maestri del Novecento ritratti dal vivo

Einaudi

# Album di famiglia

*Alle donne di casa,*
*l'anello forte*

Noi siamo coloro che amiamo. Perché è
piú difficile narrare l'amicizia che l'amore?

CLAUDIO MAGRIS

# Introduzione

# Custodire il fuoco

Ho scritto molto su di loro. Necrologi da buttar giú in due ore; ricordi e ritratti quando scattano gli anniversari, dieci, venti, trent'anni dalla scomparsa; relazioni a convegni e festival, introduzioni, interviste, recensioni; le pagine dei *Migliori anni della nostra vita*. Ho scritto di maestri, padri e fratelli elettivi, amici, compagni di lavoro e di viaggio. I tanti che avevo avuto il privilegio di incontrare entrando nella casa editrice Einaudi nel 1963, e poi in altre ancora. Lavorando con loro, imparando da loro. Sono diventati parenti stretti, presenze vive con cui dialogare.

La distanza nasconde, sfuma o aiuta a vedere meglio? La memoria riscrive continuamente i ricordi, abbellisce, reinventa: si comporta da scrittore, non da storico. Bisogna stare attenti a non fossilizzarli in cliché di maniera. Che poi sono quelli che hanno maggior fortuna, perché si trasformano in piccoli miti portatili, semplificazioni giornalistiche, battute televisive, frasi fatte, addirittura verità storiche che poi è impossibile disincrostare.

Ho riaperto le grosse scatole dei ritagli, dei dattiloscritti, delle lettere e delle cartoline (che meraviglia era lo scriversi a penna, i colori degli inchiostri, la grana delle carte!) Lí dentro si sono depositati in disordine i pezzi di quello che è finito per diventare un romanzo famigliare. Storie intrecciate di una famiglia ramificata, bizzarra, sorprendente, eccessiva, dispersa, perfino conflittuale, come tutte, ma straordinaria, coesa nelle stesse passioni, nello stesso sentire. Capace di pensarsi in termini di comunità, sull'Altipiano di Rigoni come nella Racalmuto di Sciascia, con la stessa idea del libro come ragione di vita. Della letteratura come viaggio di conoscenza. Dove, malgrado le diversità dei caratteri e degli stili, non c'erano conflitti generazionali: i vecchi venivano ammirati e rispettati, i giovani erano cercati, inseguiti, valorizzati. Tutti producevano quell'allegria del fare insieme che trasforma il lavoro in passione, divertimento, gioco, gratificazione. Abbiamo lavorato tanto, ma nessuno ha mai pensato al *labor* latino, al senso di fatica, pena, sforzo, sofferenza che si ritrova nel francese *travail*, nello spagnolo *trabajo*, nel tedesco *Arbeit*. Il lavoro era crescita personale e collettiva, scoperta di mondi sconosciuti, libertà. Guardando a un futuro che sapeva essere troppo breve per lui, nei suoi ultimi anni a Goffredo Parise sembrava doveroso «disinfestarsi dalla polvere della Storia». Ma se i granelli di quella polvere fossero semi sempre pronti a germogliare, come il grano ritrovato nelle tombe dei faraoni? Come diceva Gustav Mahler, «la tradizione non è l'adorazione delle ceneri, ma la custodia del fuoco».

Ho provato a raggruppare i ritratti secondo affinità piú o meno evidenti, o soltanto immaginarie. È una sistemazione di comodo, perché nelle famiglie alla fine tutto si tiene, il passato e il presente, il lontano e il vicino, le ovvietà e le stranezze. Ogni storia è fatta di tante storie contigue, l'effetto finale è quello di una rete, dove anche la solitudine, habitat naturale dello scrittore, diventa nodo, e la singola voce fa parte di un coro. Il romanzo famigliare non ha un finale. È il romanzo che ogni generazione è chiamata a riscrivere.

Nella grande casa di famiglia anche la tua piccola esistenza può acquistare un senso.

# I prediletti

*A chi vuoi piú bene, a papà o alla mamma? Come è sciocco il gioco delle preferenze, e tuttavia le preferenze esistono, piú forti del famigliarmente corretto. Finiamo per scegliere, senza nemmeno spiegarlo e tanto meno dircelo, chi ci è particolarmente caro, come succede ai cani, che identificano il loro vero padrone nel gruppo famigliare.*

*Perché dunque nascondere i prediletti? Sono due maestri di metodo e di etica civile, che non mi stanco di rileggere, e ogni volta diventano ancora piú grandi, piú indispensabili: Italo Calvino e Primo Levi. Credo di conoscerli bene, eppure ci scopro sempre qualcosa di nuovo. Sono amici tra loro, piú che affini, fratelli. Non hanno nulla dell'attitudine attribuita ai maestri. Non si considerano e non si atteggiano a tali, non predicano, non dispensano consigli, non fanno pesare la loro esperienza. Non hanno paternalismi baronali, non vogliono scoprire giovani geni che magari si ispirano a loro. Sono uomini del dubbio sistemico, della ricerca in progress. Entrambi di formazione scientifica (Italo per via genetica, figlio di un agronomo e di una botanica), si esercitano in una sperimentazione consapevole dei propri limiti, e dunque pronta a ripensamenti, a continue verifiche. L'educazione si fa con i comportamenti, persino con i silenzi.*

*Lavorano con metodi differenti ma paralleli. Alla base del sistema operativo di Italo Calvino c'è il codice binario dei computer: zero/uno, dentro/fuori, vuoto/pieno. Lo applica alla lettura della realtà, e ogni volta funziona. Per «leggere» correttamente un arazzo bisogna studiarlo anche dal lato dell'ordito. Per leggere se stessi, occorre sapersi guardare da fuori come si guarda un oggetto estraneo.*

*Primo è affascinato e angosciato dall'asimmetria che è il vero motore dell'universo, sin da quando ci ha fatto la tesi di laurea. «L'asimmetria destra-sinistra è intrinseca alla vita; coincide con la vita; è presente, immancabile, in tutti gli organismi, dai virus ai licheni alla quercia al pesce all'uomo. Perché? Da dove viene? Forse da una battaglia che si è consumata negli abissi del tempo in cui hanno vinto i cattivi, gli amminoacidi sinistri?» Forse l'intero cosmo è un errore, un feroce e insensato campo di una battaglia senza fine. Non sapremo mai chi l'abbia scatenata e perché.*

*Italo e Primo non sprecano parole, per il rispetto che ne hanno. Parlano poco e lavorano molto. Stanno bene nelle loro tane. Non amano apparire, non sono presenzialisti. Per Italo ogni intervista è una tortura, perché la parola parlata per lui è fatalmente imprecisa, una cosa molliccia, informe, gommosa, persino un po' schifosa. Vorrebbe poter rinunciare agli ingombri e alle complicazioni dell'Io, diventare un occhio che vede e registra e una mano che scrive, osservare non visto. Adora New York perché lí, perso nelle moltitudini, puoi diventare perfettamente invisibile. Primo alle interviste si rassegna, le considera un'appendice esplicativa dei propri libri, perché vuole parlare ai giovani, a chi non sa, a chi non vuole capire. Non può rassegnarsi all'idea che quello che è accaduto possa succedere ancora. Pubblicare un libro non basta, poi bisogna farlo arrivare ai destinatari.*

*Italo e Primo sono due poliedri di cui non ho ancora finito di contare le facce. Aprirò l'album con i loro ritratti, disperandomi di sapere quanto siano inadeguati.*

# Italo Calvino da Budapest a New York

Quanti lavori, quante persone ci sono in una sola persona? Italo Calvino, citato a ogni piè sospinto per la faccenda della leggerezza, ha conosciuto la pesantezza in ogni suo risvolto, e l'ha usata come si usano gli attrezzi di palestra, per sviluppare la muscolatura mentale. La pesantezza della guerra partigiana, della guerra fredda, delle delusioni della militanza politica, della deriva di un'Italia che si andava degradando. Ha lavorato duro come i contadini di Liguria che si ammazzavano di fatica sulle fasce, e nei poderi paterni di San Giovanni. Di fatica è morto, a sessantadue anni, mentre lavorava (zappava) all'ultima delle sei *Lezioni* che doveva tenere ad Harvard. Gli è letteralmente scoppiato il cervello per lo sforzo.

Per lui tutto passava per quel che si fa, per come lo si fa: «La mia morale fa parte dell'etica del lavoro». Il lavoro come catena di solidarietà umana, trasmissione di competenze che unisce generazioni diverse e sfida la morte. Il lavoro come costruzione di sé, in cui l'uomo deve farsi fabbro di se stesso. Diceva che non scriveva per migliorare gli altri o il mondo, ma per migliorare se stesso. Non amava le filosofie coerenti e perfette che «credono di funzionare troppo bene e senza umiltà verso il reale». Lui invece aveva «un grande rispetto per il reale, e per la sua assoluta priorità».

Aveva cominciato come disegnatore in settimanali umoristici come il «Bertoldo» o «Marc'Aurelio», come molti coetanei (con un amico aveva vinto un premio per la vignetta piú stupida dell'anno). Possedeva un segno secco, stilizzato, capace di cogliere e condensare con pochi tratti una fisionomia, un carattere: il sorriso largo e soddisfatto del padre che parte per una battuta di caccia con gli amati cani. La mascella protesa di un Mussolini tronfio a cavallo. Un contadino muscoloso che affonda i piedi-radici nelle zolle che sta lavorando. Se medesimo colto nel suo modo di camminare, svagato, liquido, da sognatore distratto. Disseminava libri e quaderni delle caricature di amici e compagni. Inseriva disegnini persino nelle lettere d'amore: due barboncini, un'auto, un canotto, una bottiglia di brut, un trenino, una zuppiera colma di spaghetti al pesto.

Raccontava che, quando ancora non sapeva leggere, le vignette del «Corriere dei Piccoli» gli servivano come spunto per inventarsi delle storie sue. Anche la sua calligrafia, a inchiostro rigorosamente azzurro, sembrava sempre sul punto di prendere il volo, di raggrumarsi in una svelta figuretta, una nuvola, una vela, nella mongolfiera che si porta via il barone rampante. Si affidava all'estro di un vento curioso che lo sollevava ovunque, ma subito dopo voleva controllarne la direzione, capirne i meccanismi, da dove veniva e perché. Inseguiva gli istanti privilegiati delle cose che cominciano, e il catalogo delle loro infinite potenzialità sembra che abbia la forza di rifare il mondo. Vagheggiava la letizia delle ancore appena salpate.

Per imparare a navigare gli oceani bisognava passare dalle stanze della redazione torinese dell'«Unità», con il finto burbero Davide Lajolo, il redattore capo che sembrava il Peppone di Guareschi, e il bel Raf Vallone che si occupava della terza pagina, prima di finire fagocitato dal cinema, sul set di *Riso amaro*. Scriveva raccontini e note di costume, recensiva libri e spettacoli. Poi passava in casa editrice, si incatenava ai tavoli di formica che allora si usavano, a fare un po' di tutto: i «risvolti», le schede bibliografiche che accompagnavano i volumi in brossura, i materiali informativi per i bollettini ciclostilati destinati ai librai. Nel 1948, in uno di questi racconta la «vita segreta di una casa editrice», firmando con lo pseudonimo di Enea Traverso. Alla fine del pezzo c'è anche un autoritratto umoristico, quasi il riquadro di un fumetto. Nell'ultimo ufficio, quello dei servizi stampa, «Italo Calvino emerge da un mare di ritagli dell'Eco della Stampa», e si dichiara preoccupatissimo perché deve ritrovare in giornata un soffietto per la «fascetta» di un libro che sta per uscire. «I "soffietti" sono la sua ossessione, ci confessa: ogni volta che gli viene in mente l'idea di un romanzo, pensa per prima cosa al "soffietto" che potrebbe andar bene e l'idea gli sfugge».

Persino negli anni piú difficili, come il 1956-57, «il pescatore di nuvole di San Giovanni», come si era autodefinito con l'amico Scalfari già partito per Roma, interpreta dieci parti in commedia con una intensità che le difficoltà rendono ancora piú determinata. Quanto piú il mondo sembra frammentarsi nell'irrazionale e perdere un senso compiuto, tanto piú la scrittura, la nettezza dei gesti e dello stile, il lavoro collettivo diventano sostanziali, la difesa dell'ultima trincea.

Dal 1° gennaio 1955 ha acquisito la qualifica di dirigente, che manterrà sino al 30 giugno 1961, quando diventa un consulente esterno. Il lavoro d'ufficio adesso comprende molti altri compiti. Tiene contatti regolari con autori, collaboratori, consulenti, traduttori, amici. Si informa di quello che fanno, li sprona, sollecita, orienta, consiglia, sfoggiando un talento maieutico che sa trovare le parole giuste per risultare propositivo. Sollecita Emilio Cecchi, che continua a rimandare la sua edizione di Pascoli. Vaglia le proposte di un giovane e appassionato slavista siciliano, Angelo Maria Ripellino, che gli fa scoprire Pasternak («È formidabile! Formidabile!») Ricupera Mario Tobino e Mario Rigoni Stern, che avevano ricevuto offerte da altri editori per i loro nuovi libri. Dichiara il suo schietto apprezzamento a un giovane maestro di Racalmuto, Leonardo

Sciascia («Da anni punto su di te!») per il racconto *La zia d'America*. Scrive il suo caloroso apprezzamento a Elsa Morante per *L'isola di Arturo* («Mi pare piú bello di *Menzogna e sortilegio*, che pure mi era piaciuto... Il segreto è forse questo: che tu credi nel genere umano, ne hai ammirazione, senso della bellezza e eccezionalità umana»). Non è un gran lettore di poesia (gli dà fastidio il poetichese, la sua aura di preziosa oscurità), ma scrive a Pasolini una lunga lettera per dire quanto lo abbiano colpito *Le ceneri di Gramsci* («Libro bello e importante... Bravura tecnica da sbalordire») e il *Canzoniere italiano*: finalmente una poesia che offre molto materiale alla discussione.

Addirittura fraterno è il rapporto con Beppe Fenoglio di Alba, intriso di simpatia umana per quel provinciale brusco e di poche parole che un po' gli assomiglia. Tiene i contatti con Vittorini, che tende a rimandare i suoi impegni operativi, nella gestione delle novità dei «Gettoni». Se affiorano problemi redazionali, Italo ne informa in dettaglio gli interessati, inviando e discutendo lunghi elenchi di dubbi. Dirige e redige tutto da solo le «Notizie Einaudi», un trimestrale sulle novità della casa, che ospita recensioni affidate a firme illustri, dibattiti, anticipazioni. Risponde ai critici che si sono occupati di lui aprendo discussioni che finiscono per andare al di là dell'occasione specifica. Segue la traduzione all'estero dei propri libri, ben sapendo quanto sia difficile tradurli, malgrado l'apparente chiarezza del dettato. Anni dopo dirà brusco al giovane Jonathan Lethem, che aveva ammesso d'averlo letto in traduzione inglese: «Allora non hai letto Calvino».

Affronta con incredibile pazienza seccatori e importuni: il neolaureato che chiede di essere assunto, il conoscente che esige copie omaggio, il lettore sprovveduto che vuole consigli, l'intellettuale del Sud che vuole essere raccomandato a qualcuno della Olivetti. Continua a vagliare manoscritti, rispondendo a ogni aspirante autore con lettere cosí argomentate che finiscono per comporre un trattatello sulla sua idea di letteratura. Con questi ignoti lontani il parsimonioso Calvino sa essere di una generosità disinteressata, commovente. Sa troppo bene quante attese e speranze si accompagnano alla scrittura. Si dichiara contento di aver speso la maggior parte della sua vita «per i libri degli altri».

Se deve bocciare o criticare, lo fa con abbondanza d'argomenti. Non si rifugia mai nel generico formalismo della buona educazione con cui ci si libera degli importuni. Quando è il caso, sa essere franco e diretto. Ad Alcide Paolini che si dichiara insoddisfatto della vita di provincia: «Se vi fa soffrire, abbiate coraggio, partite, andatevene: allora potrete scriverne con tutto il distacco, amarla – odiarla o compatirla – veramente». Resta un buon samaritano anche con gli sconosciuti, gli interlocutori occasionali, i perditempo. Usa l'autoironia per disinnescare l'aggressività dei suoi interlocutori, per stabilire un giusto distacco dalle cose. Il suo è un minimalismo pragmatico. A chi gli chiede se si può vivere dei propri libri: «Non c'è nessuna speranza di guadagnare dei soldi scrivendo. Io per esempio non ho guadagnato mai nulla. Le dico questo non per scoraggiarLa, anzi per incoraggiarLa a trarre dallo scrivere l'unica soddisfazione fine a se stessa che è l'unica che se ne può trarre».

Il dirigente tuttofare è anche uno scrittore e un militante politico. Consegnate alla tipografia le *Fiabe italiane*, dal 10 dicembre 1956 al 26 febbraio 1957 si getta nella stesura del *Barone rampante* con la furia di un innamoramento esclusivo, quello stesso che gli fa scrivere centinaia di lettere esaltate a Elsa De Giorgi. Forse è un'evasione, una difesa, un risarcimento. A Budapest, il 24 ottobre sono scesi in piazza studenti e operai, la rivolta antisovietica divampa, verrà affogata nel sangue tra il 4 e il 10 novembre dall'intervento di duecentomila soldati e quattromila carri armati. Il Pci si spacca: i suoi dirigenti principali si schierano con l'Unione Sovietica, la minoranza ravvede nell'invasione un tradimento degli ideali che animano tanti militanti. «L'Unità» definisce gli operai insorti «teppisti», «spregevoli provocatori», «fascisti». L'intervento sovietico rappresentava un fattore di «stabilizzazione internazionale» che contribuiva «alla pace nel mondo».

Il 17 novembre Einaudi scrive a Togliatti, con il piglio un po' beffardo e provocatorio che era suo, chiedendogli di farsi portabandiera europeo di un'idea di socialismo diverso da quello sovietico. Non poteva sapere che era stato lo stesso Togliatti a caldeggiare l'intervento con quelli di Mosca. Togliatti risponde con una lettera in cui raccomanda prudenza. A Torino viene giudicata «la solita roba da preti». Calvino dice «che la direzione ha fatto il suo rutto».

Il diario del redattore capo Daniele Ponchiroli racconta vivacemente quei giorni convulsi. Franco Venturi, il grande storico dell'Illuminismo europeo, era piombato in redazione con un'edizione straordinaria di «Stampa Sera» con la notizia della rivolta di Budapest. Era convinto che l'onda non si sarebbe fermata, ma sperava che Chruščëv fosse in grado di resistere agli staliniani. Piú tardi penserà addirittura di reclutare dei volontari per andare a combattere contro i russi. Seguono riunioni sempre piú accese sino a tarda notte. Einaudi ridendo invita provocatoriamente Calvino «a partire per Budapest per andare a fare le barricate e magari cadere da eroe. Chissà che successo avrebbe il suo libro delle fiabe».

Sin dal 26 ottobre Calvino presenta alla cellula einaudiana del partito, intitolata a Giaime Pintor, un ordine del giorno che denuncia «l'inammissibile falsificazione della realtà» operata dall'«Unità» nel riferire i fatti di Budapest e critica l'incapacità del partito di rinnovarsi alla luce dei drammatici avvenimenti dell'Est. La cellula rilancia prontamente dichiarando la sua piena solidarietà con i movimenti popolari polacco e ungherese e con i comunisti che lavorano per «un radicale rinnovamento dei metodi e degli uomini». Sono in gioco i metodi democratici all'interno del partito. Il dilemma è: restare e cercare di cambiare il partito da dentro o andarsene sdegnati?

Arriva a Torino Mario Alicata e Bollati, numero due della casa, lo attacca con durezza, elencando gli errori della direzione dal 1953 a oggi. Commenta il diarista: «Sono uomini di gomma, con la faccia di bronzo: incassano tutto, magari ti danno ragione, anche». C'è chi chiede le dimissioni di Togliatti, la proclamazione dello stato di emergenza del partito, la formazione di una costituente. Sull'«Unità» escono articoli di Pajetta e di Longo che vengono definiti «pietosi». La Cgil si schiera contro il partito e prende posizione con gli insorti. Calvino si distingue per attivismo, è sempre trafelato, addirittura «terreo». Si redigono appelli ai comunisti, in cui si depreca l'atteggiamento della direzione, che sembra sconfessare le battaglie per uno sviluppo del socialismo con metodi democratici. Nelle drammatiche riunioni con i quadri del partito torinese, Calvino si scopre ignote virtú tribunizie, trascina i presenti all'applauso.

Si progetta addirittura di fondare un quindicinale comunista di dissidenti diretto da Calvino, con Paolo Spriano come redattore capo: un foglio d'opinione di mille, duemila copie ma mancano i soldi; poi si decide che Calvino preparerà con cura un intervento inattaccabile, «scientifico», per il Congresso. Un esplicito divieto di Pajetta gli impedirà di partecipare.

Il 4 novembre la situazione precipita, i russi attaccano Budapest. Bollati, che ha litigato con Luciano Barca, ha un collasso. Amendola distingue fra i discorsi che si possono fare con gli intellettuali, ai quali in privato si può anche dare ragione, e quelli che bisogna fare con le masse, alle quali bisogna parlare come conviene. In definitiva le posizioni di Calvino sarebbero giuste ma non possono essere rese pubbliche perché pericolose per il popolo.

Calvino si sente vicino ad Antonio Giolitti, che aveva rivolto alla dirigenza del partito critiche puntuali e argomentate, accolte da un silenzio gelido e ostile, tanto che aveva deciso di uscirne. Il 1° agosto 1957 formalizza anche lui le dimissioni con una lettera che viene pubblicata sull'«Unità». Scrive di aver sperato che il Pci «si mettesse alla testa del rinnovamento internazionale del comunismo, condannando metodi di potere rivelatisi fallimentari e antipopolari, dando slancio all'iniziativa dal basso in tutti i campi». Invece di rinnovarsi, il partito si era schierato con i dogmatici, aveva perso una grande occasione. Il problema non erano i turbamenti degli intellettuali: la classe operaia e il partito non coincidevano piú: «Questa sí è una perdita secca per la democrazia». Seguono schermaglie con Togliatti, che sull'«Unità» parla di intellettuali che si sono sempre rifiutati di scrivere qualche cosa di significativo a sostegno delle «nobili battaglie che il partito conduceva», e poi invece sono prontissimi a mettersi «agli ordini dei giornali della borghesia, sopra il partito e i suoi dirigenti per accrescere la confusione, la sfiducia e il disfattismo». Calvino non ci sta: fango sul partito non ne ha mai buttato, per dieci anni ha scritto sui suoi fogli con pezzi di tutti i generi. Respinge la falsa opposizione per cui o si è d'accordo su tutto o si è agli ordini dalla borghesia.

Per lui la stagione dell'impegno politico si è chiusa definitivamente. Non riteneva piú che la politica fosse «un'attività totalizzante» e da allora ne ha diffidato. Rimpiangeva di averci speso tanto tempo, tante energie. Scriverà nel 1980: «Penso oggi che la politica registri con molto ritardo cose che per altri canali la società manifesta e penso che spesso la politica compia operazioni abusive e mistificanti». Un anno prima, in un articolo apparso sulla «Repubblica» e rimasto famoso, si chiedeva se era stato stalinista anche lui. Scriveva: «Noi comunisti italiani eravamo schizofrenici. Sí, credo proprio che questo sia il termine esatto. Con una parte di noi eravamo e volevamo essere i testimoni della verità, i vendicatori dei torti subiti dai deboli e dagli oppressi, i difensori della giustizia contro ogni sopraffazione. Con un'altra parte di noi giustificavamo i torti, le sopraffazioni, la tirannide del partito, Stalin, in nome della Causa. Dissociati». E concludeva: «Se sono stato (pur a mio modo) stalinista, non è stato per caso. Ci sono componenti caratteriali proprie di quell'epoca che fanno parte di me stesso: non credo a niente che sia facile, rapido, spontaneo, improvvisato, approssimativo. Credo alla forza di ciò che è lento, calmo, ostinato, senza fanatismi, né entusiasmi. Non credo a nessuna liberazione individuale e collettiva che si ottenga senza il costo di un'autodisciplina, d'una autocostruzione, d'uno sforzo».

Tre anni dopo, ai primi di novembre del 1959, il trentaseienne Italo parte per l'America con una borsa della Ford Foundation per giovani scrittori europei. Si pente subito d'aver preso la nave, pretenziosamente nuova ma popolata di gente «antiquata, vecchia e brutta». Si ricompensa con l'emozione dell'arrivo a New York, «la piú spettacolare visione che sia data di vedere su questa terra». Ci rimane due mesi. Lí mette in pratica la vocazione del barone rampante, che è la sua: osservare il mondo da una posizione defilata, studiare le differenze senza essere visto, meravigliosamente incognito. Si sbottona: «È l'unico posto in cui posso far finta di risiedere», una città «geometrica, cristallina, senza passato, senza profondità, che posso illudermi di padroneggiare con la mente, di pensarla tutta intera nello stesso istante». Il viaggio prosegue verso Chicago, Detroit, la California, il Texas, il Sud. Forse il vero paesaggio dell'America è la piatta e squallida Los Angeles, «città fatta di mille periferie», o la dura Chicago materiale e produttiva.

Com'è sua abitudine, cerca di capire dal di dentro come funziona il sistema America, ma compie anche missioni di scout per Einaudi (porterà in Italia, tra gli altri, autori come Salinger, Bellow e Malamud). Scrive a Torino (e alla madre) lunghe lettere che stanno tra il diario e la relazione, e alimenteranno anche una serie di articoli poi apparsi su settimanali. Tutti materiali che, rielaborati, confluiranno in *Un ottimista in America*, previsto per i «Saggi» Einaudi. Nella primavera del 1961 il libro è pronto, ma Calvino lo ferma in seconde bozze. Applicando a se stesso il rigore che riserva alle letture editoriali, lo sente «troppo modesto come opera letteraria e non abbastanza originale come reportage giornalistico». Cosí confesserà nel 1985, senza essere convinto nemmeno con il senno di poi della giustezza della decisione: in fondo «sarebbe stato comunque un documento dell'epoca».

È molto di piú. Il tono è quello di una conversazione informale tra amici. L'uomo che detestava dire «io» e aborriva l'autobiografia parla finalmente di sé. Di abitudini taciturne e appartate, si rivela conversatore amabile, frequenta party, socializza ovunque con una disinvoltura quasi mondana. Con lui, scopriamo che l'America è molto meno americana di come la pensava il nostro immaginario un po' provinciale. Loro non giocano al flipper, non vestono jeans, vanno poco al cinema, di Coca-Cola in giro se ne vede poca... Forse, dice, dovremmo insegnare agli americani che cos'è l'America.

L'esperienza è elettrizzante. Appena tornato, confesserà a Carlo Bo: «Negli Stati Uniti sono stato preso da un desiderio di conoscenza e di possesso totale di una realtà multiforme e complessa e "altra da me", come non mi era mai capitato». Il Calvino ipercinetico che si autoproclama «newyorchese», come già Stendhal si voleva «milanese», è un uomo felice. Le lettere sprizzano humour e allegria. A Elsa Morante: «New York mi ha assorbito come una pianta carnivora assorbe una mosca... È il paese che ti dà il senso di svolgere un'enorme attività anche se in realtà combini poco». A Pasolini: «L'America non ha grandi problemi tranne quello di come faranno a tradurre Pasolini (*It is dialect? It is slang?*) e quello: Pasolini è un beatnik? No, insorgo io, è tutto il contrario e spiego per mezz'ora». A Carlo Levi: «La notizia del tuo arrivo, che comincia a diffondersi, suscita una sensazione che ha precedenti solo in quella dell'arrivo di Krusciov».

È ovunque. Intervista gli abitanti del Village (gli unici titolari di un qualche brandello di storia), frequenta l'ascetico Actors Studio di Lee Strasberg, una fabbrica di calcolatori e supermarket in cui si vendono anche motoscafi; loda la politica fiscale che consente alle fondazioni di godere di ricche donazioni private; studia la forma della fanaleria delle auto; parla con i potenti leader sindacali degli scaricatori di San Francisco; assiste a malinconici spettacoli di burlesque, va a cavallo in Central Park, si accorge che i beatnik sono dei bravi borghesi che si travestono da bohémien per andare nelle case dei ricchi a recitare la parte dei provocatori; ma scopre anche il degrado urbano, i vagabondi, gli alcolizzati, e la loro «oscura religione di autoannientamento». Visita i pueblo delle riserve indiane (gli pare di essere ad Alberobello). Sperimenta la noia mortale di highway e cittadine tutte uguali. Arriva in Alabama in tempo per vivere in diretta una manifestazione non-violenta di Martin Luther King («tipo molto solido e abile») e un razzismo tanto piú repellente quanto piú paternalista e bonario.

Le sue intuizioni arrivano al cuore dei problemi, prefigurano lo scoppio della bolla immobiliare di tanti decenni dopo: il sistema si regge sull'indebitamento ottimistico, sul credito troppo facile concesso a tutti. Le case non le paga chi le compera, ma la banca: «È questa la società della fiducia o dell'ansia?» E sembra che parli dell'oggi quando spiega che la vera debolezza americana sta nell'incapacità di capire ogni altro mondo che non sia il suo. Non hanno il senso della storia perché hanno scelto la geografia, l'occupazione degli spazi.

La full immersion negli States nutrirà a lungo il suo immaginario. Forse il germe delle *Città invisibili* sta proprio nelle marcate differenze che segnano tante città visibili, ognuna portatrice di un'idea, di un modello, di una potenzialità da sviluppare o da contrastare, ma tutte colte nelle loro linee essenziali con grazia illuministica. Non a caso *Le città invisibili* è il suo libro piú letto in America, diceva sua moglie Chichita. Forse non a caso a New York è andata a vivere la loro figlia Giovanna. Mi sembra che anche lei ci si trovi come nel suo ambiente naturale.

L'America è stata l'unica vera vacanza che Italo, stakanovista della scrittura, devoto ai propri doveri, si è concesso. Un viaggio conoscitivo nel Paese degli eccessi, alla Gulliver, di quelli che ti rigenerano, ti fanno sentire la letizia delle ancore salpate.

# Primo Levi, pacato studioso di vortici

Lapin, Coniglio, lo chiamavano affettuosamente i compagni di viaggio di quell'interminabile ritorno a casa, da Auschwitz a Torino passando per mezza Europa. Compagno ideale, sempre gentile, disponibile, beneducato, di una mitezza che non sembrava di questa terra, ingegnoso, provvisto di una quantità incredibile di conoscenze. Strano coniglio avventuroso, che avrebbe voluto girare il mondo e invece è stato chiamato a calarsi come Dante nell'imbuto dell'inferno piú nero, e poi a chiudersi disciplinatamente nel pendolariato casa-ufficio.

Quando torna a Torino, dopo un periplo interminabile in una Russia omerica, ha già capito tutto. Un mese dopo, il 26 novembre 1945, racconta per lettera la sua esperienza ai cugini rifugiati in Brasile con una lucidità disincantata che diventa profetica:

> Le impressioni generali sono poco allegre: l'Europa è vecchia, maledetta e pazza: l'Italia è ancora fra le regioni privilegiate. I Tedeschi non sono uomini; bisognerebbe distruggerli o rieducarli, e sono entrambe cose impossibili: ho parlato con tedeschi prigionieri dei russi, dopo l'armistizio: seri, freddi e convinti, ti dicono: «Anche questa volta è andata male: la prossima andrà meglio». I Russi hanno dimenticato Marx, hanno sentito il gusto dell'Occidente e non hanno molta voglia di fermarsi. I Balcani sono piú che mai

una polveriera: tutte le annose questioni di confini sono ancora aperte, e ciascuno profitta della situazione poco chiara per farsi largo a gomitate. In Polonia, dopo l'occupazione russa e fino a giugno, sono stati uccisi in «pogrom» piú di 2000 ebrei che erano sfuggiti alla strage nazista. Centinaia di migliaia di prigionieri di guerra attendono ancora il rimpatrio, fra questi almeno 20 000 italiani passeranno ancora un inverno nei campi russi al di là degli Urali.

Quanto all'Italia, forse qualcosa già sapete. La parte migliore della nostra generazione (nel Nord: a Sud le cose si sono svolte diversamente) ha partecipato alla resistenza contro i tedeschi e i neofascisti, poi alla guerra partigiana e all'insurrezione dell'aprile '45. Com'è d'uso, i migliori sono scomparsi, e a cose finite la scena è stata invasa dall'ambizione e dalla dubbia fede. Le superstiti coscienze integre sono deluse: il fascismo ha dimostrato di avere radici profonde, cambia nome e stile e metodi ma non è morto, e soprattutto sussiste acuta la rovina materiale e morale in cui esso ha indotto il popolo. Fa freddo, c'è poco da mangiare, non si lavora; fiorisce il banditismo, e mentre si parla di democrazia sociale, crescono mostruosi nuovi capitalismi nati dal traffico nero: è l'aristocrazia piú antisociale. La guerra è finita, ma non c'è ancora la pace.

Mi chiedono spesso chi era Primo. Com'è difficile raccontare la virtú, la grandezza umana e letteraria quando diventano una sola cosa. Gli scrittori sono spesso degli esseri insicuri, nevrotici, egocentrici e autoreferenziali, vanitosi, esibizionisti, vittimisti, invidiosi delle fortune dei colleghi, queruli, eterni adolescenti che cercano una rivincita sulle proprie difficoltà esistenziali, e senza nemmeno saperlo praticano la scrittura come autoanalisi e come terapia. Primo era l'esatto contrario: riservato, paziente, di una modestia che sconfinava nell'autolesionismo, se non nel masochismo. Mai uno scatto, una parola fuori posto, un malumore, un'ombra di nervosismo. Quanto tempo c'è voluto per accorgerci che è uno dei massimi scrittori del Novecento, che non si poteva continuare a confinarlo nella categoria dei testimoni, perché i testimoni di solito non capiscono nulla, si fanno sorprendere dagli eventi e restano lí imbambolati. E poi la memoria non basta: è inaffidabile, finisce per fare della fiction in buona fede, abbellisce, inventa, e dunque va sottoposta a rigorosi esami di laboratorio.

Quante gliene hanno fatte, e lui sempre pronto a capire, a giustificare, a ritessere in silenzio la propria tela senza recriminare. Ha cominciato Pavese nel 1947, lasciando cadere *Se questo è un uomo* senza leggerlo, perché si sentiva sopraffatto da tante testimonianze sulla tragedia appena consumata. Se lo avesse letto, non avrebbe potuto ignorare la straordinaria qualità di una scrittura, impensabile in un ventiseienne, che riusciva a dire quello che è perfino difficile immaginare. Il suo era anche un imbarazzo privato, una rimozione, visto che aveva passato la guerra nascosto in un seminario, e in qualche modo poteva sentirsi un disertore. Cosí aveva incaricato Natalia Ginzburg di restituire il manoscritto con una motivazione generica. Uscito il libro nelle edizioni De Silva di Franco Antonicelli (duemilacinquecento copie, di cui millecinquecento vendute, le altre disperse nell'alluvione di Firenze, qualche buona recensione di Calvino, Cases, Cajumi), alcuni einaudiani si erano battuti per riprenderlo, ma l'editore restava scettico: non amava i ricuperi, voleva gloriarsi di scoperte tutte sue. Solo dopo le insistenze di Luciano Foà, segretario generale e futuro fondatore dell'Adelphi, e Paolo Boringhieri, responsabile delle collane scientifiche prima di mettersi in proprio, *Se questo è un uomo* era tornato in libreria, con una trentina di pagine in piú (di cui nessuno si accorse, nemmeno Antonicelli), ma nella collana dei «Saggi», come a dire che quello che raccontava era piú importante del modo in cui lo raccontava.

Sul finire degli anni Cinquanta Primo aveva cominciato a pubblicare su quotidiani e settimanali dei racconti molto apprezzati da Calvino, che li aveva definiti «fantabiologici»: apologhi e allegorie a sfondo scientifico che parlano sottotraccia di scelte morali, dei mostri che può generare il sonno (o l'insonnia) della ragione. Quando dopo il successo della *Tregua*, che nel 1963 aveva vinto la prima edizione del Campiello, li aveva raccolti in volume, in via Biancamano gli avevano consigliato di adottare uno pseudonimo, quasi si trattasse di un'opera d'intrattenimento e d'evasione, dunque politicamente non corretta (all'epoca la fantascienza era catalogata nell'aborrito qualunquismo), e non un modo di declinare diversamente temi già affrontati nei due libri precedenti. Primo non si era opposto, e aveva indossato le improbabili sembianze di un certo Damiano Malabaila, che era il cognome di un negoziante davanti a cui passava ogni giorno andando a lavorare nella fabbrica di vernici a Settimo Torinese. Si era arrivati a una sorta di mediazione: il «risvolto» rendeva trasparente l'escamotage, il vulnus restava.

Quando dopo il successo del *Sistema periodico* (1975) e della *Chiave a stella* (1977, Premio Strega) Primo propone a Einaudi di raccogliere una trentina di sue poesie (da lui presentate, al solito riduttivamente, come un fenomeno irrazionale e inconscio, sfuggito al suo controllore), si sente rispondere che non sono ritenute pubblicabili «sia per mole sia per argomento». Escono da Vanni Scheiwiller; una seconda raccolta piú corposa, *Ad ora incerta*, appare da Garzanti nel 1984. È Giovanni Raboni il primo a dire che la poesia di Levi non è affatto marginale rispetto al resto della sua opera, ma ha «lo stesso solenne acume morale, la stessa forza di memoria, ammonimento e pietà, che rendono cosí sostanziosa, cosí giusta, cosí naturalmente memorabile la sua prosa».

In un racconto ancora inedito Primo spiega come mai un uovo bollendo non si liquefà ma si solidifica: «Finché avrò vita, continuerò a meravigliarmi non solo delle uova, ma anche delle mosche, delle moschee, dei poliedri, dei granelli di sabbia e dei ciottoli dei torrenti». Per lui non esistono confini di genere tra materia inanimata, vegetali e animali. Si diverte a superarli, a stabilire collegamenti, a inventare linguaggi che ci permettano di comunicare con loro. Il chimico che esercitava un mestiere considerato «arido, misterioso e sospetto» crede fermamente nelle potenzialità della parola e del linguaggio. La creazione gli sembra lungi dall'essere compiuta e conclusa, sono proprio le parole a tenerla sempre aperta. Con i materiali che abbiamo a disposizione c'è ancora molto da inventare. Cosí Primo indossa il grembiule di laboratorio e si mette a fare concorrenza al Demiurgo, creando soluzioni piú audaci e brillanti delle sue, animali inquietanti perché sono lo specchio delle nostre ambiguità: i *vilmy*, che producono un latte che crea dipendenza, gli *atoúla* e le *nacunu* (l'unica specie, si vanta, «in cui il maschio e la femmina siano stati designati con nomi diversi»), fanciulle impollinate da un albero di ciliegio. Il regno delle ibridazioni non ha confini, l'ibrido è quello che ci fa umani, si sente ibrido lui stesso, tecnico e scrittore, italiano e ebreo. Gli piace mescolare «nostalgia del passato e anticipazione dell'avvenire, epica e realtà quotidiana, impostazione scientifica e attrazione dell'assurdo, amore dell'ordine naturale e gusto di sovvertirlo con giochi combinatori, umanesimo ed educata malvagità».

L'uomo della ragione lucida e pacata, il presunto positivista, non ha mai nascosto la fascinazione per il suo contrario, per l'impurità da cui nasce la vita. Sa che l'intera esistenza umana si svolge sotto il segno dell'ambiguità, della duplicità; che l'uomo, la creatura confusa di cui parla Thomas Mann, è il terreno di scontro tra pietà e brutalità, errore e verità, senno e follia, generosità ed egoismo. Per lungo tempo, da tecnico di laboratorio, ha osservato i comportamenti di questo ibrido sconvolgente e affascinante, creativo e distruttivo, consapevole di non poter separare il groviglio di carne e di mente, di alito divino e di polvere.

È molto piú imprevedibile dell'immagine «buonista» che ci siamo fatti per comodità. Spietato con se stesso e con gli inganni della memoria, maestro di ossimori, affascinato e angosciato dalle asimmetrie che sembrano governare il cosmo, lo studioso di vortici non offre conclusioni tranquillizzanti e catartiche, ma semmai vuole tenerci svegli, allarmati, dubitosi, reattivi. In pochi hanno colto quanto di minaccioso contiene un titolo come *La tregua*. Il ritorno a casa, la ripresa della vita è un intermezzo. Guerra è sempre. Per troppo tempo è stato comodo non crederlo.

Primo non ha difficoltà a indossare i panni del bastian contrario, che si muove in controtendenza, appare dove non te lo aspetti. Nell'immediato dopoguerra, quando l'Italia è immersa nel fervore della ricostruzione e in una rimozione di quel che è appena accaduto, ci chiede di riportare lo sguardo su quello che è appena capitato. Verso la fine degli anni Cinquanta, quando si è creato un sufficiente distacco storico, scrive racconti che hanno l'aria del divertimento scientifico, e sfida l'ipocrisia del «politicamente corretto», che lo vorrebbe fissato nel santino della vittima e testimone. Negli anni di piombo osa affermare che il lavoro non è soltanto schiavitú e alienazione, e che anzi saperlo svolgere con passione e competenza può addirittura rappresentare una buona approssimazione alla felicità. Ai profeti di sventura, che annunciano il collasso delle società complesse, diventate troppo fragili per via della complicazione dei sistemi di controllo, oppone una sorridente fiducia nelle capacità dell'*homo faber*, che riuscirà a rimediare ai suoi stessi errori. All'inizio degli anni Ottanta, quando l'era craxiana celebra i fasti di un nuovo superficiale edonismo, torna a sottoporci una tragica verità: Auschwitz è sempre, ciò che è stato può essere ancora; siamo noi stessi, i presunti «normali», i potenziali abitanti della città del Male. Il mostro non è un essere favoloso e alieno come i draghi. Possiamo davvero affermare che, una volta indottrinati a dovere da un regime totalitario, non diventeremmo anche noi dei carnefici? Nella zona grigia del collaborazionismo si aggirano figure «turpi, miserevoli o patetiche», che tuttavia non appartengono all'area dell'eccezionale, ma di una pur degradata normalità. Restiamo nella terra di nessuno tra chi comanda e chi subisce, in cui le responsabilità non sono nettamente definite, e l'appannarsi del senso morale conduce all'accettazione del peggio. La «banalità del male» si incarna nell'accettazione degli ordini superiori, nella catena dei capi e dei capetti, nei «gerarchetti di retrovia», nei «funzionari che firmano tutto», che scuotono la testa ma acconsentono e dicono: «Se non lo facessi io, lo farebbe qualcun altro peggiore di me».

Primo lavora sull'uomo com'è. Ne conosce i limiti e le debolezze, ma non ne fa oggetto di condanna moralistica o di deprecazione. Non tenta una via di fuga nel perdono. Riconosce all'uomo l'impossibilità di patire le sofferenze di tutti, ma ribadisce l'importanza di non «rendere il colpo», di non avviare la spirale della vendetta, che degrada la vittima allo stesso livello del suo oppressore. Ha sperimentato le forme estreme dell'orrore, ma non è pessimista, né indulge al catastrofismo, alle distopie. Malgrado tutto, continua a far credito all'uomo, alla sua capacità di riscatto: «La miseria dell'uomo ha un'altra faccia, che è di nobiltà; forse esistiamo per caso, forse siamo la sola isola d'intelligenza nell'universo, certo siamo inconcepibilmente piccoli, deboli e soli, ma se la mente umana ha concepito i buchi neri, ed osa sillogizzare quanto è avvenuto nei primi attimi della creazione, perché non dovrebbe saper debellare la paura, il bisogno e il dolore?»

Si sente vicino a Darwin. Osserva che i suoi critici erano afflitti da una miopia incredibile, nell'accusarlo di essere un demolitore di dogmi, perché dall'intera sua opera spira «una religiosità profonda e seria, la gioia sobria dell'uomo che dal groviglio estrae l'ordine, che si rallegra del misterioso parallelismo fra la propria ragione e l'universo, e che nell'universo vede un grande disegno». In un'intervista confida: «Non ho mai avuto un senso religioso. Possiedo ciò che Freud ha definito "il senso oceanico". Se pensi all'Universo, diventi religioso, ma questo non mi crea alcun problema».

Torno alla domanda iniziale: chi era l'uomo capace di guardare fino in fondo l'orrore senza tremare, con la freddezza del ricercatore che non si lascia contagiare dal materiale infetto che deve analizzare? Chi è lo scrittore complesso, multiplo, quasi segreto, che a prima vista sembra chiaro, trasparente, non problematico?

A parte i due anni del Lager e del travagliato ritorno e qualche viaggio di lavoro in Germania e Unione Sovietica, è uno stanziale. Pochi amici selezionati; consumi piú che sobri, una passione per la bicicletta e la montagna che è stata poi quella che aveva forgiato il suo fisico, preparandolo agli stress del Lager. Al suo corso è stato lo studente piú brillante. La chimica gli ha offerto un metodo per coltivare e collegare tra loro sterminate curiosità enciclopediche. «Primo sa tutto», si dicevano ammirati gli amici dei vent'anni, ed è vero. Sa tutto, ma non dà a vederlo per non imbarazzare chi ne sa meno di lui. A vent'anni ha già chiara la struttura di quello che sarà uno dei racconti piú geniali che siano stati mai scritti, *Carbonio* (che chiuderà *Il sistema periodico*): le tante, avventurose incarnazioni di un atomo di carbonio. Liberato casualmente dalla roccia calcarea cui è legato da milioni di anni, entra nel sangue di un falco, si scioglie nelle acque di mari e torrenti, si fissa nella foglia di una vite e infine nel latte che viene ingerito dall'autore e da lí finisce nel suo cervello, dove detta il punto che chiude il racconto.

C'è una cosa che il giovane Levi non osa confessare nemmeno a se stesso, come se si trattasse di un vizio inammissibile in un'austera famiglia borghese: vorrebbe fare lo scrittore a tempo pieno. Scrive poesie, racconti, ma sa bene che di letteratura non si campa. Al liceo D'Azeglio una professoressa è riuscita a rimandarlo in italiano, ma lui intanto ha metabolizzato Dante nel profondo. Il neolaureato che parte dal campo di Fossoli per Auschwitz ha già l'attitudine dello scrittore (o del pittore), impegnato a scansionare gli elementi che gli serviranno per costruire l'opera che ha in mente. È il migliore degli inviati speciali perché ha mentalità scientifica, capacità di scrittura, eccezionale proprietà di linguaggio.

Eppure anche quando con gli anni la sua notorietà cresce, continua a tenere un profilo basso, quasi a occultare le ambizioni giovanili. Si definisce scrittore della domenica, che ha sentito il dovere di testimoniare. Dichiara che dopo *La tregua* di Lager non parlerà piú, ma continua a occuparsene per quarant'anni, sino al vertice dei *Sommersi e i salvati*, capolavoro di antropologia, libro che analizza magistralmente i meccanismi dei rapporti di gruppo, ed elabora la fondamentale categoria della «zona grigia». Forse teme, da attento osservatore dei comportamenti animali, l'aggressività della corporazione dei letterati, poco propensi ad accogliere nel branco chi abbia una formazione diversa. Quasi si scusa delle intrusioni scrittorie nell'«altrui mestiere», come recita il titolo della raccolta di elzeviri che pubblicava sulla «Stampa».

Quando nel marzo 1963 si affaccia nel vano della porta dell'ufficio stampa Einaudi, in cui sono stato appena assunto, non so nulla di lui. Ha la cautela di chi si inoltra in un ambiente infido. Calvino lo stima e lo apprezza, ma in quel momento altre sono le star della casa: Bassani, Cassola, Natalia Ginzburg, lo stesso Calvino, la Morante, Sciascia. Tuttavia persino a un inesperto garzone di bottega bastano le tre pagine iniziali dell'ingresso dei russi nel

Lager abbandonato a se stesso per capire che libro sia *La tregua*. Se ne accorgono presto anche i lettori. Accompagno Primo a Venezia, dove vincerà per distacco la prima edizione del Premio Campiello. È un po' preoccupato perché dispone solo di un abito di gabardine poco adatto alle cerimonie, e non si trova a suo agio nelle mondanità della sfarzosa casa Valeri Manera, affacciata sul Canal Grande.

Da buon chimico di laboratorio, sa rendere produttivi gli insuccessi, continua a sperimentare. È in quei momenti che si sente un artigiano felice, uno di quelli che «pensano con le mani», il bambino che giocava con il meccano e il microscopio, «ilare come un bracco sulle tracce della volpe». Tra le sue passioni c'è anche la linguistica. Tiene a portata di mano i dizionari etimologici, da cui cava in continuazione perle con la facilità apparente dell'illusionista. Ha l'hobby del rebus, ne produce per piacere personale (il mestiere del chimico non è proprio un risolvere rebus continui che la materia ti pone?) Si diletta di palindromi, e dedica un intero racconto, *Calore vorticoso*, a un personaggio che conia palindromi che rimandano alle situazioni in cui si ritrova.

Lo scrittore incantato dalla fascinazione dei racconti orali è un ottimo ascoltatore, e lamenta sommessamente che dell'arte di ascoltare non si occupi nessuno. È una delle prime cose che nota Philip Roth, che nel settembre 1986 viene a trovarlo a Torino, pieno di ammirazione: «Ascoltava, e il suo intero volto, una faccia accuratamente modellata con il pizzetto di barba bianca, lo faceva sembrare allo stesso tempo un giovane fauno e un professore: una faccia di un'irresistibile curiosità e di un dottore molto stimato».

La visita di Roth è l'ultima grande soddisfazione della vita di Primo, che lo porta a vedere la fabbrica di Settimo e gli spalanca le porte di casa. Accompagnato da Claire Bloom, Roth si entusiasma del nuovo amico torinese. Descrive con tenerezza lo studio arredato con la semplicità degli anni Cinquanta, il vecchio divano a fiori, una sedia bella comoda, la scrivania con il Macintosh coperto da un panno come la gabbia di un canarino; i dizionari sugli scaffali della libreria, costellati di appunti colorati; le sculture-giocattolo che Primo aveva modellato con dei fili di rame che usava in laboratorio, di cui era orgoglioso: una grande farfalla, un gufo, un insetto, un uccello-guerriero armato con un grosso ago da maglieria, e «un uomo che gioca con il proprio naso, un ebreo, ovviamente», come spiega lui stesso ridendo.

Ricordando l'incontro in una lunga intervista sul «New York Times», Roth ha definito Primo «un genio della letteratura». I vecchi conti sono finalmente saldati. Il deportato n. 174517 si è conquistato il posto che gli spetta.

# I capotribú

*Il fascino del mestiere di editore risiede nella sua natura ibrida, persino nella sua sostanziale ambiguità. L'editore è un centauro in cui si combinano identità e qualità diverse, qualche volta persino conflittuali. È un imprenditore che non si accontenta di essere tale. La redditività non gli basta, altrimenti praticherebbe attività meno rischiose. Coltiva interessi, passioni, curiosità culturali, con cui nutre un'ambizione «politica», nel senso autentico del termine: l'arte di gestire la polis. Vuole partecipare da protagonista ai lavori in corso: i libri che sforna sono altrettanti numeri di una rivista con cui affrontare di petto i problemi dell'oggi, come nel caso di Piero Gobetti.*

*È un vero impegno pedagogico, una catechesi laica e democratica quella che ispira Giulio Einaudi e il suo grande amico Leone Ginzburg, il vero fondatore della casa, nel 1932-33, quando pensano ai libri del «dopo», in pieno fascismo trionfante. Ugo Guandalini da Modena, in arte Guanda, classe 1905, geologo di professione, coltiva la vocazione del pamphlettista ed esplora i territori dell'eresia e della dissidenza, all'interno del fascismo e del cattolicesimo.*

*Al di là delle vicende individuali, l'editore, sia esso un ministro-ombra della cultura, un genio del marketing, un rabdomante di consumi prossimi venturi, un talent scout che vuole provare il brivido di scoprire nuovi talenti, è un vampiro buono che restituisce alla collettività il sangue degli autori di cui si nutre e che alleva come un buon pastore. È un capobranco carismatico che ha in sé qualcosa del Demiurgo. Lo muove il desiderio di ridurre il caos a* cosmos, *di dettare un canone, di stabilire una scala di valori e di priorità. Per lui i libri sono altrettanti mattoncini del Lego con cui tentare una seconda creazione, in cui ogni pezzo contribuisce a comporre un tutto armonioso, una complessità gestibile, oggi si direbbe «sostenibile». Piú rari i casi degli editori-redattori, come Luciano Foà o Paolo Boringhieri, la cui vera delizia è dedicare lunghi, beati pomeriggi a rivedere traduzioni particolarmente complesse e quasi impossibili; o di editori che leggono personalmente i manoscritti, come Elvira Sellerio. Di cosa sia capace un editore che fa tutto da solo è esempio irripetibile Vanni Scheiwiller. Erich Linder, agente speciale, è stato una sorta di supereditore che giudica e manda secondo un suo disegno di razionalità.*

*«Una casa editrice è prima di tutto e soprattutto un uomo, con le sue qualità, i suoi difetti, le sue caratteristiche», aveva detto Arnoldo Mondadori agli inizi degli anni Trenta. Gian Arturo Ferrari gli attribuisce d'aver stilato «nove comandamenti» buoni per tutti: l'ottimismo, il pensare in grande, la capacità di essere impuri, la libertà d'espressione, l'amore per gli autori, l'attenzione ai lettori e alle loro esigenze, l'autonomia delle scelte, la valorizzazione dei collaboratori.*

*L'editore-totem-capobranco è uomo di idee chiare, siano esse l'identificazione delle nicchie elitarie o la conquista di mercati di massa. La sua arma vincente è la seduzione. Può sedurre per sottrazione, avvolgendosi nelle nuvole dell'Olimpo al pari di Zeus, come Einaudi o Roberto Calasso; con lo stile signorile del conte Valentino Bompiani, con l'aggressività di Livio Garzanti, o ancora con l'istintiva astuzia contadina di Arnoldo Mondadori. Non può correre da solo: la sua bravura sta nel circondarsi degli uomini giusti, che non devono essere degli* yes-men, *e nel saperli motivare. Egli è un organizzatore, un team manager capace di cavare il meglio dalle diversità dei suoi uomini. Deve trovare un punto d'equilibrio tra la necessità di decidere e il coinvolgimento dei collaboratori, che non si devono sentire troppo schiacciati dalle strutture gerarchiche. Non diventerà mai ricco, ma si diverte un mondo.*

# Giulio Einaudi, editoria come conoscenza degli uomini

Un'estate degli anni Sessanta, in mezzo all'Egeo. Uno yacht arranca tra altissime onde sospinte da un furioso meltemi, e lo skipper, abbarbicato alla ruota del timone, fatica a tenere una rotta che consenta di limitare i danni. A bordo ci sono ospiti illustri: Giulio Einaudi, Giovanni Pirelli (che è uscito dall'azienda di famiglia per meglio dedicarsi alle sue passioni intellettuali), Dante Isella critico e filologo, con le rispettive consorti. A metà del pomeriggio, Einaudi chiede il solito tè alla moglie dello skipper che funge da marinaio. La signora lo guarda sbalordita, i presenti abbozzano un sorriso tra gli spruzzi. Einaudi ripete la richiesta con una fermezza appena irritata. Non sarà certo la prospettiva di un naufragio imminente a fargli rinunciare al rito del tè. Il tè verrà servito acrobaticamente, e lui se lo sorbisce come se fosse seduto nel suo ufficio torinese, all'angolo tra via Biancamano e corso Re Umberto, con vista di ippocastani e palazzi mansardati alla parigina, e davanti un mucchietto di ritagli dell'Eco della Stampa da piluccare, la pipa, una scatola di tabacco Balkan Sobranie e le bellissime tazze bianche di Rosenthal per il tè.

I «vecchi» della casa editrice e noi ragazzi di bottega sappiamo bene che se si mette in testa qualcosa non c'è modo di resistergli o, peggio, di fargli cambiare idea. Come per Napoleone, il solo fatto di ammettere che nei vocabolari esiste la parola «impossibile» è sinonimo di incapacità grave, oltreché di scarso attaccamento alla Causa.

Cosí lui è abituato a chiedere l'impossibile, e i suoi a fare i salti mortali per accontentarlo. Nessuno protesta. Nessuno sospira.

L'anno che esce *Il portiere di notte* della Cavani la redazione esprime giudizi severi (il film sembra politicamente scorretto, anche Primo Levi avanza dure critiche), ma l'editore si dichiara incantato dal fascino di Charlotte Rampling, torbida eroina del film. Decide che deve conoscerla, e mette in movimento i suoi. Tramite amicizie romane viene a sapere che la Rampling dovrà girare qualche scena di un nuovo film dalle parti del Parco del Ticino. Vengono avviate indagini, interrogati a tappeto i sindaci della zona, le tenenze dei carabinieri, i marescialli di paese, le loro mogli. Finalmente si viene a sapere che il set è dalle parti di Vigevano... Nel frattempo lui ha cambiato miraggio.

Il suo carisma funziona anche con chi non lo conosce. Un'estate scendiamo dal Col Chécrouit dopo una lunga gita tra cespugli di rose canine, e arriviamo in un ristorante verso le quattro del pomeriggio. Le cucine sono spente da un pezzo e il cuoco sta facendo la pennichella a casa sua. Lui chiede di mangiare qualcosa con la solita aria di tranquillo imperio, come se chiedesse la cosa piú ovvia del mondo e gli altri fossero tenuti a obbedirgli; ed ecco che per magia il ristorante si rimette in movimento. Usa lo stesso tono con le grandi banche romane, lasciando intendere che dovrebbero essergli grati, perché li ha invitati a collaborare alla costruzione del Partenone. Qualcosa che potrà riverberare sui vili mercanti di denaro.

Di soldi in casa editrice non ce ne sono mai stati, ma questo non sembra un gran problema. Mai la casa editrice è stata cosí creativa come nei difficilissimi anni Cinquanta, segnati da una crisi finanziaria che Einaudi risolve in parte lanciando una campagna di azionariato popolare a mille lire per azione, e convincendo gli autori a trasformare in azioni i loro crediti (aveva acconsentito anche Hemingway con cinque milioni, la metà del suo credito). Siamo tutti dei volontari, o quasi: autori, traduttori, collaboratori, dipendenti. Felici di esserlo, orgogliosi di lavorare per la casa piú prestigiosa dell'epoca, la vera università degli italiani. Quando Beppe Fenoglio chiede all'amico Calvino il pagamento d'un vecchio anticipo, poche decine di migliaia di lire, perché dovrebbe pagare le rate della macchina da scrivere, quasi se ne vergogna. Se uno chiede i soldi che gli spettano alla casa editrice è perché dev'essere proprio disperato.

Lui stesso, l'editore, gira senza soldi. A Torino ci sono soltanto lui e l'Avvocato a girare senza soldi (le carte di credito non si sa ancora cosa sono). I soldi – cartaccia bisunta – gli fanno un po' schifo e poi c'è sempre qualcuno che provvede per lui. Ma una volta accade che qualcuno lo batte sul suo stesso terreno. È quell'altro incantatore di serpenti e grande impunito, Mario Soldati.

Siamo a metà degli anni Settanta, si presenta a Bologna un volume della *Storia d'Italia* con grande concorso di star culturali, che si producono in memorabili performance affabulatorie: sulla musica popolare, sulle «culture materiali» del Paese ecc. Tra loro c'è anche Soldati. Finito lo show, lui e Einaudi vanno in giro per i portici, e finiscono in un lussuoso negozio d'abbigliamento. Einaudi sceglie una morbida giacca di cachemire, Soldati adocchia un giaccone di montone con risvolti di pelliccia, lo prova, si pavoneggia allo specchio, tutti gli dicono che sta benissimo. E lui prontamente: «Grazie, lo considero un omaggio!» I due escono contenti, tocca a Nico Orengo, *enfant chéri* dell'editore, tirar fuori il libretto degli assegni.

Naturalmente l'editore non guida. Aveva tentato a prendere la patente negli anni Cinquanta, con Franco Lucentini come volenteroso insegnante. Erano andati in collina a provare, un disastro. Finivano sempre nei prati. D'altronde anche Calvino era un pessimo guidatore. Quando partiva per Parigi con l'auto carica di pasta De Cecco tutti tremavano.

«Editoria è conoscenza degli uomini», recita un aforisma dell'editore. Lui è il re dei Curiosi. Tutto quello che è nuovo, diverso, singolare, irregolare, giovane, mette in moto la sua fantasia, gli incendia desideri infantili, e come tali assoluti. Per far credito a un giovane talento è disposto a mettere in crisi rapporti consolidati. Diceva Orengo: a lui interessavano le persone, i libri erano semplicemente uno strumento per raggiungerle.

Gli interessavano i creativi, ivi comprese le piante. Anche in fatto di botanica era intransigente. Doveva avere sempre il meglio. Le sue rose erano le piú belle e rare, anzi introvabili. Immagino la sofferenza che deve avergli procurato la vista delle meraviglie del parco di Villar Perosa, in occasione del suo unico incontro con l'Avvocato. Sí, Donna Marella aveva la *moyesii*, la *Dorothy Perkins* e una gigantesca *roxburghii*, una rosa che potrebbe prendere l'Oscar come migliore attrice protagonista, secondo Paolo Pejrone. Ma lui...

Detestava tutto quello che è esotico, che fa moda, che è lezioso: le «piante da signora», l'ordine ottocentesco, cosí prevedibile. Immettere la flora mediterranea (bougainvillee, plumbago, oleandri) nel severo codice botanico del Piemonte gli sembrava, piú che una forzatura, una caduta di stile. Difatti a Dogliani piantava ciliegi da fiore, sorbi, piante da bacche; rose e rosmarini in abbondanza. Niente ortensie: troppo ordinate, insipide: «noiose». In generale non amava le piante docili, senza forte personalità. Cercava la sfida anche in giardino. Si intestardiva con i rododendri su quelle colline troppo calcaree. Non a caso, gli amici piú fidati erano legati alla terra: Nuto Revelli a Cuneo, Mario Rigoni Stern ad Asiago, Bartolo Mascarello a Barolo. E suo fratello Roberto, l'ingegnere, insuperabile campione di stile e generosità, a Milano.

Figlio di un padre sapiente, fratello di due primi della classe, sul terreno degli studi non poteva batterli. Allora li ha sfidati per interposta persona, diventando direttore d'orchestra, ricorrendo ai talenti altrui, organizzandoli, inventando un progetto culturale: una casa editrice per il postfascismo, degna di un Paese che sarebbe dovuto diventare moderno. Ci voleva un bel coraggio anche fisico, all'inizio degli anni Trenta, pensare al dopo, e difatti fioccarono intimidazioni, arresti, condanne pesanti. La sua sola fortuna fu quella di pescare in un mazzo, quello torinese, dove stavano le intelligenze piú vive: Leone Ginzburg, Cesare Pavese, Norberto Bobbio, Massimo Mila, Vittorio Foa, Carlo Levi, Franco Antonicelli... Quelli del D'Azeglio, i «piccoli Bruti» spregiatori della tirannide allevati dal professor Augusto Monti.

Di solito i grandi si circondano di *yes-men*, esecutori ubbidienti che non danno ombra. Lui voleva il contrasto, lo scontro dialettico, sempre. L'aggettivo che usava con maggior disprezzo era «servo». Non voleva dei servi, a bordo. Voleva delle teste forti che dessero il meglio di sé a un'impresa comune. Certo, lui usava la loro intelligenza, ma non a fini di asservimento personale. Uomo di poche letture (perché impegnato a far altro), aveva il dono di capire qual era il valore di novità d'un libro senza nemmeno aprirlo. Soprattutto sapeva scegliere i collaboratori. Era fiero e non geloso delle intelligenze altrui – tratto rarissimo nei condottieri. Guardava con occhi umidi di ammirazione gli exploit del giovane Daniele Del Giudice.

La noia era il suo principale e unico nemico. Altro insulto massimo, oltre a «noioso» e «burocrate», era «erudito». Detestava lo specialismo accademico fine a se stesso. Se invece ti dava del verme, voleva dire che sí, avevi sbagliato, ma ti potevi ancora riscattare. Peggio delle parole erano i silenzi. Allora era proprio finita. Di certo appena un collaboratore accennava a sedersi, a rifiatare un attimo, lui agitava la frusta. È arrivato con un fisico asciutto e una testa di ragazzo fino a ottantasette anni con la pratica sportiva. Montagna, sci, nuoto, lunghe passeggiate, almeno cinque chilometri al giorno, mani dietro la schiena, la spalla sinistra un po' piú in alto della destra. Di lui si raccontava con ammirazione che a sessant'anni s'era rotolato nudo in un nevaio della Val di Rhêmes, come l'eroe di una saga nordica.

Erano poche, le sue parole. Si esprimeva con il suo modo di guardarti, i movimenti delle mani, i sogghigni, qualche sbuffo nasale. Seduceva con i comportamenti, le scelte, le assenze, non con la retorica verbale. Le sue apparizioni pubbliche erano calcolate accuratamente. I messaggi che lanciava erano trasversali, «cinesi», di trasparenza simbolica. Non amava ringraziare, né essere ringraziato. L'essenzialità di un rapporto stava nei gesti. Si svegliava con l'idea che quel giorno doveva essere memorabile, soprattutto per incontri, come se fosse l'ultimo. La giornata proseguiva senza soluzioni di continuità nella serata. Rubrica telefonica alla mano, si precettavano amici, emergenti in ogni campo, artisti, musicisti. Una sera portai a casa Einaudi il giovane Enzo Jannacci in una delle sue prime tournée. Stava lí in abito grigio come un impiegato meridionale, con la pesante montatura nera degli occhiali, legnoso e stralunato come *Il palo della banda dell'Ortica*. Provò a raccontare una barzelletta. Non gli venne molto bene, ma tutti decretarono che era straordinario.

Uomo del fare concreto, Einaudi amava frequentare soprattutto artisti. Giulio Paolini, il piú einaudiano di tutti, con le sue sottigliezze concettuali. Di Penone lo intrigavano le tecniche: come faceva a scortecciare i suoi alberi, a portarli giú dal bosco (una volta per trasportare in città un albero dal suo laboratorio collinare aveva mandato a cercare un trattore da un contadino). E poi Salvo, Mainolfi, Merz, Mondino. Le sue prime copertine gliele avevano dipinte Menzio, Ajmone, Guttuso.

Non era capriccioso, come spesso si diceva. Era un uomo che non conosceva stanchezza fisica o mentale, che impiegava la sua forte energia vitale per inseguire molte prede contemporaneamente, cambiando spesso direzione di caccia. Detestava il già visto, la routine. Il suo ristorante editoriale non usava precotti, cibi riscaldati, fornetti a microonde. Tutto viaggiava espresso, il riso doveva essere sempre al dente, un piatto ottimo e ormai pronto veniva buttato via per essere sostituito da un altro ancora migliore. Nel portafoglio dei titoli si allungava l'elenco dei libri che un giorno avevano destato le sue passioni, e adesso giacevano malinconicamente abbandonati, in *waiting list* per chissà quanti anni, scalzati da altri piú fascinosi, piú autenticamente nuovi.

L'einaudianità è anzitutto una categoria estetica. Sobrietà, rigore, essenzialità, in tutte le cose, nella grafica di un libro, nell'arredamento di una casa, nella scelta di un cibo. È lo stile di famiglia, asciutto, nordico, altoborghese, che non esclude il calore della *home*. L'eleganza degli Einaudi consiste nel non farsi notare come tale. Per anni, casa di vacanza in affitto a Bocca di Magra, una campagna semplice e appartata, tra fiume e mare, dove andavano anche Vittorio Sereni e Franco Fortini; poi la scabra Filicudi. A tavola bene il pinzimonio, le frittate, i «cibi poveri». Niente sughi e fritti, meno che mai l'esibizionistica *nouvelle cuisine* dei nuovi ricchi. In casa (e nelle copertine), molti spazi bianchi, che dettano i ritmi, valorizzano pochi oggetti. Un minimalismo zen. Sdegno dell'editore per il sovraccarico, per le case inzeppate di troppi oggetti, per tutto quello che non risponde a una funzionalità rigorosa. Se una cosa non gli piace lo dice con un ghigno beffardo. Provoca per educare. Non ha atteggiamenti didascalici, non ha niente da insegnare direttamente. Fa domande, ascolta molto. Ti fa sentire complice non di un sapere, ma di un atteggiamento verso il mondo.

Ti fa suo per sempre. Anche quando te ne vai (quante partenze e ritorni...) sa che un giorno tornerai. Non porta rancori, è un maestro anche nell'arte del ricupero, l'idea di tornare a sedurti dopo tanto tempo lo diverte. Aveva detto bene Goffredo Parise: tratto caratteristico dell'editore è la femminilità. Tutt'altro che femmineo, si comporta da grande diva, prende e lascia imprevedibilmente. Generazioni di autori e collaboratori si esaltano e soffrono, in ogni caso non possono farne a meno. Lo amano perdutamente.

Ancora adesso, per valutare persone, cose e situazioni, in casa abbiamo un metro: questo è einaudiano, questo non è einaudiano. Funziona.

# Giulio Bollati, la solitudine del numero due

Uno dei primi casi dei fulminei innamoramenti di Giulio Einaudi per i giovani talenti è stato Giulio Bollati di Saint-Pierre. Nato a Parma nel 1924 da un padre portato in giro per l'Italia dalla sua professione di ingegnere, aveva studiato al Convitto nazionale Maria Luigia, dove aveva come professore Attilio Bertolucci, il «maestro completo» che lo aveva aperto alla storia dell'arte, ma anche alla letteratura inglese, al cinema e alla musica. Era poi passato alla Normale di Pisa, dove aveva come docenti Delio Cantimori, Giorgio Pasquali e Luigi Russo, con cui si era laureato con una tesi sul Romanticismo italiano. Le sue passioni di italianista si erano allargate alla storia, al marxismo, alla politica. Nell'autunno del 1949 passa da Torino. È diretto a Parigi con una borsa di studio, si ferma per salutare il suo amico Ubaldo Scassellati, normalista anche lui, che lavora in via Biancamano. Viene presentato all'editore, di dodici anni piú anziano. Dove vai?, chiede Einaudi, al solito curioso di tutto e tutti. A Parigi. Einaudi, incredulo all'idea che qualcuno possa preferire a lui qualsiasi altra occupazione, gli propone di restare come redattore. Quando dovrei cominciare?, chiede Bollati. E l'altro, come se fosse la cosa piú ovvia del mondo: domattina.

Il giovane normalista dimostra subito una spiccata attitudine artigianale, si occupa di tutto: titoli, copertine, percorso redazionale del libro, promozione, libreria. Inizia a lavorare su una collana tascabile di alta divulgazione, la

«Piccola Biblioteca Scientifico-letteraria», che cerca di rispondere alle esigenze di un pubblico nuovo; ma presto le sue responsabilità si estendono a tutto campo. Tiene intensi contatti con il suo maestro Cantimori, con altri consulenti-principe quali Gianfranco Contini e Giulio Carlo Argan, con la redazione romana dove lavorano tra gli altri Carlo Muscetta e Antonio Giolitti. In casa editrice ha trovato Calvino, Natalia Ginzburg, Felice Balbo – che costituisce con Pavese un duo affiatatissimo –, Bobbio, Mila, Franco Venturi, Paolo Serini, Paolo Boringhieri che si occupa dei libri scientifici, Luciano Foà, segretario generale, uomo di grande cultura e capacità organizzative che ha appena aiutato Adriano Olivetti a disegnare il profilo delle sue innovative Edizioni di Comunità.

In una lettera a Cantimori dell'8 maggio 1950, è lo stesso neoassunto a raccontare le sue convulse giornate: «Visite del Presidente della Repubblica, conferenze di Togliatti, Calamandrei, Moravia, alle quali – a parte l'interesse che possono avere – "è bene non mancare", come si diceva a Pisa, infine cene, riunioni politiche, e una vita piú disordinata e dispersa che mai, qual è nello stile Einaudi, con mille progetti di viaggi, di lavori, di libri, di iniziative di tutti i generi e discussioni a non finire e visite dei piú strani personaggi, e poi di nuovo traduzioni da rifare, bozze da inseguire fin nelle tipografie, nottate da perdere: ecco perché non ti ho risposto subito».

Nella stessa lettera, rassicurando il maestro sull'alta considerazione in cui i suoi consigli vengono tenuti in casa editrice, azzarda uno svelto ritratto dell'editore, pur garantendo della sua correttezza: «Piú che di intrigo, parlerei di gioco e di capriccio; ha il buono e il cattivo del dilettante di genio, capace qualche volta di far pasticci, ma incapace di frode». Sarà lo stesso Bollati, tredici anni dopo, a confidarmi che riteneva Einaudi l'uomo piú intelligente che avesse conosciuto: «Un capitalista di tipo speciale, che non accumula profitti: accumula prestigio».

Morto Pavese, Bollati lavora a colmare il vuoto, a trovare un assetto attraverso riunioni e conciliaboli interminabili. Scala rapidamente i gradi, redattore capo, poi direttore generale, anche se non esistono organigrammi e vere gerarchie, e comunque tutti fanno come se non esistessero. Matura talmente in fretta che nel 1955 si permette di dare consigli al maestro Cantimori, sollecitato a una nuova edizione ampliata del suo già classico lavoro sugli *Eretici*: «Mettiti al tavolo e scrivi di getto, a memoria. Controlli, citazioni, ricerche, sviluppi, correzioni verranno poi. Sono certo che con questo sistema non ortodosso tu puoi fare un magnifico lavoro».

I due Giulii sono complementari, si intendono benissimo. Giulio II, alto come un corazziere, ha le movenze lente del dinosauro, ma non presenta segni apparenti di aggressività. Il tratto è affabile, amicale, anche se l'ombrosità e il sospetto sono sempre in agguato. Ha il sorriso dei primi della classe, emarginati dalla timidezza e dalla loro stessa primazia; mani grandi e voce rassicurante. Gli occhi sporgenti guardano da una sorta di misura interiore, in cui le infinite contraddizioni del mondo vengono ripensate in un disegno di ristrutturazione generale che, dovendo riguardare tutti, deve cominciare proprio dai singoli, dalla cerchia degli intimi.

Il forte senso della dimensione storica lo spinge a guardare in avanti, a prefigurare le svolte. Sin dai primi anni Sessanta si dichiara insoddisfatto dei vecchi schemi interpretativi, capisce che la società va verso una complessità mai vista prima, dominata dal neocapitalismo e dall'automazione. Teme che la casa non sia preparata alla conversione, che accetta piú che promuoverla, e «lo fa con prudenza, quasi con diffidenza». Cita come significative le aperture del Saggiatore alle scienze umane o le sperimentazioni feltrinelliane. Per interpretare i nuovi mercati di massa, dice, non bastano né Lukács né i francofortesi. La casa editrice si deve trasformare da gruppo intellettuale un po' troppo anarcoide in impresa moderna. La razionalità d'impresa è un tasto su cui batte molto.

Poi alla fine degli anni Settanta qualcosa si rompe. Einaudi, inebriato dai successi della *Storia d'Italia*, comincia a fare di testa sua, non si affida piú al collettivo, prende un profilo di autocrate che non aveva. All'interno si creano gruppi contrapposti, pronti a criticarsi, a farsi dispetti. Comincia l'epoca dei Capuleti e dei Montecchi, incomprensioni, dispetti, ripicche. La famiglia va in crisi, ci sono partenze, addii. Anche Bollati lascia via Biancamano, si trasferisce a Milano, alla corte di Leonardo Mondadori e Luca Formenton.

Il maestro di stile che sovrintendeva con gusto impeccabile alle copertine e alle sopracoperte possedeva una macchina fotografica che non avevo mai visto. Era un piccolo parallelepipedo di un metallo freddo, forse alluminio, stile Porsche, e poteva sparire in una mano. Il mirino microscopico (difficile riuscire a vederci qualcosa, lí dentro) non corrispondeva all'obiettivo. Pareva che tu puntassi un qualche oggetto davanti a te, e invece riprendevi quello che ti stava a fianco. Consentiva di cogliere dei soggetti che non si sentivano inquadrati, e dunque stavano piú naturali, rilassati. Aveva una sua civetteria rétro. Pareva fosse uscita da qualche atelier del Bauhaus, per la fredda gioia di un Gropius, di Mies van der Rohe. Richiedeva una pellicola speciale, quasi una tagliatella sottile. Ingrandita, l'immagine si sgranava in un raffinato *pointillisme* bianco e nero.

Era una Minox, credo, quasi una macchina da spie, quegli agenti segreti colti e saturnini che attendono d'essere raccontati da Le Carré. Mi sembrava del tutto naturale che a possederla fosse lui. Sapevo bene che gli einaudiani, a partire dall'editore, godevano di oggetti esclusivi, segnalati da amici cosmopoliti, acquistati in chissà quale negozio di Londra o di Berlino.

Bollati, il Maestro – come lo chiamavo con reverenza

appena scherzosa –, la usava soprattutto per ritrarre gli amici e colleghi che frequentavano il falansterio della casa editrice. Trasformava le immagini in racconti che hanno i loro luoghi deputati: gli uffici della casa editrice, la villa degli Einaudi a San Giacomo, sulle dolci colline di Dogliani, dove si tenevano dei seminari di lavoro con illustri ospiti internazionali, Roland Barthes, François Wahl delle Éditions du Seuil, o il catalano José María Castellet, ascetico e allampanato come in un quadro di El Greco, e naturalmente gli interni, Vittorini e Calvino in testa; o ancora il disadorno albergo di Rhêmes-Notre-Dame, in Val d'Aosta, dove si tenevano i «ritiri spirituali» di fine giugno, in cui si esaminava criticamente il lavoro fatto e si progettava il nuovo.

Tanti e tali erano gli ospiti, fossero interni o esterni, che il narratore aveva un buon materiale su cui lavorare. Vite e caratteri miniaturizzati nella gabbietta della Minox. Alcuni di questi ritratti-racconto sono diventati famosi, e vengono continuamente riprodotti dai giornali. Ecco la seduta di lavoro a Dogliani, con Einaudi avvolto nel fumo della sua pipa, intento a spremere dai suoi ospiti un piú d'intelligenza innovativa. Accanto a lui Calvino, la fronte aggrottata del fauno pensoso e le mani raccolte in grembo come cani ubbidenti. Si capisce che lui è altrove, ma ostenta interesse, da quel soldato disciplinato che è. Ecco Vittorini, con il suo bel profilo siculo, o in canottiera, che sorride al fresco del mattino su una terrazza dell'albergo di montagna, da quell'esperto seduttore che è. O ancora Manganelli che esce fremente da una macelleria con il bottino avvolto alla meno peggio in un foglio di carta oleata, come se avesse compiuto una rapina, e sapesse che fuori ad aspettarlo ci sono i carabinieri. Roberto Cerati, con la sua corta zazzera da trappista, se ne sta tutto intento a consultare i tabulati delle vendite nella luce mattutina; mentre Daniele Ponchiroli, il redattore capo che Calvino ha effigiato come il dottor Cavedagna in *Se una notte d'inverno un viaggiatore*, viene sorpreso mentre considera teneramente un grappolo di ciliegie. Ecco Cantimori che esce dall'albergo di Rhêmes bardato di tutto punto, soprabito compreso, autorevole e vagamente minaccioso come ha da essere un maestro della vecchia scuola gentiliana: brandisce un ombrello malgrado la giornata sia soleggiata, e sembra che stia per dartelo sulla testa.

Quando decide di essere perfido, Giulio II lo fa con l'eleganza di Voltaire. In una lettera del 1962 firmata «L'Amministrazione del Menabò» finge di rispondere impersonalmente a Fortini che aveva scritto a Torino lamentando come al solito la scandalosa esiguità dei compensi per la collaborazione alla rivista di Vittorini e Calvino, e restituendo l'assegno che gli era stato inviato:

> Signore,
>
> l'amministratore del Menabò ha sul tavolo, davanti a sé, l'assegno che Ella gli ha restituito. La lettera con la quale la S.V. si è compiaciuta di accompagnarlo, se da un lato lo ha posto nel penoso emergente del galantuomo richiamato all'ordine in una questione di denaro, ha sortito il contraddittorio risultato di lusingarlo troppo oltre i suoi meriti. Come può, infatti, un semplice amministratore essere investito di un problema tanto complesso e interessante, qual è quello dei rapporti dello scrittore con le strutture economiche della società contemporanea? Non vediamo vicina quella nuova età di Pericle, nella quale a ciascuno sarà dato secondo il valore dei suoi scritti, e non secondo la quotazione che un pubblico ineducato è in grado di fissare con il suo irresponsabile comportamento.

L'ultima lettera gliela scrive Einaudi, sulle colonne della «Repubblica». È il 19 maggio 1996.

Caro Giulio,

ora che non sei piú con noi, i ricordi si affollano nella mente, in modo confuso. Gli anni, i mesi, i giorni, direi le ore e i minuti, passati insieme a discutere, a progettare, a litigare, a farci il muso a vicenda… Mentre io come al solito cercavo la disputa, tu mediavi, e ti inferocivi quando io, talvolta senza volerlo, turbavo i tuoi progetti. Ma nonostante le nostre polemiche, anzi direi proprio per esse, facemmo insieme, per decenni, un buon lavoro. Penso a te come a un amico cui io sono estremamente debitore: di moralità soprattutto, intendo moralità editoriale; di rigore, nel saper distinguere il buono dal falso, di sofferta fedeltà a una casa editrice a cui hai dato i migliori anni della tua vita, il meglio di te. Non credere che io pensi d'aver pagato il mio debito: questo resta intero, sebbene cerchi affannosamente di pagarlo ogni giorno, in piccola parte, con il mio lavoro all'interno della nostra casa comune, che è la casa editrice Einaudi.

## Paolo Boringhieri, riserbo e grande scienza

Non so se Italo Calvino abbia pensato a Paolo Boringhieri, creando il suo *Cavaliere inesistente*. Entrando in Einaudi alla fine degli anni Quaranta, avevano diviso una stanza dell'ufficio di via Biancamano, e poche, avare parole. Il piú schivo e riservato dei nostri editori, il silenzioso gentiluomo svizzero che ha portato la grande scienza in Italia, esisteva eccome, ma tutto nascosto e come trincerato nella corazza del suo mestiere, risolto nell'impegno del fare quotidiano, nell'etica calvinista del lavoro ben fatto. Schermato dal sorriso difensivo, era l'esatto contrario dell'editore mattatore-domatore-protagonista. Come Calvino, aveva l'ambizione di passare inosservato, detestava i turgori dell'Io impennacchiato, avrebbe detto Gadda. Gli interessavano piuttosto gli abissi dell'inconscio. Dalla metà degli anni Sessanta il prudente, parsimonioso Boringhieri si lancia in una coraggiosa sfida imprenditoriale: pubblicherà la migliore edizione delle *Opere complete* di Freud e di Jung disponibile in Europa, e tanti altri maestri della psicologia e psicoanalisi.

Difficile trovare negli archivi interviste, dichiarazioni d'intenti, persino qualche fotografia. Nel ricordare i suoi piú stretti collaboratori nel catalogo storico del 1956, lo stesso Giulio Einaudi se lo era dimenticato, anche se lo apprezzava molto, visto che gli aveva affidato come a un viceré le collane scientifiche, orgoglio della casa, anche se oscurate dai fumi del tormentato dibattito ideologico e politico di allora; o forse ancora gli bruciava di avergli dovuto cedere collane prestigiose.

Proprio a causa di un riserbo che non veniva meno neanche in famiglia, perfino sua figlia Giulia ha fatto una gran fatica nel ricostruirne il lavoro in un bel libro, *Per un umanesimo scientifico* (Einaudi 2010), il cui titolo riprende la formula paterna: contribuire a saldare la tradizionale spaccatura tra cultura umanistica e cultura scientifica, abbattere lo stigma dell'idealismo crociano che aveva ridotto le scienze a semplici tecniche d'applicazione pratica. Presentando l'*Autobiografia scientifica* di Max Planck, il giovane editore ricordava che non ci possiamo piú permettere di non conoscere quel che pensano filosofi, artisti e politici ignorando quel che pensano gli scienziati.

I Boringhieri venivano da una tribú numerosa dalle parti di Zuoz, in Alta Engadina, che dalla fine del Settecento era migrata in varie città italiane per un commercio di dolciumi. Nel 1875 si stabiliscono a Torino, dove aprono una innovativa fabbrica di birra. Ultimo di quattro figli, Paolo frequenta il liceo D'Azeglio, si appassiona alla fisica e alla musica (Beethoven, Mahler), legge molto, fa suo l'austero imprinting famigliare. Favorito dalla libertà di movimento che gli dà la cittadinanza svizzera, si impegna nella Resistenza, diventa amico di Felice «Cicino» Balbo, leader del movimento dei cattocomunisti, figura socratica, viva di una «continua approssimazione alla verità» (Calvino), di cui ammirerà sempre l'effervescenza e la libertà intellettuale.

È proprio Balbo a introdurlo nell'Einaudi, che sta riprendendo la produzione tra molte difficoltà, e nell'agosto del 1950 deve affrontare anche il trauma della scomparsa di Pavese. Prima della guerra Einaudi aveva varato una collana scientifica pressoché unica, né divulgativa né specialistica, firmata dagli stessi protagonisti della ricerca e destinata a lettori medio-colti, che però stava languendo. Godendo di larga autonomia, Boringhieri ha mano libera nell'organizzare rigorosamente il lavoro sotto la sigla delle Edizioni Scientifiche Einaudi. Ha cinquantun titoli in magazzino, mira a una produzione di alto livello e lunga durata, che faccia catalogo. Niente facile divulgazione, che sa di «bignamini». È lui stesso il migliore dei redattori e revisori, un perfezionista maniacale. Tra i nuovi traduttori spicca un giovane chimico, che dirige una fabbrica di Settimo Torinese ma ha la passione della scrittura. Si chiama Primo Levi, e traduce impeccabilmente la *Chimica organica superiore* del Gilman.

Quando nel 1956 l'Einaudi in piena crisi finanziaria deve cedere le sue edizioni scientifiche, lievitate a centocinquantasei titoli (che comprendono anche la leggendaria collana viola di studi etnologici e religiosi cara a Pavese), Boringhieri è pronto a mettersi in proprio, e ha già trovato un logo suggestivo: un cielo di stelle stilizzate, scovato in un incunabolo cinquecentesco di teoria musicale. L'editore di una scienza pura e dura, che può vantare in catalogo autori come Einstein, Heisenberg, Pavlov, Wiener, Pauli, Oppenheimer, Born, Bohr, Feynman, Schrödinger, Gödel, Turing, Dyson, e una saggistica e manualistica di qualità, continua a essere affascinato dalle avventure di pensiero che non rientrano nelle categorie dominanti, e tanto meno nel marxismo. Sotto la regia del filosofo Giorgio Colli vara un'impresa provocatoria, spiazzante, «inattuale»: quella «Enciclopedia di autori classici» che non è affatto un'enciclopedia: anticipa il *mood* dell'Adelphi, e ha il solo torto di essere in anticipo sui tempi. Gli autori vanno dai presocratici a Nietzsche, dagli illuministi a filosofi-scienziati come Goethe, Pascal, Buffon, Darwin, Boyle, passando per l'Oriente (le *Upànisad*, il canone buddhista).

La severa grafica in bianco e nero di Enzo Mari interpreta bene il rigore delle scelte. Per trent'anni, sino al 1987, quando cede la maggioranza delle azioni a Giulio Bollati (scomparso prematuramente lui, nel 2009 la casa confluirà poi nel gruppo GeMS), Boringhieri tiene diritta la barra del timone. Come Einaudi, sa scegliere i collaboratori: lo psicoanalista Pier Francesco Galli, il filosofo e logico Michele Ranchetti, il fisico Luigi Radicati, il matematico Edoardo Vesentini, un giovane e brillante storico della scienza antica, Gian Arturo Ferrari, futuro governatore della galassia Mondadori, che firma un'edizione dell'*Espressione delle emozioni nell'uomo e negli animali* di Darwin. Renata Colorni mette nella curatela delle *Opere* di Freud la dedizione di una figlia, lo scrupolo di un filologo e l'eleganza di uno scrittore. Il suo impulso è decisivo perché la direzione di Cesare Musatti non ha ricadute operative. Amabile personaggio di stampo goldoniano, Musatti di tedesco ne sapeva poco, e tendeva a defilarsi. Nelle delicatissime questioni terminologiche, scoppiavano scontri a fuoco tra il maestro e la determinatissima signora di ferro, che finiva per far prevalere le proprie soluzioni. Alla fine Musatti aveva chiuso signorilmente il conflitto con un grande mazzo di fiori.

Nelle ombrose sale di corso Vittorio Emanuele II 86, alle spalle della statua al Re Galantuomo, non volava una mosca. L'editore si aggirava cogitabondo nella penombra di sale spaziose, fiocamente illuminate da lampadine da quaranta watt. Soffitti altissimi, palchetti di legno, stucchi, specchi, caminetti. In tono minore, sembravano un po' i saloni lievemente impolverati del ballo finale del *Gattopardo*, gli interni di casa Buddenbrook o di certi romanzi di Henry James. Alla fine degli anni Settanta vi aveva fatto la sua comparsa Rita Levi Montalcini, non ancora insignita del Nobel. La famiglia Boringhieri la festeggiò con un memorabile dolce Mont Blanc fatto in casa. Ignorantissimo di cose scientifiche, imparavo che la vera avventura intellettuale, il vero romanzo della conoscenza e della meraviglia lo possono scrivere solo loro, gli scienziati, i fisici, i matematici e i biologi, alcuni anni luce davanti ai vecchi letterati postimpressionisti.

## Luciano Foà, il signore degli Adelphi

Poteva essere il saggio governatore di una delle *Città invisibili* di Calvino, invisibile egli stesso agli occhi dei suoi sudditi. Il volto dai tratti vagamente orientali, la sigaretta sempre appesa a un angolo della bocca, come Jean Gabin, Luciano Foà apparteneva alla categoria degli uomini che preferiscono manifestarsi nell'artigianato quotidiano, nella concretezza delle cose da fare, lavorando di fino sul dettaglio con scrupolo maniacale. Nessun presenzialismo, rarissime interviste, misura, discrezione, understatement. Le amicizie giuste, quelle che ti fanno crescere.

Solo gli addetti ai lavori conoscevano la finezza della sua cultura a tutto campo, estesa alla Mitteleuropa quando di quel che accadeva a nord delle Alpi nessuno sapeva niente. Se vero editore è chi sa guardare lontano, oltre il breve ciclo delle stagioni e delle mode culturali, dei gusti del mercato, Foà ha sempre precorso i tempi con il tratto del *grand seigneur* che non ama esibire quello che fa. Lo deliziava rivedere traduzioni, amava i lunghi pomeriggi dedicati al lavoro di fino. Le rare volte che si rassegnava a parlare di sé, preferiva ricordare gli incontri con i personaggi alquanto straordinari che aveva conosciuto. Aveva fondato l'Adelphi all'inizio degli anni Sessanta, navigando controcorrente, nel pieno della leadership einaudiana e dei furori ideologici, affrontando gli anni difficili di un decollo su cui pesava l'anatema dell'irrazionalismo.

Era figlio d'arte, Luciano. Suo padre Augusto aveva

lavorato come correttore di bozze da Pomba, la futura Utet, e si vantava d'aver corretto le bozze dei libri di Luigi Einaudi. La sera studiava lingue e frequentava un piccolo cenacolo di amici letterati. Cominciò a tradurre romanzi per l'appendice che si usava nei giornali di allora, e poiché non esistevano agenzie letterarie, sull'esempio inglese decise di aprirne una. La chiamò Agenzia letteraria internazionale. Era il 1898. Comperava diritti all'estero, traduceva personalmente la sera, rivendeva i testi a una piccola catena di giornali. Nel 1918 decise di ampliare il lavoro dell'agenzia vendendo i diritti di autori come Wodehouse e Huxley.

Luciano aveva cominciato a lavorare con il padre nel 1933, l'anno in cui debuttavano la «Medusa» e i «gialli» Mondadori. Faceva pacchi e sbrigava faccende, ma si divertiva anche a fare lo scout, a suggerire autori e titoli: oltre che a Mondadori, a Dall'Oglio e a Bompiani. Il colpo piú vistoso lo mise a segno vendendo a Mondadori *Via col vento*, che nessuno voleva perché troppo lungo.

Risale a quegli anni un incontro decisivo non solo per lui, ma per il decollo della migliore editoria italiana del dopoguerra: quello con Roberto «Bobi» Bazlen. Era il 1937, Luciano voleva fare un periodico che informasse i lettori sui libri stranieri, un po' come il «Times Literary Supplement». Amici comuni lo misero in contatto con Bazlen, allora consulente di Frassinelli perché amico di Franco Antonicelli, e amico di Adriano Olivetti, per il quale scriveva testi pubblicitari. Il progetto non partí (figurarsi se il fascismo avrebbe permesso una cosa del genere, disse Bazlen realisticamente), ma i due divennero grandi amici.

Nel 1942 Olivetti e Bazlen volevano mettere in piedi una casa editrice che, nella prospettiva non lontana di una caduta del fascismo, ricuperasse gli storici ritardi della cultura italiana e rimuovesse l'ipoteca dell'idealismo. Si parlava di tradurre Freud, Jung e Heidegger, di autori come Jarry, Daumal, Artaud, Hofmannsthal, di patristica e di economia. A Luciano fu proposto di organizzare la nuova casa. Gli fu presentato Olivetti, e lui restò incantato dal suo entusiasmo e dal suo charme. Con i bombardamenti del '42 la nuova casa fu portata da Milano a Ivrea, in un quartiere popolare, di fronte alla fabbrica. La vicinanza di Adriano fu importante, ricordava Foà. Accelerò la sua maturazione politica e ideologica, gli fece vedere con chiarezza l'astrattezza di certo antifascismo e la complessità del personaggio Olivetti, agitato da spinte contrastanti: senso del potere e senso della giustizia, fede e razionalità, idealismo e machiavellismo...

L'Albergo Dora di Ivrea era diventato un covo di raffinati intellettuali che lavoravano per Olivetti. C'era anche Cesare Musatti, tra i pochissimi che sapevano qualcosa di psicoanalisi, materia di cui Adriano era ghiotto. Foà era poi andato a Zurigo, a trovare Jung. S'era trovato di fronte un gigante dagli occhi azzurri, ridanciano, simpaticone, che stava studiando i simboli della messa ed era un po' preoccupato di come l'avrebbero presa i cattolici italiani, un po' troppo conservatori. Però qualcuno lo aveva preceduto nell'acquisizione di alcuni titoli del maestro: era un redattore di Einaudi, Pavese.

Poi nel 1943 gli eventi precipitano. Adriano era in preda a una vera febbre politica, stava scrivendo un libro sulle comunità, era arrivato a disegnare la bandiera del nuovo Stato che vagheggiava. Aveva contatti con gli antifascisti, con Maria José, con Badoglio. Voleva preparare la resa dell'Italia, ma a Roma lo avevano arrestato e rinchiuso a Regina Coeli con l'accusa di connivenza con il nemico. Lo tirò fuori sua moglie Paola, sorella di Natalia Ginzburg, corrompendo un ufficiale.

Quando Foà, che era riparato in Svizzera con il padre, torna in Italia e riprende a occuparsi dell'agenzia letteraria, la ricostruzione è difficile. Lo raggiunge il giovanissimo Erich Linder, abilissimo tuttofare che parla quattro lingue, e finirà per rilevarla. A Milano conosce Pavese, per il tramite di Bianca Garufi, psicoanalista: «Quei due si mettevano a parlare tra di loro sul mito, per ore, fittamente. Non ci capivo assolutamente niente».

Si era iscritto al Pci non perché fosse marxista, ma perché vagheggiava una società rinnovata, poi anche lui era uscito nel 1957, come tanti. In sezione il suo lavoro era sistemare la biblioteca. Lavorava gomito a gomito con il giovane Giangiacomo Feltrinelli, che metteva un impegno speciale nell'attaccare manifesti, ma tra loro non c'era mai stato un rapporto vero.

Dietro suggerimento di Pavese, Einaudi gli aveva proposto di lavorare per la sua casa editrice, e offerto dodicimila lire al mese. Erano poche anche allora, si doveva sposare, la trattativa va un po' per lunghe. Quando si trasferisce a Torino, si integra rapidamente in un gruppo che fa vita comune anche fuori dall'ufficio: passeggiate, discussioni, cinema, mostre, scampagnate alla ricerca di qualche buona trattoria, visite di antiquari, gite ai laghi, vacanze in comune, scambio di case per la villeggiatura. Con Vittorini legava un po' meno: «Mi pareva di avvertire un fondo di isterismo un po' femminile...» Poi andavano a guardare tutti insieme, sulle colline di Dogliani, feudo dell'editore, il passaggio dello Sputnik appena lanciato dai russi: è di un colore azzurro splendente, grosso e luminoso come Venere. Un fatto epocale che aveva scatenato le piú pittoresche interpretazioni. Per Lucentini il lancio del satellite era un colpo tremendo ai miti religiosi, secondo Bollati era l'esasperazione della guerra fredda: per prosperare l'economia americana aveva bisogno di camminare sul filo della guerra: il sessanta per cento dell'industria lavorava per gli armamenti. Per Einaudi volevano sostituire al mito di Stalin il mito dello Sputnik per impedire alle masse di evolvere verso la democrazia. Per Foà non c'era molto da rallegrarsi: la conoscenza del mondo oggettivo era progredita molto piú di quella del mondo interiore. L'uomo conosce la realtà esteriore ma non conosce se stesso.

Foà era presto diventato il motore operativo della casa, una gran cultura abbinata al senso pratico e a un saggio equilibrio. Si era battuto per ripubblicare *Se questo è un uomo*, lasciato cadere nel 1947, e il diario di una ragazza ebrea di Amsterdam, Anna Frank; ma anche la buona divulgazione delle *Civiltà sepolte* di Ceram. Si era portato dietro a Torino Bazlen, che aveva convinto Einaudi a pubblicare Musil, una vera scommessa. «Einaudi di Bazlen aveva quasi paura, – ricordava. – Quando arrivava a Torino si rintanava nel suo studio. Lo considerava una specie di mago, uno che sapeva leggere in fondo all'anima».

Einaudi diceva che con Foà «si sentiva a cavallo». Calmo, competente, efficiente, bravo organizzatore. Era stato lui, durante la grave crisi finanziaria del 1956-57, a suggerire l'idea di cedere a Mondadori una parte del catalogo da pubblicare in tascabile (delle croniche difficoltà economiche della casa si era interessata perfino Maria José). Aveva portato in casa editrice un giradischi per fare ascoltare agli amici un quartetto di Beethoven, trovando un'accoglienza un po' fredda. Einaudi, Pavese e Calvino sembravano refrattari alla musica.

Nel 1961 Foà torna a Milano, anche per motivi di opportunità famigliare, legati alla malattia della moglie. Dapprincipio non pensa di aprire una nuova casa editrice, quanto di integrare con la parte umanistica e letteraria il catalogo scientifico di Paolo Boringhieri. Il progetto non va in porto, in compenso arrivano i finanziamenti di Roberto Olivetti, figlio di Adriano. L'idea è quella di pubblicare classici assenti o mal tradotti, e la collana «Biblioteca», tipicamente bazleniana, in cui confluiscono testi orientali pensati in origine per i classici. La pietra angolare del nuovo edificio è l'edizione delle *Opere* di Nietzsche, che tante discussioni aveva suscitato in Einaudi: alla fine aveva rinunciato, anche per l'opposizione di Cantimori, che non voleva vedere Nietzsche accanto a Gramsci. Era un'impresa impegnativa e costosa, da condurre sulle trentamila pagine conservate negli archivi di Weimar, tanti quaderni e scritti inediti, ma la qualità scientifica era garantita da studiosi come Giorgio Colli e Mazzino Montinari.

Erano stati anni difficili. Tutti dicevano meraviglie dell'Adelphi, ma restava confinata in una nicchia di pochi eletti un po' snob. I conti non tornavano. Foà aveva dovuto rassegnarsi alla partecipazione di un grosso gruppo editoriale, e alle vessazioni di manager che badavano solo al profitto. Un tormento. Poi era arrivato il soccorso di Giulia Devoto Falck, per il tramite di Giovanni Pirelli. Nel 1967 un innesto importante, il giovane Roberto Calasso che aveva le stigmate dell'*enfant prodige*. Sembrava un personaggio inventato dal solito Bazlen: era stato lui a presentarlo a Foà. In breve tempo sarebbe diventato consigliere delegato accanto a lui. Una diarchia che inverava il marchio della casa, due figure stilizzate che si tengono per mano, incise su un antico bronzo cinese. «Credevo molto in Calasso anche come autore, – ricordava Foà, – *Le nozze di Cadmo e Armonia* mi sono subito sembrate un gran libro».

In famiglia lo chiamavano Anchise. Era un re con una eleganza d'altri tempi, ma non aveva dovuto lasciare una città distrutta. Al contrario, l'Adelphi era diventata un meraviglioso castello bavarese, con le bandiere al vento e vista lago, in cui ci si aggira a bocca aperta, con riverenza.

## Erich Linder, l'agente speciale

Già la sua maschera incuteva soggezione: l'ampio cranio bombato, la pesante montatura degli occhiali, la voce nasale (era capace di parlare senza quasi muovere un muscolo della faccia). Aveva il volo silenzioso del gufo, quando si muoveva sembrava scivolare su cuscinetti a sfera. I freddi sarcasmi cui talvolta si abbandonava potevano risultare letali. I suoi stessi rari sorrisi non bastavano a tranquillizzare l'interlocutore. Davanti a lui ti sentivi un povero questuante che non aveva carte in mano per sostenere le proprie indecenti richieste.

Dal dopoguerra al 1983, Erich Linder è stato non solo l'agente letterario per eccellenza, il Metternich del diritto d'autore, ma una specie di governatore occulto dell'intera editoria italiana, coltissimo e onnisciente, che indirizzava autori e opere verso l'approdo da lui giudicato piú conveniente. Disegnava i programmi editoriali altrui come un musicista scrive una sinfonia, distribuendo i suoni e le parti in vista di un'armonia complessiva. Si parlava di lui come di un magnifico mostro, si diceva che aveva tre teste, quella dell'autore, dell'editore e del lettore. Rappresentava diecimila autori (si faceva prima a dire chi non c'era: Moravia, Eco, la Fallaci), il suo archivio comprendeva 37 126 fascicoli ospitati in quasi duemila faldoni per un milione di pagine. Ora stanno ben ordinati presso la Fondazione Mondadori, a Milano.

Aveva scelto quel mestiere, diceva, perché era un puritano: «Odio l'ingiustizia, i soprusi. Credo che l'autore sia vittima dell'editore. Il mio scopo è di difenderne gli interessi». Se si era deciso a tutelare gli autori, era per l'ammirazione che provava per il loro lavoro. Non era solo una questione etica. Sin da ragazzo si era pensato e costruito come un architetto di cataloghi editoriali, anche se aveva il vezzo di presentarsi come un droghiere o un commercialista finito in mezzo ai libri. Ancora negli anni di guerra, poco piú che ventenne, aveva vagheggiato di aprire una casa editrice ebraica a Napoli. Poi, viste le difficoltà di un'impresa del genere, impensabile in un dopoguerra in cui mancava tutto, a cominciare dai generi di prima necessità, aveva intensificato le collaborazioni già avviate: a Ivrea, con Roberto Bazlen e Luciano Foà che stavano costruendo per Adriano Olivetti le Edizioni di Comunità, radunando intorno a loro fior di intellettuali; a Milano con Bompiani, dove stava Vittorini. Foà, poi, aveva ereditato dal padre Augusto l'Ali, l'Agenzia letteraria internazionale. Il giovane Linder aveva cominciato a collaborare anche con lui, e quando Luciano era diventato segretario generale dell'Einaudi, nel 1949 aveva preso in carica l'Agenzia, che ancora girava a scartamento ridotto, trasformandola in una macchina da guerra. S'era costruito un potere enorme, ma non ne faceva un uso capriccioso o umorale. Al contrario, alla prova dei fatti i suoi disegni si rivelavano affidabili, sottesi da una precisa razionalità. Ambiva costruire matrimoni solidi e duraturi tra autore ed editore, ma guai a scavalcarlo, cercando un contatto diretto con l'autore. Erano fulmini e saette, reprimende, castighi. Il rispetto che si era guadagnato era diventato timore reverenziale. I contratti «non sono carta per avvolgerci i salumi», tuonava, vanno rispettati alla virgola, soprattutto nelle scadenze.

Era nato casualmente nel 1924 a Leopoli da un padre rumeno che ammirava molto: un impiegato di banca che era diventato un eroe di guerra per aver difeso un ponte, ed era stato gratificato della piú alta onorificenza austriaca attribuita a un ebreo. La madre era polacca, lui si autodefiniva «ebreo viennese» perché a Vienna aveva vissuto i primi dieci anni della sua vita. Ne conservava l'impronta, venata di forti coloriture anglosassoni: l'etica del lavoro ben fatto, il cosmopolitismo, lo humour raffinato, l'understatement d'ordinanza, l'uso parsimonioso delle parole, la discrezione. Il tessitore notturno aveva il vezzo di considerarsi un semplice «droghiere», un mediatore, un commercialista. Se poteva sembrare altero, persino sprezzante, era soltanto la maschera di una timidezza che sfumava in malinconia.

Nel 1934 il padre aveva fiutato con molto anticipo il vento avverso e trasferito la famiglia a Milano, dove aveva aperto un negozio di confezioni per uomo. Quando era stato internato in un campo di concentramento in Calabria, per sostenere la famiglia il giovanissimo poliglotta s'era messo a tradurre come un forsennato, e con bravura: non solo i fumetti di Topolino, ma anche romanzi impegnativi come l'*Effi Briest* di Theodor Fontane. Le sue avventure in tempo di guerra erano state rocambolesche. Dopo aver cercato invano di rifugiarsi in Svizzera (i respingimenti elvetici erano impietosamente efficienti), punta verso sud, con l'intenzione di passare la linea gotica. Con una carta di identità intestata a Arrigo Lindèr, di Bari, nato nel 1926 (per evitare l'arruolamento nelle milizie di Salò), nell'aprile 1944 arriva in pantaloni corti a Firenze, dove gli dà rifugio Romano Bilenchi. In un lampo di genio e giovanile follia decide di andare a nascondersi proprio nella tana del lupo: riesce a farsi assumere come interprete dal reparto armamenti del comando tedesco, mascherando l'accento yiddish, e raccontando un sacco di storie: il padre fervente fascista era prigioniero degli inglesi al Cairo, lui parlava cosí bene il tedesco perché i genitori avevano lavorato come domestici al consolato italiano di Vienna.

Quando capisce che gli Alleati stanno per entrare a Roma, l'ultima invenzione: si porta via dei documenti riservati, e chiede il permesso di andare nella capitale per ritirare i risparmi che vi aveva depositato. I tedeschi gli credono, gli concedono un lasciapassare, lo fanno viaggiare sui loro autocarri. Arrivato a destinazione, si nasconde in un cinemino di periferia con la complicità di una maschera. Quando i tedeschi se ne vanno, la prima cosa che fa è correre a Villa Sciarra, sede dell'Istituto di studi germanici, e rinchiudersi in biblioteca, beandosi dei tesori che vi trova. Poi si presenta agli uffici della Quindicesima armata in via Veneto, e si fa assumere come interprete trilingue. Dovrà intercettare i messaggi del nemico. Ma Roma non gli piace, la definisce «un puttanaio», «una città mefitica»; i suoi abitanti sono dei profittatori e dei lazzaroni.

Ritrova il padre, che a Bari lavorava nell'ufficio che facilitava agli ebrei il passaggio in Israele. Il lettore onnivoro ha in testa un gran colpo: tradurre i libri di Kafka non ancora pubblicati in Italia, e per questo cerca affannosamente di contattare Max Brod, che è finito a Gerusalemme e ne detiene i diritti. Apprenderà che Mondadori lo ha preceduto.

Quando riesce a tornare a Milano nel maggio 1945, ha già in testa una quantità di libri inglesi e americani da proporre agli editori. Ridendo, si autodefinisce «l'agenz-io». Riprende la collaborazione con Bompiani, dove si fa subito apprezzare per l'efficienza, e traduce con grande fatica le seicentonovantacinque pagine dei *Sette pilastri della saggezza* di Lawrence detto d'Arabia. Pavese non lo vuole (troppe descrizioni, troppi nomi arabi), Bompiani sí. Ma Bompiani paga poco, e lui si offre all'amico Foà: vanta una rete già solida di relazioni con autori, agenti, editori stranieri, è in grado di portare molto lavoro. E cosí accade: sorretto da una memoria prodigiosa, le sue proposte sono inesauribili. Presto dimostrerà di avere in mano l'editoria angloamericana, da Conan Doyle ad Agatha Christie, Joyce e Pound, Steinbeck e Salinger, Roth e Bellow. Nel 1952, a ventisette anni assume per intero la gestione dell'Agenzia, dieci anni dopo l'intera proprietà.

Cominciano ad arrivare anche gli autori italiani: Arbasino, Bassani, Calvino, Montale, la Morante, Parise, Sciascia, Soldati… Si fidano talmente del suo giudizio di consigliere ideale che arrivano a sollecitarlo esplicitamente. La sua tutela opera a trecentosessanta gradi. È in grado di orientare scelte decisive, come quelle sulla grafica, sulle copertine, su promozione e pubblicità. Nel 1972 Calvino gli sottopone «la struttura del libro e l'ordine dei pezzi» di quel delicatissimo congegno che è *Le città invisibili*, chiedendo un parere. Negli anni Settanta è già diventato un personaggio pubblico, oggetto di ritratti giornalistici e interviste. Gli danno dell'eminenza grigia, del mercante di scrittori, dell'agente segreto. Confessa serenamente che gli editori lo detestano, come un industriale non ama il sindacalista che viene ad agitare le sue maestranze. Rifiuta l'etichetta del monopolista, che di fatto è. Il castigamatti che obbliga gli editori ai loro doveri con gli autori può rivelarsi il piú generoso degli amici, il piú soccorrevole dei buoni samaritani. Presta o anticipa denaro a costo zero, rinuncia alle commissioni d'agenzia (il tradizionale dieci per cento), aggiusta i conti, si comporta come un avveduto curatore fallimentare, risolve problemi famigliari, trova lavoro a figli disoccupati. Cosí avviene con Elsa Morante ammalata, con Mario Soldati che «ha le mani bucate, – scrive Dario Biagi, biografo di Linder, – conti in profondo rosso, file di creditori, due mutui sulle spalle». Arriva a fargli commissionare da una banca di Sondrio un libro sulla Valtellina per l'inusitato compenso di cento milioni di lire.

Con lui finiscono i tempi in cui gli editori tosavano spregiudicatamente i loro autori. Imponendo regole certe e pretendendo un'assoluta correttezza amministrativa, ha aiutato l'editoria italiana a passare da un artigianato un po' arruffone a una fase industriale piú razionale ed efficiente. Le sue preferenze esistevano per davvero: c'erano titoli che «dovevano» andare a Einaudi, anche se pagava poco e in ritardo, e aveva cosí tanti titoli in portafoglio che per essere pubblicati bisognava sopportare una *waiting list* di anni. Le sue scelte di regista occulto potevano provocare reazioni anche aspre. Livio Garzanti, geloso delle preferenze che secondo lui accordava a Einaudi e Adelphi, considerandolo un editore buono solo per enciclopedie e grandi opere, ci si arrabbiava a morte, ma invano. «Il suo editore è un pazzo. Il piú intelligente e colto in circolazione, ma incostante e inaffidabile», sospirava Linder con Piero Gelli. Di rimando, il dottor Livio lo accusava di essere un vanitoso che mirava soltanto ad accumulare un grande potere. Era arrivato ad aggredirlo verbalmente alla libreria di Aldrovandi di via Manzoni o per strada, in via Sant'Andrea, dandogli del disonesto. L'altro gli opponeva come al solito una maschera d'impenetrabilità. Poi la pace negli anni Ottanta, con pubbliche dichiarazioni di reciproca stima. Quando Garzanti scrive un romanzo che intende pubblicare con Bompiani, chiede a Linder di fargli da agente, salvo rimproverarlo di avergli ottenuto percentuali e anticipo troppo alti. È a lui che Linder racconta le sue avventure presso i comandi tedeschi. L'editore è sconvolto da quella che considera «un'impresa mitica», dice che è un eroe, un personaggio dostoevskiano. E quando muore scrive che la sua scomparsa è stata una delle perdite piú dolorose della sua vita.

Aveva le sue antipatie, come quella per Giangiacomo Feltrinelli, che considerava un rampollo viziato, un riccastro arrogante. Nelle lettere a Niccolò Tucci gli dà dell'*uncouth*, del «grossolano», lo chiama Feltrinouille o Feltrinaglio; forse inconsciamente gli brucia che i due grandi successi internazionali dell'epoca, *Il dottor Živago* e *Il Gattopardo*, siano passati sopra la sua testa. Rimprovera a Brecht il suo ostentato comunismo da agit-prop. Se ammira la «lucidità geometrica» di Dürrenmatt, trova Frisch troppo di testa e poco svizzero. Dell'*Uomo senza qualità* lo infastidisce la disorganicità, il disordine di un eterno brogliaccio irrisolto.

L'esattore implacabile non era interessato ad accumulare profitti, gli bastava quel poco che poteva soddisfare i suoi gusti. Quando si appassiona alla grafica, contagiato da Sciascia e Giorgio Soavi, le sue scelte vanno sui grandi austriaci, Schiele, Klimt, i maestri della Secessione. I suoi uffici al 41 di via Manzoni erano quelli di un raffinato notaio: quattrocento metri quadrati, moquette grigia, marmi e caminetti, comodi divani, quattordici dipendenti. Passa le domeniche a rivedere i rendiconti. Sempre disponibile, non ammette gesti di eccessiva confidenza, al massimo se ti chiede una sigaretta, lui che non dovrebbe fumare, vuol dire che ti sta onorando della sua benevolenza. Detesta il pressapochismo italico, fatto di furberia, mancanza di senso etico e civile. Ai redattori einaudiani rimprovera di avere orari un po' troppo elastici, di essere poco disciplinati. Non ama il Sud, che per lui è sinonimo di disordine e di pur amabile follia (ma sposerà una bella siciliana, figlia del poeta Villaroel). Diceva Sciascia che, come Savinio, pensava che le civiltà sono proporzionali allo spessore del pastrano. Il suo cuore batteva per la Mitteleuropa. Era andato a New York solo due volte, la società americana non lo attraeva.

Come ci si poteva immaginare, la maschera di efficienza, distacco e riserbo nascondeva il suo contrario, l'emotività, il bisogno d'affetto, addirittura la passionalità, come ha documentato il suo biografo Dario Biagi. «Nel profondo è stato l'uomo piú romantico, vulnerabile e generoso che si potesse immaginare», ha scritto Oreste Del Buono. Capace di arrossire come un ragazzo davanti a una donna che lo intrigava, di soffrire di gelosie lancinanti, di scrivere lettere bellissime in cui sfoga il suo pessimismo cosmico sull'eterna crisi italiana. Dirà uno dei suoi amori: «Mi spiegò che anche lui era uno che viveva con la valigia sempre pronta». Per le stesse dimensioni che aveva assunto, l'agenzia era diventata un impegno troppo pesante, lo affaticava. Meditava invano di cederla. In un pomeriggio del marzo 1983 un infarto se lo è portato via sulla barella del pronto soccorso del Fatebenefratelli. Lasciava pochi risparmi, le amate stampe e molti libri.

# Vanni Scheiwiller, folletto sapiente

Compariva all'improvviso come un folletto spiritoso e spiritato. Gli ridevano anche gli occhiali, quando ti annunciava che pubblicava delle «variazioni» di Montale, uno scritto polemico di Gadda contro «l'asineria italiana», un Delio Tessa d'annata, i ritratti che Contini aveva dedicato agli amici, un Laforgue tradotto da Flaiano, un diario della Merini (quando nessuno se la filava). Pochi hanno amato la letteratura e il libro come Vanni Scheiwiller, artigiano di gusto sublime e intatta passione.

Le sue plaquette colorate, con i loro bei cartoncini in tutte le sfumature del rosso, del giallo, dell'azzurro, sembrano i pasticcini minuscoli che si fanno a Torino, dove l'intensità dei sapori, la freschezza degli ingredienti e l'eleganza della confezione sono inversamente proporzionali alla mole. Guardava la letteratura con gli occhi di un intenditore d'arte: era in grado di attribuire un testo da un minimo dettaglio, e al tempo stesso lo godeva nel suo complesso, come un quadro. L'eleganza della sua pagina tipografica fa tutt'uno con l'eleganza intellettuale, con la sicurezza del giudizio, con il fiuto dell'antiquario.

Del mondo letterario – quello «alto», nobile, che aveva dato il meglio di sé nei decenni a cavallo della guerra – conosceva i maestri, i protagonisti, le comparse, i «minori» da salvare, gli eredi spesso insopportabili, le carte inedite e quelle disperse, le opere in gestazione, certi incompiuti piú interessanti dei finiti. Riusciva a strappare testi preziosi a personaggi con i quali non avremmo nemmeno scambiato un saluto. Non si poteva dirgli di no. Anticipava le grandi raccolte illeggibili delle *Opere complete* con gli assaggi dei suoi svelti volumetti, stuzzichini che mettevano di buon umore.

Per togliere a se stesso e a noi questi sfizi che rappresentano alcune tra le emozioni piú belle della nostra vita di lettori, Scheiwiller si autofinanziava approntando ogni anno per le banche quei fastosi volumoni d'arte illustrati che vengono regalati ai clienti per Natale; riusciva a mettere il suo gusto e la sua intelligenza al servizio dei mastodonti, li rendeva perfino frequentabili. Poi tornava con l'agilità del colibrí alle sue plaquette, alle sue pesche miracolose, ai suoi poeti appartati e magari dimenticati, ai suoi saggisti aristocratici nel loro francescanesimo, come Cesare Angelini. Amava i «matti», gli isolati, gli eccentrici, gli autentici, i pochi scampati all'omologazione. Volteggiava con le sue feluche di carta intorno alle grandi corazzate editoriali, guidate dai computer del marketing, e si ammirava la sua agilità di skipper del raro e dell'inedito. Coltivava un giardino «giapponese» di piante magiche senza illusioni ma senza vittimismi.

Era minuscolo, ed era grande.

# Elvira ed Enzo Sellerio, l'editoria come *home*

L'amavo da lontano, senza averla mai incontrata di persona. Impossibile non amare Elvira Sellerio nata Giorgianni, che univa lo stile alto di una vera signora al fiero coraggio di Bradamante. Coltissima senza darlo a vedere, generosa, «dolcissima e durissima» (Camilleri), determinata, capace di fare grande editoria a Palermo, che sembrava una cosa un po' innaturale, diceva Sciascia, come coltivare fichidindia a Milano. Mi ero ripromesso cento volte di andare a trovarla, speravo che venisse lei a Torino, quando l'avevamo invitata come madrina del Salone del libro. Restò a casa per mantenersi fedele alla sua misura di discrezione. Non le piacevano le cerimonie, i formalismi, i discorsi ufficiali, le foto in posa con i sorrisi di circostanza, i tagli dei nastri, le interviste precotte, quel tanto di artificioso e di finto che si accompagna fatalmente alle apparizioni pubbliche e che bisogna subire senza crederci per davvero. La capivo benissimo, figurarsi. Diceva: «Un editore deve restare quanto piú silenzioso, nascosto, taciturno. Il nostro è un mestiere d'umiltà, ma pochi lo intendono cosí. È servizio, non protagonismo».

Quando finalmente a Palermo ci sono andato, lei non c'era piú, nelle segrete stanze di via Siracusa, ora intitolata a lei e a suo marito Enzo, ma era come se fosse uscita un momento per una commissione. La casa editrice era anzitutto una casa privata, una *home*, il piú intimo dei focolari, come dovrebbero sempre essere le case editrici. Una casa di famiglia. Con i vecchi mobili dall'aria protettiva, altrettanti lari o penati, le capienti librerie ottocentesche, i divanetti, le poltroncine, le *étagères*, lampade da tavolo poco invasive, la cera ben tirata sui pavimenti, cari ricordi alle pareti (quadri, stampe, lettere, fotografie, copertine e prove di copertina incorniciate con garbo: un'antologia di momenti felici, di amici indimenticati). Erano come fiori secchi che mandavano ancora un gentile profumo. Non oggetti di collezione, ma pezzi di cuore. «Vorrei che i miei figli si liberassero di questo mausoleo», sorrideva lei. Ma non è affatto un mausoleo. È un calco che la restituisce per intero.

Nell'ex via Siracusa ti senti avvolto come da una vampata di calore benefico. Per una misteriosa, abbagliante epifania il mondo sembra improvvisamente composto di belle persone, buoni libri, amicizie confortanti, solidi affetti, artigiani sapienti, dove si mangia cultura come si mangia il buon pane di una volta. Il mondo come lo sogniamo e non è, capace di sprigionare una breve, intensa felicità.

C'era una precisa equivalenza tra quelle stanze e il suo modo di fare editoria. Era come se invitasse autori e lettori a casa sua, con garbo e rispetto, senza facili confidenze, perché l'eleganza sta nella misura, e la misura è come la scrittura o il pianismo, questione di sensibilità e di stile, non di leggi codificate; e difatti ha continuato a dare del «lei» a tutti.

Era come se apparecchiasse un pranzo per gli amici di oggi e per quelli che domani lo sarebbero diventati. Un convivio in cui ogni minimo dettaglio parla di cura amorevole: le tovaglie di lino, le posate e i piatti dei nonni, bellissimi nella loro semplicità, le piccole saliere e i bicchieri, magari scovati al mercatino domenicale di piazza Marina, il bouquet di fiori a centrotavola, il vino di qualche piccolo produttore amico. Offriva i libri allo stesso modo, in una laica eucarestia. Il suo rispetto per gli ospiti lo dimostrava attraverso le scelte mai ovvie, la qualità della carta e dei caratteri, l'impianto di pagina, la cura redazionale. Il formato della collana «La memoria» l'aveva trovato Enzo, il nome Sciascia. «Per non dimenticare certi scrittori, – diceva don Leonardo, – certi testi, certi fatti», «vagando per il mal noto, il poco noto e l'ignoto», tra «storia e fantasia, e con punte che possono anche sembrare estravaganti e paradossali: una giustapposizione di racconti, cronache, descrizioni, lettere, memorie, apologie e magari agiografie, capricci».

L'aria di famiglia la avvertivi davvero. Enzo aveva il suo ufficio sullo stesso pianerottolo, anche se si erano separati tanti anni prima. Ogni sera passava da Elvira a dividere un whisky e una sigaretta, soddisfazioni e arrabbiature, discussioni e progetti. Poi c'erano i ragazzi, Antonio il rosso, che sembra un principe uscito da *Guerra e pace*, un cugino di Pierre Bezúchov (non a caso, dati gli avi russi della nonna paterna); Olivia nera come la lava e dalla voce di sirena, che sembra uscita dalle *Mille e una notte*. Bravi entrambi a non farsi schiacciare da genitori di cosí forte carattere, a diventare i figli che ogni genitore si augura.

Poi c'erano gli autori. Con loro i Sellerio hanno creato una vicinanza vera, una condivisione di pensieri, gusti, stili, gesti. Camilleri ha detto che per lui Elvira era la sorella che aveva sempre desiderato, al punto che da bambino teneva nella sua stanza una grossa bambola, di cui non poteva parlare a nessuno, salvo equivoci penosi. Lei lo chiamava «amico del mio cuore». Sapeva esercitare quella che Camilleri ha chiamato «la difficile arte dell'amicizia siciliana», che non è complicità e consorteria. Uno non chiede un favore all'amico, perché è l'amico che deve prevenire la richiesta.

Poi c'era don Leonardo, che aveva subito identificato in quell'*hortus conclusus* lo spazio ideale in cui mettere a dimora le piante che aveva care, e aveva aperto una fondamentale linea di credito dando a donna Elvira un libro epocale come *L'affaire Moro*. Arrivava in tardo pomeriggio, si sedeva nella sua poltroncina, fumava, leggeva, scriveva, discuteva. Si sobbarcava anche i lavori redazionali: scrivere lettere, stendere contratti, redigere le schede delle novità per i librai, provvedere ai «risvolti», nel suo inconfondibile stile; proporre illustrazioni per le copertine: «Vale, si capisce, come timido suggerimento», specificava.

Era stato lui ad avviare il progetto della casa editrice con Enzo e Antonino Buttitta, l'antropologo, alla fine degli anni Sessanta. A quei tempi lei era la giovane moglie che entrava in scena per chiedere se qualcuno desiderava un caffè o un tè. Le rispondevano con distratta degnazione. Poi si era appassionata alle riunioni, aveva cominciato a buttar lí qualche idea, magari attribuendola a Sciascia o a Enzo per farla passare. Si era buttata in quell'avventura anche per stare piú vicino a Enzo, per farsi apprezzare da lui. Era bellissimo, fascinoso, ricordava, un artista dall'occhio infallibile. Il loro dialogo non s'è mai interrotto.

Quando Elvira si era separata, e aveva cominciato a pubblicare narrativa e saggistica, aveva attraversato anni difficili. Aveva persino dovuto subire un processo per indebiti finanziamenti regionali concluso con un'assoluzione, toccare amaramente con mano cosa può essere la Giustizia in Italia. L'aiuto di Sciascia era stato decisivo. Nel 1984 era arrivato Camilleri, quando era ancora soltanto un apprezzato regista televisivo che girava il film di Maigret per la tv, anche se dotato di una avvolgente capacità affabulatoria. Ci vollero altri otto anni prima che il suo talento di narratore andasse al di là della storia locale. Milioni di copie vendute, il trenta per cento del fatturato. La ragazza coraggiosa era diventata «la Signora», come la chiamavano in casa editrice. Negli anni Novanta l'avevano perfino chiamata nel consiglio d'amministrazione della Rai.

Per ricordarla, i figli hanno anche inciso un cd con le canzoni che lei amava, cantate da Olivia. Ci ho ritrovato quelle che piacevano anche a me: *Bewitched*, *Buonanotte fiorellino*, *'A canzuncella*, *Senza fine*, *E dimmi che non vuoi morire*, *Non, je ne regrette rien*.

Ho sempre pensato che Enzo Sellerio appartenesse ai cicli epici, come un paladino dell'Ariosto, la bella faccia intagliata nello stesso legno dei pupi siciliani, gli occhi fiammeggianti del condottiero che è arrivato a vedere l'Oriente, che si è riposato sulle rive del Gange dopo una cavalcata di migliaia di leghe su un cavallo probabilmente alato.

Ho sempre pensato a lui come a una incarnazione dello Stile. Lo stile comprende il taglio che bisogna dare a un'immagine per renderla significativa (saper vedere significa saper scegliere), l'impianto grafico di una pagina o di una copertina, il carattere tipografico piú adatto, il rapporto tra i vuoti e i pieni che fanno un libro; il semplice svolazzo della firma che puntualmente consegnava gli auguri per l'anno nuovo, e sembrava disegnato da un artista giapponese in inchiostro di china. Ma anche il modo di gestire i rapporti umani, il riserbo signorile, la discrezione, la timidezza di fondo in un uomo che non aveva nulla che lo potesse rendere timido.

La sola idea che Enzo stesse per farmi una telefonata affettuosamente ironica delle sue mi metteva l'allegria che trasmettono i quartetti di Mozart o di Rossini. Lo sentivo complice di quella speciale fraternità che può nascere sui banchi di scuola o in qualche avventura della vita, anche se il breve giro delle nostre peripezie non andava molto oltre la Fiera del libro di Francoforte. Sentivo che se Enzo mi avesse chiesto di procurargli uno speciale minerale che si trova solo in un qualche remoto anfratto della Terra del Fuoco, sarei partito senza indugi, anche senza possedere la tempra viaggiatoria di Bruce Chatwin.

Mi metteva allegria il fatto che nelle giuste occasioni si arrabbiasse: anzi, si incazzasse di brutto. In un Paese cinicamente rassegnato davanti a ogni forma di sopruso, violenza, volgarità, Enzo era tra i pochi che si rivoltano, che alzano la voce, che prendono per il bavero l'arrogante, lo stupido, l'incolto. Ma lo fanno distillando uno humour che è tanto piú feroce quanto piú i suoi moduli espressivi sono misurati, eleganti. Gogoliani.

Negli anni della tragedia di Ustica – una delle grandi e significative vergogne nazionali – ogni volta che doveva volare in continente Enzo mandava telegrammi al comandante della flotta americana ancorata a Napoli per avvisarlo del suo viaggio, che per favore gli risparmiasse missili, quegli stessi che avevano abbattuto lo sventurato aereo dell'Itavia nell'atterrita connivenza del governo d'allora, e dei seguenti.

Una volta sulla linea ferroviaria Torino-Milano il treno, giunto in una piccola stazione, perse decine di minuti in strane manovre avanti e indietro, senza che qualcuno si degnasse di avvertire i passeggeri di quello che stava capitando. Si abbassò il vetro di un finestrino, e la bella voce fonda di Enzo – la riconobbi immediatamente, a distanza, non sapevo viaggiasse sullo stesso treno – apostrofò ironicamente il capostazione, chiedendogli le ragioni di quel trattare i viaggiatori come pollame. Allo stesso modo lo offese che una primaria casa editrice del Nord gli avesse copiato pari pari lo schema blu della collana «La memoria» senza una parola gentile che almeno riconoscesse il debito. Credo che Enzo avesse inviato al Nord una o piú lettere urticanti e beffarde delle quali era capace; ma non ebbe mai il bene di una risposta. Forse non è nemmeno strano. Per rispondere a Enzo bisogna viaggiare alle sue altezze.

Mi esilarava il suo côté dada. Siamo a Francoforte, un ottobre di tanti anni fa, la sera è difficile trovare posto in qualsiasi ristorante, con migliaia di editoriali alla carica. Finiamo in un locale cinese del centro, dove la calca è anche peggiore che da altre parti: decine di persone in ordinata attesa, in piedi nel corridoio. Lui agguanta un camerierino, tira fuori dal taschino una piccola calcolatrice, imposta complicati calcoli che danno come risultato il numero cinque.

«*Fünf minuten!*» intima allora all'uomo sventolandogli sotto il naso le dita di una mano, intendendosi che lui avrebbe dovuto trovare il tavolo per noi in cinque minuti.

Il piccolo cinese guarda la calcolatrice, guarda lui da sotto in su misurando la sua altezza ducale in tutta la sua possanza, poi si inchina premuroso. Dopo cinque minuti il tavolo era pronto.

## Inge Feltrinelli, il colore dell'ottimismo

Inge era un inno alla gioia. Era diventata una sorta di ministro europeo della Cultura per tacita acclamazione. Ovunque ci fossero da festeggiare libri, autori, eventi, c'era lei, la regina degli elfi. Con i tratti vagamente orientali, il sorriso largo, gli occhi che ridevano al mondo, come se fosse un concentrato di belle persone, intelligenze vivide, artisti sorprendenti, amici meravigliosi, opere memorabili. La sua bigiotteria tra pop, déco e floreale era una parte integrante di lei: fuori misura, divertente, ironica e autoironica. Il suo colore araldico era l'arancione, declinato in tutte le tonalità possibili, come se avesse appena finito di raccogliere dai campi grandi mazzi di papaveri. La guardavi, e già ti sentivi schierato dalla sua parte, rigenerato, propositivo, pronto a metterti a disposizione, con allegra complicità, ad apprezzare insieme a lei un autore, un'opera d'arte, un oggetto speciale, un paesaggio, una musica, un vino. Produceva all'istante amicizie che erano come lampi di magnesio, ma sapevano durare e crescere nel tempo, produrre empatie profonde: come quelle per Nadine Gordimer, Doris Lessing, Amos Oz, la Allende, Pennac, Tabucchi, tra i tanti.

Nelle interminabili notti della Fiera di Francoforte, riceveva ogni giorno almeno una mezza dozzina di inviti ad altrettanti ricevimenti. Non ne perdeva uno. Arrivava sorridente, captava l'aria, salutava gli amici, afferrava al volo una flûte di champagne, trovava le parole giuste per un saluto o un augurio, come sanno fare i presidenti e i regnanti, e ripartiva. La mondanità la divertiva, e poi ci potevi ricavare un sacco di notizie, di pettegolezzi che potevano poi tornare utili.

Il suo stesso italiano, ancora ruvidamente germanizzato dopo mezzo secolo, smozzicato, disarticolato, refrattario a ogni possibile sintassi, ridotto a poche parole essenziali, con il maschile e il femminile degli aggettivi che non erano mai quelli giusti, produceva una cifra stilistica tutta sua, parte integrante della sua identità. Si sposava benissimo con la sua solarità mediterranea.

Era nata Schönthal da una solida famiglia della buona borghesia ebraica. Quando il padre con l'avvento del nazismo s'era rifugiato in America (forse anche per fuggire da un matrimonio in crisi), in casa era entrato un ufficiale di cavalleria che aveva garantito a madre e figlia una bolla di sicurezza. Solo nel 1945 Inge aveva scoperto l'orrore dei Lager. Ricordava ancora il lezzo terrificante di miseria e di malattia che saliva da un campo di prigionieri russi vicino a casa.

A diciott'anni la «piccola impertinente», come si autodefiniva, se ne era già andata ad Amburgo, dove collabora con diverse riviste e frequenta l'editoria, in particolare il distintissimo Rowohlt (lo ricordo cinquantenne al Premio Formentor, dove per dimostrare la propria agilità faceva capriole sui tappeti dell'hotel). «Misto di Audrey Hepburn e Leslie Caron», la definirà il figlio Carlo. Con il suo caschetto sbarazzino e la verve inesauribile, non aveva paura di nulla. S'era inventata fotografa, magari senza una grande tecnica, ma con la capacità di saper cogliere l'attimo, il momento decisivo, come predicava Cartier-Bresson. Approfitta di un passaggio su un cargo e va a New York, dove entra nel giro che conta, ospite di una pronipote del banchiere J. P. Morgan. Riesce a fotografare Greta Garbo che starnutisce a un semaforo, John Kennedy («molto sexy»), Winston Churchill, un Gary

Cooper mezzo ubriaco, Picasso («Un piccolo diavolo misterioso, un toro dagli occhi magnetici»).

È Rowohlt a mandarla a Cuba in missione speciale: deve convincere Hemingway a cambiare il suo traduttore tedesco. «Papa», come lo chiamano, la fa aspettare quindici giorni, poi le apre le porte di Finca Vigía, lussuosa villa con parco poco fuori L'Avana. Inge è cosí furba da farsi amica la moglie di «Papa». Lui la corteggia senza troppa convinzione. Seguono omeriche bevute di mojito e daiquiri. Escono tutti i giorni in barca con Gregorio, che diventerà il pescatore del *Vecchio e il mare*, ma non pescano niente. Il grosso marlin accanto al quale si fanno immortalare in un famoso autoscatto (lei illuminata da un sorriso smagliante, lui perplesso e malinconico) è vecchio di tre giorni. Muore Stalin, e «Papa» per la disperazione si inciucca.

Quando torna in Germania, è proprio a una festa di Rowohlt che Inge incontra Giangiacomo Feltrinelli. È un uomo baffuto e silenzioso, difeso da occhiali dalla montatura pesante, che si sta annoiando e si rosicchia le unghie. Di lui si sa che è molto ricco e molto comunista, e che ha appena pubblicato *Il dottor Živago*, successo mondiale. Stanno tutta la notte a parlare su una panchina. Lui deve andare al Polo Nord, annuncia il suo ritorno con una cartolina in cui scrive che le sue unghie sono diventate lunghe come quelle di Pierino Porcospino. Segue una crociera galeotta in barca a vela nei mari della Danimarca.

Quando Inge arriva a Milano nel 1959, scopre che per molti scrittori i tedeschi restano i nemici per eccellenza. Per sua fortuna, è adottata da Vittorini e dalla moglie Ginetta. La Milano di quegli anni, ricordava, era vivacissima: c'erano il Circolo Turati, venti gallerie d'arte, era come stare a New York. Poi tanti viaggi: a Cuba, dove Fidel Castro sta scrivendo un'autobiografia (che si rivelerà noiosissima); negli Stati Uniti, da cui i Feltrinelli tornano con le opere di Henry Miller, James Baldwin, Saul Bellow, Arthur Miller.

Poi dopo un secondo viaggio a Cuba Giangiacomo cambia. I libri non gli bastano piú, vuole organizzare la lotta armata, entra in clandestinità. «È partito per un altro pianeta, – diceva lei. – Si è perso». Lo trovano ai piedi di un traliccio di Segrate, dilaniato dall'esplosivo che stava maneggiando. Lei era convinta che non fosse un incidente, ma un agguato forse propiziato dai tanti servizi segreti che gli stavano addosso, o da Gladio. Era «un uomo troppo scomodo, troppo libero, troppo ricco: troppo tutto». Già condannato alla solitudine: «Era cresciuto con i precettori e la servitú».

È qui che la ragazza tedesca dimostra tutta la sua bravura, il suo coraggio, sua intraprendenza, salvando la casa editrice che si è stretta attorno a lei. Diventa l'anima della resistenza e del rilancio. La città le è vicina, nei weekend Roberto Olivetti arriva da Ivrea a controllare i conti.

Parlava dell'editoria come di un caravanserraglio, un pittoresco magazzino di progetti, idee, sfide, follie, dove le merci di tutto il mondo convivono allegramente, aringhe del nord e spezie d'Oriente, qualcosa che rimanda all'idea di una eterna contaminazione. Dove, come nella metafora, le scintille piú forti nascono proprio quando i due poli sono piú distanti. Del caravanserraglio faceva parte anche la sua passione per il ballo, per le feste preparate con la stessa cura con cui si allestisce una copertina.

Sapeva esorcizzare le delusioni: Castro con la sua vocetta fessa, che se la prende con i dissidenti e tiene in terrazza le galline, accanto a un canestro per il basket; Günter Grass che confessa le sue compromissioni nella gioventú hitleriana; García Márquez diventato uomo di successo che si circonda di un lusso pacchiano da nuovo ricco e sfida Castro a gare di barzellette. Ci voleva ben altro per scalfire il suo ottimismo propositivo.

## Livio Garzanti, genio infelice per dovere famigliare

«È un ossimoro», diceva di lui Gina Lagorio, sua seconda moglie, che cercava di medicarne le abissali infelicità. Il dottor Livio, come lo chiamavano in casa editrice, incarna il paradosso di uno che avrebbe voluto fare tutt'altro, il filosofo e il narratore, si sentiva costretto a un mestiere che sembrava riuscirgli odioso e tuttavia svolgeva con un talento che sconfinava nel genio.

Tutto nasceva dal conflitto con il padre Aldo, che all'indomani delle leggi razziali aveva rilevato la primaria casa dei Fratelli Treves, all'epoca egemone. Un romagnolo sanguigno, «un'edizione aristocratica di Mussolini», di cui era peraltro amico, dirà il figlio, che invece assomigliava intellettualmente alla madre, Sofia. «Guarda che tuo figlio non è affatto stupido come credi», disse un giorno Buzzati ad Aldo. Ma Aldo non lo pensava affatto dell'Edipo che gli cresceva in casa: semplicemente era in corso un'aspra lotta per il potere famigliare, di timbro shakespeariano.

Diseredato dal genitore, Livio fu reintegrato in extremis nei suoi diritti per un provvidenziale intervento della madre, raffinata francesista e leopardista, da cui aveva ereditato l'affilata intelligenza. Laureato in filosofia con Antonio Banfi e studioso di Platone, alla filosofia avrebbe voluto dedicarsi. Costretto a occuparsi per dovere dinastico di editoria, si vide subito di che cosa fosse capace il tormentato trentenne (siamo nel 1952): Pasolini, Parise, Volponi e il *Pasticciaccio* di Gadda, costretto a consegnare il suo capolavoro con un misto di sapienti blandizie e minacce quasi teppistiche che lo atterrivano. Senza quell'insistenza persecutoria a fin di bene l'ingegnere (poi definito «falso e cerimonioso», ma era solo spaventato, stava sulla difensiva) non avrebbe mai capitolato.

Garzanti sapeva mettere insieme l'alta letteratura e la grande poesia (Bertolucci, Caproni, Penna, Luzi) e i romanzi di sicura presa commerciale (*Love story* di Segal, Spillane, Fleming, i romanzi dei Golon su Angelica), la saggistica di qualità (Magris, tra i tanti), gli svelti manualetti di «Saper tutto» curati da Citati e le grandi opere che offrivano un prezioso servizio pubblico: la *Storia della letteratura italiana* di Cecchi e Sapegno, gli impeccabili dizionari, le aggiornatissime Garzantine, i «Grandi libri» perfettamente equipaggiati, l'innovativa «Enciclopedia Europea», investimento colossale: venti miliardi di lire, ottanta redattori interni, duemilaseicento collaboratori – tra cui molti Nobel – sparsi per il mondo, tredici anni di lavoro. Tutto cucinato in casa, con scrupolo maniacale. Il mancato filosofo si faceva un puntiglio di gareggiare con i suoi redattori per asciugare ogni voce enciclopedica di tutto il superfluo, sino a farne un oggetto perfettamente funzionale come una chiave inglese.

Non aveva cariche ufficiali, non leggeva i bilanci, s'era ricavato uno studiolo in una stanzetta occupata quasi per intero da un tavolino del Seicento, per lo piú sgombro di carte. Il gran palazzo di Giò Ponti che sta tra via Senato e via della Spiga sembrava dipinto da Sironi: pareti grigie, luci fioche, vecchi sofà démodé (l'ultimo piano era stato anche la residenza privata della famiglia). Chi ci lavorava dentro gli restava praticamente invisibile. Aveva sempre avuto dirigenti e collaboratori d'alto valore, da Attilio Bertolucci a Giorgio Cusatelli, da Giovanni Raboni a Paolo Debenedetti, Lucio Felici, poi Teresa Cremisi, Piero Gelli e Gianandrea Piccioli, ma era già tanto se non li aggrediva con qualcuno dei suoi imprevedibili schizzi d'acido muriatico. Della casa (e delle officine che stampavano i libri) parlava come di un'entità sostanzialmente ostile, ingovernabile, inconoscibile, in cui si consumavano oscuri e indecenti traffici familistici.

A giorni alterni, per un anno e mezzo mi ha confidato il suo sogno piú caro: l'incendio della casa editrice: «Se trovo qualcuno che le dà fuoco, gli do dieci milioni». Naturalmente sarebbe poi corso a spegnere le fiamme, lamentandosi che nessuno gli dava una mano.

Si vantava di non avere amici (se uno è un vero amico non c'è nemmeno bisogno di dirselo). Consumi di sobrietà monacale (solo Gina Lagorio l'aveva convertito ai Baci di Cherasco e al vino Pelaverga che si produce a Verduno). Viveva isolato nel centro di Milano, in un ex convento di piazza del Carmine, con qualche rara puntata in una villa sul lago di Como, dissimulata nel pendio di una collina, quasi la prua di una nave. Non riusciva a nascondere le soddisfazioni che gli dava la Porsche ma restava scrupolosamente lontano da ogni mondanità e pubblica apparizione. I suoi giudizi taglienti erano un modo per manifestare l'insofferenza ai modelli correnti, ai rituali vacui, ai luoghi comuni, specie se radical chic. Di Einaudi (di cui pativa il glamour): «Un comunista megalomane, un presuntuoso senza cultura propria». Di Truman Capote: «Una bella donnina». Di Paolo Volponi: «Un matto nobilissimo». Di se stesso: «Della cattiveria ho fatto una civetteria, dell'antipatia quasi un mestiere». Unico tra gli editori, si sentiva in diretta competizione con i suoi autori. Che erano bravi, per carità, ma lui si sentiva piú bravo di loro.

Quando voleva conquistarti l'antipatico era di una seduttività irresistibile, il piú amabile, incantevole, sensibile dei Casanova. Ti tampina fermissimamente, canta iperbolicamente le tue lodi davanti alle stesse persone che sei chiamato a sostituire. Quando riesce a ghermire la Zerlina di turno, se dopo tre mesi non ha fatto i miracoli che si attendeva da lei, precipita rovinosamente nella scala della sua considerazione, diventa un ingombro penoso che i suoi collaboratori si incaricheranno di rimuovere con discrezione, e lui ricomincia a guardarsi intorno nervosamente.

Lo stesso trattamento viene riservato alle imprese editoriali e a certi autori. Progetti di lunga lena e costosi investimenti vengono dismessi e i materiali gettati nelle discariche. Le collane si aprono e chiudono come girasoli. L'aggiornamento dell'«Enciclopedia Europea», suo grande orgoglio, viene fermato a poca distanza dal traguardo con sgomento dei redattori, che ci avevano buttato il sangue. In lui l'ansia di perfezione e il senso del dovere si scontrano con la stessa insensatezza e irredimibilità del mondo, e producono gesti distruttivi. Con Pasolini, fredda stima e rapporti formali: ogni nuovo libro viene giudicato severamente e non risulta all'altezza dei precedenti. L'amico Bassani trionfa con il suo *Giardino dei Finzi-Contini* e lui lo gela: «Dài e dài, ci sei riuscito finalmente a scrivere un romanzo». Muovendo mari e monti, Piero Gelli riesce a strappare a Henry Kissinger, al culmine della sua potenza, la voce *Politica* per l'Enciclopedia, e lui la liquida come merce scadente, un po' vecchiotta. La voce *Pirandello* commissionata a Sciascia viene giudicata disastrosa e poco funzionale: «Sarà anche un grande scrittore, come redattore è un cane». Un autore di best seller caldeggia la pubblicazione di un romanzo di sua moglie? L'editore lo investe come una furia: «Ma l'ha letto? E lei tollera che esca con il suo nome?» Unica civetteria, l'aver fatto affrescare da Tullio Pericoli una sala riunioni del pianterreno che è diventata la «Sistina Garzanti». Il soffio travolgente che agita autori e libri sulla volta è proprio quello del dottor Livio.

Intelligentissimo, timido, aggressivo, geniale, dispotico, imprevedibile, coltissimo, saturnino. Ci vuole un dizionario dei sinonimi e dei contrari per gli aggettivi che gli sono stati appioppati, tutti nel segno di una stupefatta ammirazione. In uno dei suoi momenti di furore e dispetto, nel

1996 aveva ceduto la casa editrice, salvo pentirsi, credo, un minuto dopo. Il triste spettacolo della contemporaneità deve avergli avvelenato gli ultimi anni: non ha prodotto nemmeno oggetti almeno degni dei suoi sarcasmi, solo una triste poltiglia.

## Roberto Calasso, alias Memè Scianca

Sembrava indossasse una maschera. Non muoveva un muscolo del volto, la fessura degli occhi ti guardava da una lontananza mitigata da un sorriso appena stirato, tra benevolo e paziente, che ti concedeva ancora qualche possibilità. Poteva sembrare algido, quasi inaccessibile nel suo sapere, nel profilo aristocratico del catalogo Adelphi. In realtà in tutta la sua opera ricorrono parole-chiave che rimandano a tutt'altro: l'ardore, l'invasamento, la possessione, l'ebbrezza, quello che gli antichi greci chiamano mania. Una sorta di meravigliosa febbre di conoscenza che vuole andare oltre i territori conosciuti, e sfiora la felicità.

Davanti a lui mi sentivo un perfetto ignorante. Quando, chiamato a recensire uno dei suoi libri, protestavo la mia totale incompetenza davanti a una materia cosí dotta, aveva detto in tono incoraggiante: «Ma è solo letteratura!» Sapevo bene che parlava dei suoi libri come di narrazioni, al di fuori di ogni classificazione di genere, ma il troppo era troppo. Non restava che abbandonarsi totalmente a quel fiume di associazioni, lampi, squarci, rimandi, allusioni, divagazioni, tenute insieme da una misteriosa connessione gravitazionale, la stessa che governa il roteare dei corpi celesti.

Lo aveva spiegato lui stesso: non scriveva seguendo un ordine preciso, un progetto prefissato. Si abbandonava all'onda dei pensieri che fissava un po' dappertutto: in migliaia di schede Bristol, foglietti, calepini. In casa editrice, dove andava il pomeriggio, l'enorme tavolo si presentava come un campo di battaglia ben ordinato. Il fatto era che passava con una semplicità disarmante dal caso Schreber indagato da Freud (nel suo primo e unico romanzo-romanzo) a Karl Kraus e ai geroglifici di sir Thomas Browne, da Nietzsche e Kafka ai miti greci, da Baudelaire alla civiltà dei Veda e al sacrificio, dalle ninfe al Tiepolo, il tutto come capitoli di un'unica opera. Gli avevano dato del neognostico e del reazionario. Nel 1979 le Brigate Rosse avevano dedicato all'Adelphi un lungo articolo in cui veniva presentata come la punta di lancia di una possente organizzazione multinazionale che aveva l'obiettivo di annientare ogni speranza di rivoluzione proletaria: prova ne era che aveva pubblicato le opere di Pessoa.

Spiegava – come si racconta un'ovvietà – che lo affascinava l'ignoto, i rapporti che abbiamo, o non abbiamo, con esso: «Se si vuole avere almeno una vaga idea di cosa significhino due parole essenziali come *mente* e *coscienza*, bisogna andare a cercare nei testi del pensiero indiano». Lí c'è già tutto. In quella foresta di storia in cui è obbligatorio lasciarsi fagocitare. D'altra parte, i neoplatonici sostenevano che il mondo stesso è un mito: «Qualsiasi cosa facciamo siamo nel mezzo di una favola. E le favole sono per definizione quello che ci incanta. L'unica questione è se ce ne accorgiamo o no».

Ho ancora negli occhi lo stupore dei ragazzi indiani che al Festival di Jaipur ascoltavano rapiti la lectio magistralis dello studioso che, pur arrivando da tanto lontano, si muoveva con tranquilla famigliarità nella matassa, labirintica ed elusiva, di miti di fondazione che si inseguono, sovrappongono, contraddicono. È quel che ci rimane dell'India vedica: una civiltà di tremila anni fa che non ha lasciato monumenti in pietra o personaggi monumentali, come Hammurabi o Ramses, ma si è espressa nelle parole di una lingua che è stata definita «perfetta», il sanscrito, e in una liturgia minutamente stabilita e ossessionata dal sacrificio, dove la sfera del mistico e del divino è una sorta di luna che si specchia nel mare di sangue degli animali uccisi; dove l'esigenza del riscatto riguarda non solo gli uomini ma tutto il vivente, nella sua totalità; e dove infine l'unico momento vero, e quindi reale, è proprio l'esperienza del divino che nel sacrificio si realizza.

Nella loro «abissale eccentricità» i ritualisti vedici avevano il coraggio di affrontare questioni cruciali: non offrivano soluzioni, ma sapevano isolare e contemplare nodi che non si sciolgono. Non è detto, diceva Calasso, che il pensiero possa fare molto di piú. Non usavano nemmeno un apparato di simboli, che comportano sempre una certa precisione classificatoria. Il linguaggio vedico rimanda piuttosto ad affinità, legami, vincoli plurimi: assomiglia a una rete, è una possibilità in cui l'analogico e il digitale, per usare concetti che Calasso utilizza per illuminare un contesto tanto remoto, riescono forse a trovare una loro composizione. E d'altra parte le metafore con cui si esprimono quegli spregiatori della Storia e delle cronologie sembrano alludere proprio alle moderne cosmologie: il fuoco, a loro tanto caro, è quello del Big Bang originario; la feroce guerra tra i Deva e gli Asura, dèi e antidèi, evoca lo scontro fra materia e antimateria; gli antenati dèi brahmani risiedevano nei sette astri dell'Orsa Maggiore ed erano capaci di inghiottire intere parti dell'universo, proprio come i buchi neri.

Il procedere per affinità e vincoli plurimi che lo affascinava era diventato il suo modus operandi. Lui lo applicava anche al modo di ordinare una biblioteca («tema altamente metafisico», strano che Kant non se ne fosse occupato). Tra i tanti criteri possibili, lui preferiva nettamente quello caro a Aby Warburg: libri accostati per affinità o contrasto, ma tutti appartenenti a un'aura, un tema, una sensibilità, apparentabili per affinità tematica e concettuale. La biblioteca come luogo che riproduce la complessità, le connessioni, le intelaiature di un pensiero, di un metodo.

Un lavoro da artisti che associano creativamente le parole alle immagini.

Quasi a bilanciare questi esercizi di alto funambolismo, Calasso tesseva l'elogio del «leggere brado». Vanno bene anche quelli che Bobi Bazlen chiamava i «libracci», i primi a finire sulle bancarelle, quasi mai nei cataloghi antiquari: occultismo, molto Egitto, pornografia, parapsicologia, tarocchi, gialli, memorialistica. Anche perché nei retrobottega di chi vende libracci usati si possono anche trovare perle rare, come era capitato a lui: persino la prima edizione di un racconto di Kafka tirato in ottocento copie. Con qualche civetteria Calasso confessava di avvolgere i suoi volumi con la carta detta pergamino, molto usata dagli antiquari francesi, che li protegge dalla polvere, certo, ma li rende anche meno visibili, quindi meno invadenti, piú discreti. Anche la casa del padre, illustre giurista, era foderata di libri, e molti erano imponenti volumi in-folio, magari in latino. «Il solo fatto di averli intorno, – diceva, – con i loro titoli oscuri e i remoti nomi dei loro autori, è stato per me di gran lunga piú utile di tante letture fatte in seguito».

Era chiaro che aveva tessuto un sistema di relazioni privilegiate con divinità di vario ordine e grado, ne conosceva i rapporti di forza, le complesse gerarchie, le ascendenze e le discendenze, le alleanze e i dispetti. Ne conosceva talmente bene le inesauribili capacità di metamorfosi e d'invenzione favolosa che era diventato uno di loro. Ero rimasto stupefatto quando l'avevo visto uscire con aria frettolosa da una delle toilette della Fiera di Francoforte. Mi è perfino venuto di dirlo in tedesco: *Unmöglich*, impossibile.

Parlava quattro lingue, francese, inglese, spagnolo e tedesco; il sanscrito se lo era imparato per conto suo. Scriveva a penna, inchiostro nero, poi correzioni in rosso. Spiegava che la parola chiede di misurarsi con un fondo opaco, resistente, carta, argilla o pietra, qualcosa che fa opposizione, che produce un attrito. Cosa che non può fare lo schermo di un computer, in cui tutto è labile, scompare senza lasciare traccia. Poi ribatteva a macchina, ne aveva tre: una Lettera 22, una seconda dell'amato maestro Bazlen, una terza dell'amico Brodskij con la tastiera in cirillico. Erano altrettanti totem, reliquie, icone.

Bazlen, «grande maestro taoista». Il discorso andava sempre a finire lí. Era dedicato a lui anche il libro del congedo, uscito – programmato? – nel giorno della sua morte. Bazlen l'inclassificabile, il triestino in fuga presto diventato una leggenda vivente perché padroneggiava tutta la grande cultura che si faceva al nord delle Alpi. Il consigliere di Adriano Olivetti e di Einaudi, il cofondatore di Adelphi, l'uomo che aveva fatto scoprire Svevo a Montale, quasi imponendoglielo, endorsement che si rivelerà decisivo; che valutava i versi delle *Occasioni* come se il poeta fosse un suo allievo, bacchettandolo quando era il caso. Era stato lui a inoculare nel giovane Calasso l'impulso a cercar libri che fossero altrettante sonde lanciate nelle plaghe del mistero.

Come si identificano i libri da fare? Bazlen diceva che devono mandare «il suono giusto». Una questione di orecchio, stile, gusto, cultura, che non si può insegnare. Cercava la «primavoltità», la scossa elettrica delle esperienze aurorali (è stato lui a promuovere la conoscenza in Italia della psicoanalisi). Il progetto Adelphi («faremo solo i libri che ci piacciono molto») nasceva controcorrente, per dare forma a una pluralità di libri come se fossero un unico libro, come già avevano fatto Aldo Manuzio e Kurt Wolff.

Il paradosso di Bazlen era il padroneggiare l'universo senza muoversi dal letto in cui passava le giornate a leggere, con il suo «maglione norvegese marone scuro», nell'appartamentino di via Margutta, vivo nei libri degli altri, nel suo disarmato coraggio intellettuale. Utilizzando ricordi, pagine di diario, note, appunti volanti, Calasso lo aveva sorpreso con una tenerezza quasi paterna anche nelle sue contraddizioni, negli sconforti, nelle provocazioni.

C'è un altro libro del congedo che Calasso ha voluto far uscire con *Bobi*: le pagine autobiografiche di *Memè Scianca*, il buffo soprannome alla Eduardo che si era dato ancora bambino, senza sapere nemmeno perché. Poi qualcuno gli aveva detto che, nomen omen, in sanscrito *shankha* è la conchiglia usata per bere l'acqua.

Anche in quelle pagine è rimasto fedele al suo modo di raccontare per libere associazioni. Sembrano fotogrammi in bianco e nero montati con sapienza (in gioventú era stato un cinefilo bulimico): la famiglia in clandestinità nella Firenze degli anni di guerra, il padre condannato a morte per rappresaglia dopo l'assassinio del filosofo Gentile (sarà salvato dal console tedesco Wolf); la madre Melisenda Codignola, filologa classica, figlia del pedagogista Ernesto, fondatore della Nuova Italia; l'ospitale casa dei nonni sotto Fiesole, gli amici di famiglia (Giorgio Pasquali, Arnaldo Momigliano, il pittore Pasternak padre di Boris, La Pira che gli regala soldatini di piombo), il bosco come «foresta dei saperi segreti», il gatto nero di pezza, i contadini, gli americani, l'odore pungente delle macerie, le macchine delle Mille Miglia, ma anche le letture capaci di accendere passioni destinate a durare una vita (*Cime tempestose*, Proust divorato in originale a tredici anni). Con quelle, la scoperta decisiva: la parola è anzitutto suono, musica, magia, incanto.

# I padri nobili

*I padri fondatori, i punti di riferimento, sono tutti diversi tra loro. Pavese ha il volto irritato del capofamiglia che deve far tutto lui, perché ha parenti pigri, infingardi, distratti. Lavora (vive) per una dozzina d'anni in casa editrice, ma è come ci fosse stato mezzo secolo, stiva il granaio come se dovesse nutrire le generazioni a venire. Nel 1938 Eugenio Montale apre gli occhi al giovane editore torinese che si occupa tanto di storia ed economia: esiste anche la letteratura,* Le occasioni *ne sono la splendente riprova. Negli anni di guerra vendono diecimila copie, ci sono soldati che partendo per il fronte se le mettono nello zaino. Norberto Bobbio ha un forte profilo granducale che non corrisponde alla sua perplessità sistematica, alla civiltà del dubbio creativo. Massimo Mila è un brevilineo muscoloso e sportivo, grande alpinista, che ha il cipiglio di Balilla. Affronta anni di carcere come se stesse appeso in parete in attesa di riprendere l'ascesa, bastian contrario in pace con se stesso. Anche Vittorio Foa si fa anni di carcere pensando al dopo, costruendosi attraverso letture sistematiche, negandosi all'odio e alla rivalsa, in prodigioso equilibrio, finché a quarant'anni diventa un padre della Patria e scrive pezzi di Costituzione. Nuto Revelli e Mario Rigoni Stern la loro formazione culturale e politica se la sono fatta in Russia con gli alpini. Sono delle querce, i migliori prodotti della montagna, forze della natura che non si fanno piegare dalle delusioni del «dopo». Con loro, Cuneo e Asiago diventano delle capitali morali.*

# Cesare Pavese, una questione privata

Erano cominciati gli anni Sessanta e Pavese era sempre lí: la presenza ingombrante e ineludibile dei fondatori. Lavoravo nel suo stesso ufficio affacciato sugli ippocastani e i palazzi mansardati di corso Re Umberto, e sentivo alle spalle i suoi borbottii, lo sguardo intransigente, caustico. Non gli andava bene niente. In ogni momento della giornata sentivo che mi poteva piovere sulle dita una sua bacchettata, che avrei accolto in un silenzio contrito. Da lui avrei accettato tutto, nella mia incondizionata adorazione.

Tenevo le sue carte nell'armadio a muro, una grossa scatola di zinco che chiamavamo goliardicamente «la bara». Era un modo per esorcizzare una tragedia con cui nessuno voleva fare veramente i conti, a partire da Giulio Einaudi. Di Pavese parlavano e scrivevano tutti, lui no. L'aveva presa come un'offesa personale. Tutto gli potevi buttare in faccia, ma non quello che aveva l'aria di un suicidio contro. Una leggenda interna, mai verificata fino in fondo, voleva che prima di ritirarsi nella stanza 346 dell'Hotel Roma in una domenica di fine agosto, quando erano tutti in vacanza, avesse scritto «merda» o qualcosa di simile sulle bianche pareti del corridoio di via Biancamano, dove lui lavorava anche nelle feste comandate, anche a Natale.

C'entravano gli amori sfortunati, certo, la Tina Pizzardo dalla voce rauca, la Nanda Pivano, la Bianca Garufi del periodo romano, la Constance Dowling, bellissima attrice americana che in Italia non aveva trovato il successo sperato, la giovanissima Romilda Bollati che lui chiamava Pierina. C'entrava il sentirsi «un fucile sparato»: in dieci anni aveva detto e dato tutto, conquistato quello che voleva, compreso il Premio Strega e ogni pubblico riconoscimento («Si consolino i perdenti. I libri piú importanti di una generazione non prendono i premi letterari», sogghignava). Il rammarico di non avere vissuto veramente. Il sentirsi fuori dallo spirito del tempo, dalle ossessioni politiche, dalle ingessature ideologiche, lui che frequentava l'irrazionale, le regioni sovratemporali dei miti, le religioni dei primitivi, e doveva recitare malvolentieri la parte del compagno di strada. I rilievi malevoli sulla sua amata collana viola di studi etnologici, additata dai compagni puri e duri come una collana «nera», ricetto di studiosi fascisti, se non peggio.

La militanza politica, il buttar sangue per il Partito per lui erano solo un fattore di disordine e confusione, una perdita di tempo. Poi c'era forse il fastidio, o la gelosia, magari inconscia, per quell'esibizionista piacione di Vittorini, troppo milanese, troppo soubrette, troppo amico di Bompiani e Mondadori (non è per caso che l'aveva favorita, nella gara per acquisire *Addio alle armi* di Hemingway?) Non sognava piú di andare in America, a trovare l'amico Chiuminatto che gli mandava i dischi di Louis Armstrong e Duke Ellington, ascoltati fino a logorarli. O di imbarcarsi su una nave da carico per girare il Mediterraneo. Si era sentito vivo solo in ufficio. Poi non gli era piú bastato nemmeno quello. Va bene pensare a scrivere, «ma quand'è che vivi?» «Conti qualcosa per qualcuno?»

La casa editrice l'aveva impostata lui, e modellata sin nelle pieghe piú minute delle norme redazionali, nel giornale di segreteria dove si scriveva il romanzo segreto d'ogni libro. Gli stava a cuore ogni minimo ingranaggio della macchina. Valutava testi, cercava nuovi collaboratori, orchestrava collane, assegnava traduzioni e curatele, stendeva contratti, teneva rapporti con le agenzie letterarie, si occupava di iniziative promozionali, scriveva lettere beffarde, come a dei compagni di scuola, ai quali si può dir tutto.

Inconfondibilmente suo l'imprinting del registro informale nella comunicazione, il tono colloquiale, arguto, sarcastico, umorale. Giudizi scanditi da frequenti «A morte», perché l'editoria si fa in primo luogo con i no. Sibilla Aleramo offre delle prose già uscite da Mondadori? «Non è nostra abitudine usare la donna d'altri (di Mondadori)». Etichetta come bozzetto fuciniano *Il taglio del bosco* del giovane Cassola, appartiene «alla onesta e noiosetta letteratura da rivista. Non interessa *nessun* vero lettore». Di un saggista francese annota: «Troppo bellino, troppo balletto-di-ragazze-in-camicia-nei-prati». Anaïs Nin è «isterica, ignorante, snobista, uterina». Un saggista italiano raccomandato da Vittorini: «È pieno di belle idee ma scrive lento e opaco come un bovino». Vercors, autore di quel *Silenzio del mare* che commuove un po' tutti, è «un tipo insopportabile, con la sua aria di falso mistero. Sotto non c'è mica niente». Stronca Saul Bellow e il suo *Uomo in bilico*: «Il protagonista non assurge a simboleggiare nulla di universale, ma soltanto il suo Self irritato».

In una lettera del luglio 1947 sta scritto in tutta evidenza perché *Se questo è un uomo* di Primo Levi non l'aveva neppure letto: «La guerra e la mezza-rivoluzione hanno resa canora e faconda la gente. Tutti scrivono versi e memorie, prose e pamphlets, discorsi e analisi e confessioni». E poi: «Da due anni a noi editori passano sotto gli occhi innumerevoli manoscritti di vita partigiana, clandestina, carceraria, zebrata – e sempre l'autore ha creduto che bastasse l'enormità dei fatti sperimentati, o creduti sperimentare, per fare letteratura. No, questi libri oscillano tra la cronaca e lo sfogo». In un'altra lettera spiega ancora che la schiettezza dell'arte ha radici «non nella mole o nell'enormità dei fatti sofferti, ma soltanto nella mente e nel cuore, nella chiarezza dello sguardo, nel monotono e martellante ricordo». Esattamente quello che Levi aveva avuto: una fenomenale chiarezza di sguardo, il ricordo puntuale che si trasforma in pacata analisi.

Restava arroccato in un fortino di «concretezza e misura, equilibrio e ordine, ruvidezza e rigore». Il lavoro va eseguito bene, a regola d'arte, solo lí si trova la vera grandezza. Bisogna essere asciutti, diretti ed essenziali come Hemingway. Conciliare il rigore con il rifiuto dello specialismo fine a se stesso, la ricerca della novità con il canone della tradizione, l'eleganza con la funzionalità e i prezzi contenuti. Per questo il suo eroe è Robinson Crusoe, con la sua laboriosa solitudine. Detestava l'apparire, l'esibizionismo dell'esserci, le conferenze, i troppi giornali e le riviste che spuntavano come funghi. Nel 1948 aveva dichiarato di non avere piú interesse per la narrativa, la delega a Natalia. La sua vera passione, oltre ai «selvaggi», erano i classici, il poter abbinare Sofocle a *Spoon River*, Whitman a Saba; era la traduzione dell'*Iliade* in cui segue passo passo Rosa Calzecchi Onesti con suggerimenti di straordinario acume.

Con tutte le sue fragilità esistenziali, nella «bara» c'erano i mattoni accumulati da uno che aveva saputo costruire magistralmente la casa comune. E poi aveva ragione Eco. Diceva che gli era difficile parlare criticamente di Pavese, il suo rapporto con lui restava un fatto privato, quasi una storia d'amore. L'abbiamo amato in tanti perché ci aveva rappresentato anche troppo bene: il sentimento d'incertezza e scontento che ha l'adolescenza, l'ansia di immenso, il senso d'una imminente rivelazione cifrata in un paesaggio di città o di collina, le chiacchiere inconcludenti con amici stonati, la goffaggine davanti alle donne, la spregiudicatezza soltanto simulata, i flirt con l'idea del suicidio.

*Ripeness is all.* Il verso shakespeariano dal *Re Lear* figura in epigrafe alla *Luna e i falò*, il suo ultimo libro. La maturità è tutto: «Gli uomini devono sopportare | la loro uscita dal mondo come la loro venuta». Una meta, una conquista difficile, forse una conclusione. Quando hai raggiunto la consapevolezza, hai finito la tua corsa. In pochi anni aveva corso troppo, e non si può bruciare la candela da tutte e due le parti, come aveva scritto a Pierina. Forse suicidandosi aveva voluto consegnarsi ai tempi lunghi del mito, dove tutto è per sempre. Il solo mondo che poteva essere interamente suo, in cui dava del tu a dèi e semidei che un poco gli assomigliavano, in specie nei malumori.

## Eugenio Montale, antipoeta

Verso la fine degli anni Sessanta Einaudi aveva aperto una redazione milanese al numero 6 di via Brera, all'ultimo piano di un palazzo signorile, che nel retro si affaccia sul bellissimo giardino, sempre deserto, di un convento di suore. Ci si tenevano degli incontri per pochi eletti, in cui si annunciavano le iniziative della casa, sempre con l'aria di chi parla d'altro, o di chi si trova lí per caso, perché ogni smaccato ammicco promozionale era considerato una volgarità, una caduta di stile. Erano sale spaziose, in cui galleggiavano come totem le sedie in canneté di Marcel Breuer, o dei grossi pouf neri. Sembravano in grado di stimolare riflessioni della piú alta filosofia, algide sottigliezze degne di Ludwig Wittgenstein. Nell'iconografia einaudiana, i vuoti, gli spazi bianchi, i silenzi, erano chiamati a propiziare lo sviluppo del pensiero.

Non so perché un tardo pomeriggio, in occasione di un qualche incontro Eugenio Montale si fosse arrampicato sin lassú al braccio della Gina, per interminabili scalinate, raddolcite soltanto dalla civile misura dei gradini: non mi pareva fosse un'occasione tanto speciale. Mi sembrava d'averlo sempre conosciuto, come fosse uno dei miei antenati materni di Porto Maurizio (a Genova c'è perfino una via intitolata a uno zio di mia madre, il senatore Paolo Emilio Bensa, giurista). Avrei potuto descrivere le villette e i giardini del suo quartiere, il colore e l'odore dei mobili di casa sua, il cuoio delle poltrone, l'ombra delle stanze e i ricami delle tende, i velieri in bottiglia, i *ramages* delle stoviglie inglesi con disegni di genere, il tè versato dal samovar, il sapore del cappon magro, delle trenette al pesto, della cima ripiena, delle torte pasqualine; i bauli riempiti di lenzuola quando bisognava partire per la lunga villeggiatura di Monterosso. Perfino le facce e i modi spicci di quelle che allora si chiamavano «le domestiche», della Maria che aveva servito in casa Montale per sessantacinque anni, si dichiarava illibata e s'infuriava quando il ragazzo Eugenio la accusava ridendo d'essere stata l'amante di Napoleone.

Lo guardavo di soppiatto, e mi chiedevo come avesse fatto a scrivere *Meriggiare pallido e assorto* a ventun anni. Ma anzitutto, come chiamarlo? Certo non Eusebio, riservato agli intimi. «Signor Montale» era troppo poco, dottore no, perché aveva solo un diploma da ragioniere (detestava la computisteria cui lo avevano obbligato). Professore nemmeno, perché non aveva mai insegnato. Negli elenchi telefonici di Milano figurava come «giornalista». Optai per «Maestro», come lui chiamava Svevo. Lui strizzò le rughe, mosse appena le mani, come a scacciare una mosca importuna. Si esprimeva soprattutto con i gesti, le intonazioni della voce, un certo modo di sbattere le ciglia. Aveva conservato lo stesso alone di riverenza e imbarazzo con cui lo guardavano gli amici fiorentini degli anni Trenta, anche se ripeteva che lo spaventava il fatto che ci si rivolgesse a lui «come un Poeta con il P maiuscolo: mi sembra una prostituzione, una mostruosità. Io non attribuisco nessun particolare privilegio alla posizione dell'artista nella società, nessun merito speciale. L'idea classicistica del poeta che vive in mezzo agli uomini normali con l'alloro in testa, mi sembra un relitto di cui bisogna assolutamente liberarsi». Quando qualcuno in trattoria attaccava un discorso sui massimi sistemi della poesia, interveniva subito: «... Ma assaggi un po' di queste cipolline, di questi meravigliosi sottaceti...»

Gli piaceva scrivere su vecchie buste, conti, biglietti del tram, pacchetti di sigarette. Sulle belle risme di carta bianchissima si potevano incidere solo autografi immortali. Lo infastidiva che ci fosse sempre qualcuno che cercava di spiegare tutto, di ricostruire la genesi misteriosa delle sue poesie. Non ci poteva riuscire nemmeno il piú bravo degli anatomopatologi. Parise, sempre bravissimo a interpretare gli uomini con gli animali, lo paragonava a una creatura marina che quando schiude le valve lascia intravedere il lampo di due perle attraverso la fessura. Difatti si muoveva sulla terra con qualche insicurezza, a passetti rapidi, brevi e incerti, come dubitoso della consistenza del reale.

Sotto il volto gommoso, le labbra un po' gonfie, stava acquattato il sorriso sornione di un gatto vocato all'umorismo nella sua speciale declinazione ligure, che ha il genio della deformazione comica, il gusto caricaturale mai cattivo: nasce dal senso della relatività delle cose, dallo scetticismo amaramente ilare di chi conosce troppo bene gli uomini ma si sente della loro stessa pasta, e ha imparato le beffe del caso. Il riso agro che diventa economicità espressiva, ritegno, paura di dire troppo.

Lo dicevano timido, scontroso, barricato dietro i suoi silenzi, dietro le Muratti che fumava ininterrottamente (anche in via Brera il primo gesto che fece fu tirar fuori la scatola dalla tasca). Il suo cauto distacco dalle cose era solo un modo per poter osservare meglio. Poteva sembrare afflitto dai gravi pensieri che la costruzione della poesia porta con sé, ma gli amici assicuravano che era, insieme a Gadda, la persona con cui si rideva di piú, principalmente delle pochezze umane, della vanità dei letterati. Provavo a immaginarmelo alle riunioni di amici che si tenevano alle Giubbe Rosse, congrega di spiriti pungenti, dove si architettavano scherzi e beffe per puro piacere intellettuale. Se qualcuno poi lo irritava, dirà Gadda, «era un'epifania di trovate, a base di senape e di pepe di Cajenna. Il malumore lo shakespearizza...»

Probabilmente era uno scherzo anche quello che raccontava Domenico Porzio all'indomani del Premio Nobel. La solenne cerimonia era stata preceduta da un sontuoso ricevimento in un palazzo che si affacciava su un parco meraviglioso. Gli ospiti gli avevano fatto notare come tra quelle piante maestose saltassero allegramente nugoli di scoiattoli, riveriti come altrettante piccole deità.

«Ah, sí! Ricordo! – disse lui. – A Monterosso, nella nostra casa al mare, ce n'erano tantissimi anche lí. Da ragazzi, quando li prendevamo, li facevamo arrosto con un fuoco di pigne. Erano buonissimi!»

Non so se gli interpreti avevano tradotto alla lettera o sfumato un po'. Lui stesso aveva raccontato le cacce infantili alle anguille nel botro che correva accanto alla villa, o ai beccafichi, cui tirava con l'amato Flobert, il fucilino ad aria compressa. Non si era mai divertito tanto come nella settimana che era seguita al Nobel: «I fiori, i telegrammi: mi sembrava di assistere, vivo, al mio funerale. Peccato che non sia morto davvero: si figura la bella notizia? *Poeta muore il giorno stesso in cui riceve il Nobel*».

Forse Montale si era arrampicato sino all'ultimo piano di via Brera perché in uno di quei salti all'indietro cui la vecchiaia ricorre sempre piú spesso non aveva dimenticato che Giulio Einaudi era stato il primo editore di *Le occasioni*. Sino ad allora la neonata casa editrice di letteratura contemporanea non ne aveva fatta, badando piuttosto ad allestire una collana di classici stranieri finalmente ben tradotti, in tempi di traduzioni tirate giú alla bell'e meglio. Sarebbe toccato a un poeta appartato e difficile aprire la via.

Nell'estate del 1938 Montale ha quarantadue anni e vive a Firenze da dieci, prima come segretario di Bemporad, che gli aveva chiesto di trovargli un nuovo *Pinocchio* (per seicento lire al mese), poi direttore al Gabinetto Vieusseux, che aveva gli uffici in un sotterraneo. Diceva che non andava alla ricerca della poesia, attendeva di esserne visitato:

«Scrivo poco, e con pochi ritocchi, quando mi pare di non poterne fare a meno».

Dal 1937 comincia a ricevere diffide dall'ufficio politico dalla Questura: non è iscritto al Partito ed è un esponente di spicco del gruppo delle Giubbe Rosse, in fama di antifascismo. Come tale, è dichiarato tra i cittadini «soggetti a sorveglianza» e minacciato d'essere mandato al confino. A dicembre la situazione precipita: il podestà fascista, conte Venerosi Pesciolini, decide di chiudere il Gabinetto e licenziare il suo direttore, «nonostante i suoi meriti e lo zelo e la competenza fin qui dimostrati».

Einaudi di anni ne ha ventisei, e deve riorganizzare la casa editrice dopo la repressione del 1935: Pavese al confino, Ginzburg e Mila condannati a molti anni di carcere. Nel giugno del 1938 chiede a Montale per la collezione dei «Saggi» un libro «sulla poesia del nostro secolo, sulle tendenze effettive, sane o deleterie, dei poeti piú rappresentativi di oggi, non solo italiani; un libro d'insieme, in cui l'esame di opere singole fosse piú una vasta ed efficace esemplificazione che non un commento reso indispensabile da preoccupazioni di completezza: un libro partigiano, naturalmente, poiché Lei, poeta e critico, ha delle preferenze sentimentali o morali, ma nello stesso tempo un libro dove circoli un largo spirito di umanità. Solo Lei, in Italia, potrebbe scrivere, con tutta schiettezza e con una sufficiente autorità, un'opera come questa».

Montale risponde con una cartolina datata 30 giugno: non sta bene, chiede tempo. Alla fine d'agosto Einaudi insiste: «Vorrei che Ella vedesse in questa mia insistenza solo una manifestazione del rispetto e dell'ammirazione che noialtri giovani nutriamo per Lei». La risposta si fa attendere sino al gennaio del 1939: «Gianfranco Contini m'ha tirate le orecchie, ma in realtà non avevo dimenticato la Sua generosa lettera del giugno scorso». Attendeva un momento migliore che non era venuto, un libro del genere chiedeva una «chiarezza critica» che sentiva di non possedere: «Siccome non ho cessato di far versi (pochi), ho bisogno piuttosto di oscurità interiore che di autocoscienza». Piuttosto arrischiava una controproposta: pubblicherebbe entro il 1939 la raccolta delle sue poesie posteriori a *Ossi di seppia*? Erano quaranta, non lunghe. «Con titanici sforzi tipografici, spazi sapienti e carta di un certo spessore si può farne un libro di mole normale (non vorrei la solita *plaquette*) da vendere a L. 10 o piú. L'esito di 1000 copie sarebbe, credo, sicuro». Era la stessa tiratura di *Ossi di seppia* nel 1925, il prezzo sei lire. Nessun contratto, ma a lui andava bene cosí.

Einaudi accetta «con gioia di diventar suo editore». Vorrebbe pubblicare subito *Ossi di seppia* con le poesie successive, ma qualora motivi contrattuali lo impedissero, «si combinerebbe quel volume che Lei dice». Montale risponde a stretto giro di posta: per due o tre anni non ci sarà bisogno del vecchio libro, che ha un po' saturato il mercato: «Domani le cose muteranno perché i vari Guf eruttano annualmente legioni di aspiranti poeti, pseudo intellettuali ecc.». Inoltre le sue cose ultime sono un libro nuovo, che pubblicato in coda al vecchio passerebbe inosservato. E poi aveva bisogno di non sentirsi piú un autore *unius libri* e di aumentare di un numero la sua scarsa bibliografia. L'attesa del libro c'era in molti e lui si dichiarava «felicissimo di riapparire da Torino, città di dove presi le mosse sotto Gobetti».

Il 31 maggio, sempre da Firenze, Montale annuncia di avere spedito il manoscritto e chiede qualche prova di impaginazione, preoccupato di non spezzare i versi lunghi; poi a giugno manda dieci foglietti con varianti e aggiunte, tra cui la «breve serie» *Tempi di Bellosguardo*: «Siamo cosí a 50 poesie – e veramente stop». L'estate trascorre tra prove di stampa, bozze che non arrivano, virgole e accenti da sistemare. Il poeta si dichiara soddisfatto, raccomanda di usare una carta «resistente ma non troppo dura e legnosa». Non chiede lusso, ma un vero libro. Il 19 ottobre la prima copia (provvisoria) è pronta, «ancora bagnata». L'umidità della giornata consiglia di rimandare al giorno dopo l'invio delle venti copie omaggio.

Einaudi si augura che la copertina grigio cenere, con un disegno di Francesco Menzio (una farfalla che sta per spiccare il volo, è l'*Acherontia Atropos* della seconda lirica), piaccia all'autore, il quale si dichiara molto contento, e soddisfatto di non aver ceduto alla tentazione di Mondadori: «Non m'avrebbe fatto un'edizione cosí». A Torino si dichiarano «lieti e orgogliosi» della sua soddisfazione. La tiratura è fissata in millecento copie. La Hoepli di Milano ne ha già ordinate quarantotto, poi altre dodici. Si comincia a pensare a una seconda edizione. Esce in dicembre una recensione di Pancrazi che fa vendere esattamente quindici copie («Ma l'eco di un articolo sul "Corriere" non si spegne presto», spiega Einaudi). Esce un articolo anche sul «New York Times». Si discute di come rilevare gli *Ossi* da Carabba, e quando ci si riesce Montale vi introduce delle varianti: «Arremba sulla strinata proda» diventa «Amarra la tua flotta tra le siepi». Anche questa volta il poeta si dichiara soddisfatto, «per quel poco che vedo (poco, perché per mesi non oserò tagliare le pagine del libro)». Però raccomanda di non trascurare *Le occasioni*, «se può influire sulle vendite. È il mio miglior libro, e non vorrei restasse sacrificato... A me non interessa la gloria che so di non meritare, ma le percentuali, perché non ho altri mezzi di sussistenza». Nel maggio 1945 Pavese gli annuncia la ripresa delle attività e la quinta edizione delle *Occasioni*: «Viviamo tutti una vita piena di *sound and fury* e le cose da ricostruire e far marciare sono centomila».

Era il libro che tanti ragazzi, partendo per la guerra, avevano messo nel loro zaino. Calvino racconterà che nella notte in cui era stato catturato dai fascisti e si aspettava di essere fucilato la mattina, aveva cercato di vincere l'angoscia recitandosi quelle poesie: «È l'unico filosofo che abbia seguito sin dall'inizio, il mio poeta sin dall'adolescenza».

# Norberto Bobbio, in cattedra per imparare

Il padre della patria einaudiana che ogni mercoledí prendeva posto accanto all'editore non ha nulla del monumento. Ha anzi la composta contentezza dello spettatore che si accinge a godersi una gustosa rappresentazione. Norberto Bobbio non è lí per lasciar cadere gocce del suo sapere, ma per imparare dai redattori e dai consulenti che riferiscono i loro pareri di lettura. Lo diverte l'idea che l'editore fomenti gli scontri dialettici: ha sempre in sospetto le unanimità troppo facili, e gli inciuci accademici. Si ride e sorride spesso, alle riunioni, dove ritorna la complicità un po' scanzonata che si usa tra vecchi compagni di scuola. Se tocca a lui presentare una proposta, enfatizza i difetti dell'opera e si rimette rispettosamente al giudizio del consiglio. Non è mai severo, mai assertivo. La sua autorevolezza nasce dalla pacatezza.

Il suo forte profilo, segnato dal naso imperioso, sembra quello di un signore della guerra o di un gufo, ma non ha nulla del predatore notturno. Al contrario, è di una gentilezza, di una disponibilità che lo espongono a seccature micidiali, affrontate con pacatezza. Noi redattori piú giovani ci scambiavamo piccoli aneddoti, particolari di una vita privata che proteggeva da ogni possibile interferenza. Pubblico e privato dovevano restare rigidamente distinti, come è nel costume subalpino. Sapevamo quanto contassero per lui la moglie Valeria (che lo chiamava «il mio citín»), sua prima lettrice e sorridente protettrice, e i tre figli. L'uomo che cercava di coniugare la politica con il diritto e con l'etica, il famoso maestro del dubbio maieutico, in gioventú s'era divertito un mondo con la banda degli amici del liceo D'Azeglio. Anche lui andava matto per il cinema (il suo idolo era Buster Keaton), il teatro, la musica, anche per il varietà. Con Pavese, Ginzburg e Mila non si perdeva le riviste di Ripp e Bel Ami e una volta riuscirono a portarci anche il loro austero professore Augusto Monti, con la scusa che Pavese avrebbe parlato prima dello spettacolo. La sua opera era *La Traviata*, andava volentieri al Regio, ancora gli ultimi anni canticchiava i motivi piú popolari. Gli piaceva l'umorismo surreale di Achille Campanile. Tifava Juventus, con moderazione. Goloso di dolci, una vera passione per il cioccolato e la marmellata di fichi che gli confezionava Valeria. Non capiva il feticismo per la *nouvelle cuisine*, per la gastronomia che diventava una moda, uno sfoggio di virtuosismi per nuovi ricchi.

Aveva scritto migliaia di lettere, rispondeva a tutti, di suo pugno, anche e soprattutto ai critici piú feroci. Affidava l'efficacia di un ragionamento alla precisione del linguaggio, perché a un linguaggio oscuro non può che corrispondere un pensiero confuso. Continuava a praticare una pedagogia della modestia.

Quando lo avevamo convinto a scrivere per «La Stampa», il suo scrupolo per un'espressione chiara, precisa al massimo grado, era diventato un'ossessione. Già scrivere un articolo diventava un tormento: «Come faccio a intervenire, se sono pieno di dubbi? Come posso aiutare a capire, se anch'io fatico a capire?» Poi prendeva la stilografica, veniva a capo dei dubbi, e Valeria gli ribatteva a macchina il pezzo. Ancora non era arrivato in tipografia che già telefonava al giornale: voleva cambiare un sostantivo che gli suonava inesatto, un aggettivo un po' generico. Si rivelerà un giornalista di razza. È il migliore di tutti noi, diceva Giorgio Bocca.

Continuava a indossare con fermezza il buon vecchio

doppiopetto del Partito d'Azione. Lo metteva in allarme la mutazione antropologica che si incarnava in Berlusconi, il partito monarchico che coincideva con il suo padrone, il concentrato del potere economico, politico e culturale nelle stesse mani. Gli rispondevano in malo modo che guardava a un passato lontanissimo, estraneo alla nuova classe politica, ai nuovi linguaggi imposti dalla televisione. Lui restava fedele alla parola scritta. Diceva che la Seconda repubblica era nata male e sarebbe cresciuta peggio.

Quello che lo faceva sentire realizzato era l'insegnamento. «Si va in cattedra per imparare», diceva. Insegnava un metodo, piú che dei contenuti, consapevole che i bravi maestri non sono quelli che rendono l'allievo simile a loro, ma gli trasmettono appunto un metodo che lo metta in grado di lavorare in autonomia e libertà. La sua disponibilità al dialogo gli aveva fatto affrontare pacatamente perfino i furori giacobini dei giovani sessantottini. Voleva capire, perché i mali che i giovani denunciavano erano reali. Era curioso del loro rifiuto delle forme tradizionali della politica per una democrazia diretta. Ripeteva che non basta fondare uno stato di diritto liberale e democratico per risolvere i problemi che alimentavano la speranza di una rivoluzione.

Lui che non aveva mai voluto scendere in politica (non aveva l'animo del tribuno, ricordava ancora la pena di comizio semideserto che aveva dovuto tenere a Padova per il Partito d'Azione, nel dopoguerra), nel 1984 era stato nominato da Pertini senatore a vita, ma in Parlamento s'era sempre sentito un pesce fuor d'acqua. Non amava gli interminabili riti notarili, in cui tutto era forma contorta e poca sostanza, che improvvisamente si accendevano in risse indecorose. Lo avevano nominato in una qualche commissione, e si era sentito in dovere di partecipare. Ogni volta doveva aspettare due ore prima che arrivasse qualcuno. Allora si chiudeva a lavorare nella bellissima biblioteca del Senato.

Parlando con il suo amico Foa, gli aveva chiesto se aveva capito le ragioni della nomina a senatore. Prima di tutto per le tue qualità e i tuoi meriti, gli rispose Vittorio, e poi perché hai criticato Craxi che era stato eletto al congresso del Psi non per votazione, ma acclamazione (Bobbio aveva parlato in quella occasione di «democrazia dell'applauso»). Mi sa che hai ragione, l'ho pensato anch'io, sospirò Bindi, come lo chiamavano gli amici.

Qualcuno lo aveva definito «Papa laico», ma le altezze delle cariche istituzionali lo spaventavano. Nel 1992 corse seriamente il rischio di diventare Presidente della Repubblica. Di votazione in votazione, il numero dei suffragi aumentava; Agnelli, Spadolini e Giorgio La Malfa premevano. Lui ringraziava, ma tutto quello che stava accadendo gli sembrava «incredibile». Poi si ferí alla testa urtando contro uno spigolo, il vento delle convenienze politiche prese a soffiare da un'altra parte, ci fu la strage di Capaci, e fu eletto Scalfaro in fretta e furia.

Raccoglieva premi e attestati, che poi era un buon modo per confinarlo tra le immaginette dei santini. Disse al Premio Agnelli: «Il nostro senso morale avanza, posto che avanzi, molto piú lentamente del potere economico, di quello politico, di quello tecnologico». E al Premio Hegel si dichiarò d'accordo con lui nel ritenere la storia «un grande mattatoio».

Guardava alla sua stessa interminabile vecchiaia come scuotendo la testa di fronte a un fatto inesplicabile e un poco sconveniente. Alla vanità del tutto opponeva l'unica cosa vera e importante, gli affetti. Da tempo non coltivava speranze, ma restava fedele alle vere virtú del laico: il rigore critico, il dubbio metodico, la moderazione, il non prevaricare, la tolleranza. Diceva che alla fine non contano le bibliografie, ma l'amore che hai dato e ricevuto, la cura che hai avuto per gli altri.

# Massimo Mila, l’uomo che era in pace con se stesso

Al grande tavolo ovale delle riunioni in cui ogni mercoledí pomeriggio alle 18 Giulio Einaudi riuniva i collaboratori piú illustri, dirigenti e redattori meritevoli, Massimo Mila si accomodava alla sinistra dell’editore, in posizione lievemente arretrata (l’altro senatore a vita, Bobbio, si metteva simmetricamente alla destra). Aveva il volto abbronzato del colore che dà il sole di alta montagna, l’aspetto pacificato di chi è appena tornato da un’arrampicata impegnativa, e la soddisfazione gli sta scritta nel tono muscolare del corpo. La fatica lo depurava, lo tonificava, gli dava la serenità del lavoro ben fatto. Si vedeva che era un uomo in pace con se stesso.

Trafficava nella vecchia borsa di cuoio che si portava dietro, come se frugasse in una dispensa di conserve, ne cavava i libri di cui voleva discutere, si immergeva tranquillamente nella lettura. Poteva sembrare distratto, ma quando la discussione lo toccava da vicino, entrava nella mischia con lo scatto del vero sportivo. Poteva dire cose durissime con il finto candore di chi recitava la parte del socio di una bocciofila lungo il fiume: un Bertoldo subalpino, che con aria bonaria poteva dire cose urticanti.

Il professor Mila, come veniva rispettosamente chiamato, era uno dei padri fondatori nella casa, docente all’Università dopo esserlo stato al Conservatorio, l’autore della fortunatissima *Breve storia della musica* e di altri volumi importanti che bisognava quasi strappargli con la forza, perché non era di quelli che sgomitano per promuovere le proprie opere. Come critico musicale aveva esordito a diciott'anni, nel 1928, con due articoli sul «Baretti»; presto era entrato nella redazione di una rivista importante come «La Rassegna Musicale».

Aveva fatto parte della confraternita degli ex allievi del liceo D'Azeglio, l'allegra congrega che si ritrovava al caffè di via Rattazzi, in trattoria, o nello studio di Mario Sturani, che era un bravo pittore. Erano sempre grandi discussioni. Con Mila c'erano Cesare Pavese detto Cesarito o Zio o il Barone, Leone Ginzburg detto Agenzia Tass perché era russo e sapeva tutto, Norberto Bobbio detto Bindi, Vittorio Foa, Ludovico Geymonat. Poco piú anziani di loro erano altri futuri grandi, Franco Antonicelli (1902), Mario Gromo (1901), Natalino Sapegno (1901), Giacomo Debenedetti (1901). E c'era il loro formidabile professore, amato e temuto, Augusto Monti. Veniva dalla Val Bormida come Bobbio, non aveva paura di niente e trasmetteva ai suoi allievi lo stesso indomito coraggio intellettuale. Era lí che all'inizio degli anni Trenta il ventiduenne Einaudi, anche lui allievo del D'Azeglio e di poco piú giovane, aiutato e consigliato dal padre Luigi, senatore e illustre economista, aveva pescato i collaboratori ideali per avviare la sua casa editrice. Ai tempi del liceo Mila, un grande sportivo che era anche un primo della classe, era stato per quindici giorni a Dogliani a dare ripetizioni di latino a Giulio, che invece a scuola non se la cavava benissimo ed era stato rimandato.

Nel pieno del fascismo trionfante i ventenni, Leone Ginzburg in testa a tutti, volevano pubblicare libri per il dopo, anche se ci voleva un coraggio immenso anche soltanto a pensare che ci sarebbe stato un dopo. Cominciarono a pubblicare libri di economia, storia, scienze, e classici, ma i libri non gli bastavano. Facevano politica militante nel gruppo torinese di Giustizia e Libertà dei Rosselli, si battevano sul campo, e presto, nel 1935, su delazione di

Pitigrilli, al secolo Dino Segre, lo scrittore di successo che faceva la spia per la polizia politica, arrivarono gli arresti, e pesanti condanne. Al confino, per Pavese e Carlo Levi, a cinque o sette anni per Leone Ginzburg, Vittorio Foa e Massimo Mila, allo stesso Monti.

Il rapporto di Pitigrilli ci consegna una foto molto precisa del giovane cospiratore. «Mila di discussioni ideologiche dice che non ne sa niente e lascia fare a chi ne sa piú di lui, ma è pronto a distribuire manifestini o ad altro lavoro pratico rischioso». Di qui emerge bene la sua modestia un po' scontrosa, un po' da bastian contrario, quel pizzico di humour benevolmente indirizzato agli amici che magari filosofeggiano troppo, l'atteggiarsi a soldato semplice pur avendo la sapienza di un generale, l'intransigenza morale nello scegliere le posizioni piú esposte, il coraggio fisico, il gusto della sfida. C'è una bellissima foto segnaletica, quasi caravaggesca, di questo ragazzo ribelle irriducibile, che non ha paura di niente e guarda in macchina con aria di sfida, e fatica a trattenersi, perché ha una gran voglia di scagliarsi sul fotografo, e spaccargli il muso.

Mila in carcere c'era stato già, due mesi, nel 1929, perché aveva manifestato la sua solidarietà a Benedetto Croce offeso da Mussolini. Ha due grandi passioni strettamente connesse: la musica e la montagna. La sua tesi di laurea su Verdi è piaciuta cosí tanto a Croce che l'ha fatta pubblicare da Laterza. Quanto alla montagna, era stata sua madre a instillargli quell'amore totale, quando aveva ancora dieci anni, svegliandolo di buon'ora a Coazze e guidandolo «in lunghe galoppate mattutine su per i bricchi della Val Sangone», dopo avergli somministrato il caffellatte con l'uovo sbattuto.

In uno scritto autobiografico del 1949 che ha per tema proprio la montagna, Mila spiega sornione che se «conoscere» e «fare» sono attività tipicamente divine, l'alpinista conosce ebbrezze che sono proprie di un creatore. Non a caso usa per le sue imprese il verbo «fare»: «Ho fatto le Jorasses, ho fatto l'Aiguille Noire». Il concetto di fare implica un rapporto ravvicinato, anzi intimo, che poi è lo stesso che si dà in musica: «Lo scalatore crea la montagna nell'atto stesso di dominarla, di prenderne possesso palmo per palmo, tastandone con la mano gli appigli, riconoscendone la struttura, la qualità della roccia, gli anfratti, le cenge, le spaccature. Le montagne che non abbiamo ancora salito sono qualche cosa di esterno a noi, materia grezza, non ancora illuminata dalla luce dello spirito. Le montagne che abbiamo già "fatto" sono diventate parte di noi stessi, condividono la nostra natura umana, non sono piú materia, ma spirito. In questo modo la rude fatica degli scalatori s'inserisce nobilmente nella missione della cultura, che è poi quella di conquistare all'uomo, per mezzo della conoscenza, tutte le forme e gli aspetti della natura, e di redimerla dalla inerte passività della materia comunicandole la vita dello spirito di cui l'uomo è depositario».

Molti einaudiani sembrano avere come denominatore comune proprio l'intimità con la montagna. È stata quella la loro vera palestra, una scuola di civiltà, di misura, di stile. È lí che passione e volontà diventano disciplina interiore, è lí che si impara a riconoscere e ripudiare la retorica, la vuotaggine verbosa, il pressapochismo. L'alpinismo è anche un'attività politica. È nato in montagna l'antifascismo istintivo, fisico prima ancora che mentale, di Piero Gobetti, Primo Levi, Nuto Revelli, Dante Livio Bianco, e di chi diventerà un loro grande amico, il sergente degli alpini Mario Rigoni Stern di Asiago.

Massimo diventa presto un arrampicatore provetto, si cimenta con le vette piú difficili dell'intero arco alpino. Stende di suo pugno un curriculum delle ascensioni che occupa tredici fitte pagine a stampa. Nel 1928, a diciotto anni, con Renato Chabod apre una via sull'Herbétet (3778 metri) nel Gran Paradiso: è la via della cresta sud-ovest, fra temibili spuntoni. A metà degli anni Cinquanta la notizia di aver vinto un Premio Viareggio lo sorprende al rifugio Torino, sul Monte Bianco (che scala da quattro vie diverse), dopo una drammatica traversata di quattordici ore dal Col du Midi. Nel solo 1934 aveva fatto il Monte Bianco, l'Isolée delle Dames Anglaises e i Monts Rouges de Triolet con Roberto Einaudi, l'ingegnere fratello di Giulio.

C'è una lettera bellissima del 1936 di Massimo alla madre, dal carcere di Civitavecchia, dove sta impavidamente scontando la condanna per attività cospirativa antifascista (uscirà solo nel 1940). Come i suoi compagni di pena, Ernesto Rossi, Riccardo Bauer, Vittorio Foa, ne approfitta per studiare. La madre gli parla dei concerti che si danno a Torino, e ogni volta si dispiace perché il figlio non può sentirli. Massimo la blocca: «Non darti pena per questo: non me ne importa un fico secco. Delle migliaia di concerti che ho dovuto sentire, ce ne sarà sí e no qualche dozzina che ho sentito volentieri e con piacere: gli altri unicamente per obbligo di mestiere, e spesso con sofferenze vivissime. Quindi tranquillizzati anche per questo e levati dalla testa che io senta in qualche modo la mancanza di musica, teatri e cinematografi: almeno finché posso aver dei libri, cosa vuoi che m'importi, mentre leggo un dialogo di Platone o una pagina d'Alfieri, di non sentire l'ultima pisciatina di qualche compositore contemporaneo, oppure la millesima cattiva esecuzione d'una sinfonia di Beethoven che so a memoria? Non sono queste le sofferenze della galera: le uniche cose di cui sento la mancanza sono voi e la montagna».

In tempo di guerra e in prigione trova il tempo di tradurre *Le affinità elettive* di Goethe e *Siddharta* di Hermann Hesse, che diventerà un long seller adorato da generazioni di giovani. Quando c'è da dare una mano nei momenti difficili, dal 1943 al 1946, lui c'è sempre. Quando Einaudi si rifugia in Svizzera assume la reggenza della casa. Pavese è a Roma quando Mila gli racconta del bombardamento del luglio 1943 che ha gravemente danneggiato gli uffici della casa editrice in via Mario Gioda 1, quella che oggi è via

Giolitti. È stata «una stangata con i fiocchi», «siamo senza gas, pare per molti mesi: in principio mia moglie ed io ci accendevamo un fuoco di legna sul balcone e poi ci arrostivamo su patate e pezzi di carne cruda (quando c'erano): sembravamo una coppia di barbari vichiani». Lui però è riuscito a mettere in salvo le «nostre masserizie» in un alloggio che «per non sbagliarmi ho badato che fosse a quattro passi da casa mia». Poi lamenta ironicamente che i bombardamenti abbiano dimostrato «le piú feroci intenzioni contro i, diciamo cosí, luoghi di piacere. Il 43 è stato conciato per le feste e il 42 è in salvo per miracolo». È una continua strage di cinematografi e cine-varietà. «Fortuna che ci sono le biciclette, il Po e la piscina, se no non si saprebbe piú dove vedere un paio di gambe».

Si occupa di tutto. Fa il consulente a largo raggio, scrive «risvolti», rivede traduzioni, corregge bozze, tiene i rapporti con gli autori e decide i compensi. Avrebbe parecchi libri di filosofia, sociologia e politica da sottoporre al vaglio di Bobbio, ma lo si può pagare o si tratta di «favori non retribuiti»? Scrive a Pavese: «Anche senza divisa sto facendo il custode della Casa Einaudi. Ogni giorno respingo tre o quattro giovani autori proletari pieni di buone aspirazioni e di buone proposte. Quando mi resta tempo rivedo le *Mille e una notte*!» Sgobba otto o nove ore in piena estate con quaranta gradi all'ombra, come «neanche nei tempi piú duri dell'oppressione nazifascista». Si infastidisce se Pavese lo chiama «caro Max». Poi, insinuante: «Qui c'è, da ieri (agosto 1945) il titolare, e non dà nessun fastidio. Mi ha comunicato che, tutto sommato, ritiene piú saggio che tu ritorni a Torino; col che ha rivelato che il suo piano satanico era di tenerti a Roma "for ever"». Si augura che Pavese possa tornare presto a Torino, in modo che lui possa tornare agli amati studi. Si autodefinisce «un vulcano spento», e si compiace che l'amico sia in preda a «vulcanici ardori»: «Ma tutta questa linfa voglio vederla passare in un bel racconto».

Gli ardori sono quelli, assai travagliati, che «Cesarito» prova per Fernanda Pivano. Le questioni di lavoro non impediscono al reggente di entrare con franchezza fraterna negli affari privati: «Mi dispiace vederti fare il matto e rovinarti l'anima e la salute... Dio sa se il tuo talento fiorirebbe meglio in una pacifica home, magari con contorno di bebè biondi e paffutelli, oppure cosí allo sbaraglio, tra una sbronza e un'ennesima delusione». Si dichiara pronto a una mediazione tra i due, «credo con probabilità di successo. Se no, sia per non detto e scusa l'indiscrezione». Poi riporta le confidenze di lei: «... non essere la persona adatta: io son nevrastenica, con lui ci vuole una pazienza infinita, ecc. ecc.». Ma intanto, quand'è che Pavese darà un nuovo *Paesi tuoi*? Vittorini ha fatto cilecca con il suo *Uomini e no*, è arrivato «il momento di staccarlo in salita e piantarlo nelle curve».

«Non dimenticare che siamo dei pochi che lavoriamo, – lo incoraggia Pavese. – Questo ci rende indispensabili». Quando lo nominano responsabile dei «Saggi» commenta ironicamente: «E pensare che ho vissuto quindici giorni senza saperlo». Nel novembre 1945 entra a far parte di un triumvirato direttivo. Gli scrive Pavese: «Caro Massimo, la presente per accreditarti la tua collega di direzione, Natalia. Essa è autorizzata a fare in tutto e per tutto le tue veci quando tu non ci sei, ma anche a strapazzarti se esageri nel passare mattinate a casa componendo. Porterà finalmente una dolce nota di femminilità in quella rude atmosfera di corso Re Umberto che le donnette non sono sinora bastate a dissipare. Ha l'incarico segreto di indurvi a essere meno piantini, a rispondere subito picche al 90% delle proposte senza nemmeno segnalarle sul Giornale di segreteria, e insomma orientare il nerbo del vostro lavoro soprattutto nel campo tecnico della lavorazione».

A Mila troppa burocrazia, troppi formalismi piacciono poco. La «ditta» gli sta a cuore «mediocremente», «ma mi piacciono i lavori ben fatti e quando sono legato a un carretto tiro, ottusamente come un mulo, anche se non mi importa niente di quel che sta sul carretto e del luogo dove lo devo portare». Uomo del Partito d'Azione, non gli piace nemmeno il marxismo dichiarato del «Politecnico» di Vittorini: «Non ho nessuna voglia di avallare, anche solo per complicità indiretta, l'eruzione di materialismo storico che ci riporta culturalmente al 1880, quando si scambiano Marx e Engels per grandi filosofi, della statura di Hegel e Kant». Lamenta che il programma del 1946 sia privo dell'estro necessario, che Einaudi abbia portato a Milano la direzione editoriale composta da lui, Pavese e Vittorini: in capo a tre mesi, profetizza, i «Tre Grossi» passeranno alla storia come gli affossatori della casa.

I suoi giudizi restano schietti, diretti, fulminanti come sentenze inappellabili; i no sono macigni. Non le manda a dire: «Sto rivedendo, con indicibile ribrezzo, *I Proscritti* di Salomon». A Vittorini: realizzare il «Politenico» sarà «piú difficile che tenere un ministero». Nel 1981 subisce un grave incidente automobilistico, al punto che viene dato per morto. Italo Calvino, con cui aveva lavorato nei primi anni del dopoguerra alla redazione dell'«Unità», su cui Massimo pubblicava le sue cronache musicali, deve scrivere in fretta e furia un necrologio che, come ci si può aspettare da lui, risulta bellissimo. Si apre confessando come sia difficile dire la simpatia naturale che Massimo ha sempre ispirato a tutti quelli che l'hanno conosciuto: la semplicità diretta e sorridente, lo sguardo limpido in cui affiorava sovente una calma ironia e non di rado un tagliente spirito di contraddizione, ma mai la malevolenza o la sufficienza. «Era un uomo che certo non aveva problemi con se stesso, che sapeva senza incertezze cosa gli piaceva e cosa non gli piaceva, cosí come sapeva cosa doveva e cosa non doveva fare: da ciò l'ostinazione e la sicurezza in quel che diceva che faceva. Dire tutto questo non è ancora nulla, perché il segreto di questa calma interiore sta in una forza morale che è passione, volontà, sfida, anche se questa sua sostanza egli non l'ha mai messa in mostra, per il suo atteggiamento agli antipodi di ogni enfasi, per il suo continuo understatement, il suo naturale pudore».

La sua intelligenza imperturbabile, continuava Calvino, sapeva riconoscere ciò che era lontano e diverso da sé, il complesso e l'oscuro e il tragico, che riportava alla propria chiarezza interiore senza mai lasciarsi troppo prendere ma senza ridurlo o appiattirlo, con un rispetto per il modo d'essere degli altri che gli veniva dal suo geloso senso della libertà individuale. Un uomo che sapeva stare solo, ma anche uno che in compagnia dava il meglio di sé, e per cui ogni attività si configurava come un'immagine di società ideale: quella della musica anzitutto, della montagna, della casa editrice, nata dal suo gruppo di amici e condiscepoli.

Concludeva Calvino: «Quando Pavese si uccise, questo amico cosí dissimile da lui, ma pure con quelle affinità di stile, di piglio che si ritrovano tra compagni di giovinezza, difese pubblicamente il diritto di ogni uomo a suicidarsi come libertà che non può essere sindacata o discussa. Il che, detto da un uomo a cui la vita piaceva davvero, è un'indicazione del suo codice di principî a cui è sempre rimasto fedele».

Mila è sopravvissuto all'incidente e si è concesso altre scalate. Chissà se ha avuto l'onore di leggere il suo necrologio.

## Vittorio Foa, in prigione come in un campus

Vittorio Foa guardava con divertita tenerezza la sua amica Clara, mia madre. La chiamava «adorabile ignorantina», perché lei diceva ridendo di non aver letto un libro in vita sua. Lo diceva come se fosse un'impresa monellesca, riuscita soltanto a lei. A scuola non era andata, c'era un precettore privato che avrebbe dovuto istruirla, ma lei lo aveva corrotto a colpi di scatole di sigari. Me lo immagino piccolo, stempiato, con folti baffi, orologio nel panciotto, un po' goloso, probabilmente un vecchio professore in pensione.

Clara era la migliore amica della sorella di Vittorio, Anna: tutte e due allegre, festose, chiacchierine, positive. A scuola Anna era bravissima, ma all'ultimo anno l'avevano fermata per prepararsi a essere una brava moglie e una brava madre; ancora a distanza di tanti anni, era una cosa che non riusciva a digerire. D'altra parte quando era nata suo nonno, l'arcigno rabbino Giuseppe, nel render visita ai genitori non aveva nascosto il suo disappunto per il fatto che fosse una femmina: «Vogliatele bene lo stesso», aveva ringhiato. Nel 1940 Anna aveva deciso di rifugiarsi in America con il marito Davide Jona. Un salto nel buio, partivano senza avere una casa e un lavoro, ma erano riusciti a rifarsi una vita, anche se avevano trovato un antisemitismo diffuso e addirittura ostilità negli italiani d'America, tutti fascisti convinti. È ad Anna che suo cugino Primo Levi si era rivolto nel 1947 perché lo aiutasse a trovare un editore per *Se questo è un uomo*, appena pubblicato da Franco Antonicelli.

Clara era stata sposata a sedici anni con il figlio di un socio in affari di suo padre. I matrimoni per cosí dire patrimoniali erano pratica corrente, ma non riesco ancora a perdonare il nonno. Quando il matrimonio si era presto rivelato disastroso Clara era dovuta andare in Ungheria, unico Paese europeo che ammetteva il divorzio. Poi bisognava far convalidare la sentenza in Italia. L'unico magistrato disposto a farlo stava a Perugia, e lei a Perugia era andata, dribblando allegramente con la sua verve i ricatti del degno magistrato, che aveva cercato di subordinare la sentenza alle gentilezze di lei. Da Regina Coeli, dove scontava gli otto anni di carcere che gli avevano inflitto nel 1935 per cospirazione antifascista, attraverso le lettere dei suoi Vittorio seguiva attentamente l'evolversi della pratica. Per affetto, e perché gli interessava capire se c'era ancora qualche magistrato indipendente che non si atteneva alle direttive del regime.

Nel dopoguerra i genitori di Vittorio e Anna, che non avevano voluto rifugiarsi in America per non lasciare Vittorio solo in prigione, si erano trasferiti a Diano Marina, in una grande casa luminosa affacciata sul lungomare. Attraverso le persiane, riflettendosi sulle onde il sole tracciava barbagli mobili sulle pareti. Ettore e Lelia erano due vecchini teneri e dolcissimi, sapevano di vaniglia. Dispensavano biscotti e parole soavi, quando andavo a trovarli. Mia madre aveva detto loro, stupendosene come di un fatto che smentiva le leggi dell'ereditarietà, che ero bravo in italiano, e Ettore mi incitava a mettere la scrittura al servizio degli altri, come aveva sempre fatto Vittorio, perché questa è l'unica cosa che conta.

Il figlio aveva imparato da loro. Riversava sul prossimo la disponibilità e la serenità di chi è in pace con se stesso: il suo principale interesse era proprio la cura degli altri. Sempre pronto a capire, a dare una mano, a risolvere difficoltà. Partiva dal presupposto che nell'altro c'è sempre qualcosa di buono, da cui imparare e su cui lavorare. Diceva che l'educazione non si fa con le parole, ma con i comportamenti: comincia con il rispetto che vedi portare agli altri, ai parenti come agli estranei.

I Foa venivano dal Monferrato, dove erano arrivati dalla città francese di Foix nel Quattrocento. A me sembrava che avessero una confidenza speciale con i secoli, uno sguardo lungo che li rendeva al tempo stesso piú saggi e piú esposti agli agguati del presente. Ettore citava Shakespeare a memoria, amava il bricolage, girava per casa con martello e chiodini, gli piaceva sistemare, aggiustare. Aveva voluto disegnare personalmente i mobili per la casa della figlia, non amava quelli di moda; Vittorio gli invidiava la manualità che lui non possedeva. Era un convinto sostenitore di Giolitti, perché era neutralista, amico dei socialisti, capiva gli operai e aveva dato il voto a tutti («ma non alle donne», sospirava Vittorio). Lelia era bella, elegante, portava le punture di spillo della sua ironia come una stola di volpi. Atea dichiarata, aveva fatto la maestra, parlava benissimo il francese, credeva fanaticamente nei progressi della scienza. Raccontava in modo fascinoso leggende famigliari ricche di anarchici rivoluzionari, socialisti, femministe. Sosteneva che le montagne della Val d'Aosta, che tanto piacevano ai figli, sono tutte uguali, «quattro pini, qualche donna in costume, un torrente, e tanti, tanti ebrei». Molto meglio Diano Marina, la sua luce, la mobilità cangiante del mare.

La formazione di Vittorio era progredita con la scoperta delle ingiustizie e delle violenze che funestano il mondo. La Grande guerra per lui era cominciata con le lacrime della tata austriaca che stava in casa, Mimí, una ragazzona dagli occhi acquosi e dalle trecce bionde, licenziata perché il suo Paese era entrato in guerra con il nostro. Erano seguite tante altre lacrime, per i parenti che partivano per il fronte, per quelli che non erano tornati. A lui non piacevano le vignette del «Corriere dei Piccoli», che si facevano beffe di una brutta e stupida bambina austriaca, Kate Kartoffel. A dieci anni era andato a vedere con sua sorella Anna la Camera del lavoro, la casa rossa di corso Siccardi, devastata dalle squadracce fasciste, finestre sfondate, vetri rotti, carte per terra. Ne aveva riportato una pena che non l'avrebbe piú lasciato, e orientato le sue scelte piú delle letture. A quattordici anni aveva vissuto il delitto Matteotti come qualcosa che lo chiamava in causa, che lo faceva sentire parte di una vicenda collettiva in cui doveva prendere posizione, cercando di capire, studiando. Costruendo uno sguardo «capace di vedere lontano».

Poiché a scuola era molto piú avanti degli altri, suo padre l'aveva mandato per sei mesi a Parigi a fare il contabile. Convinto che fosse destinato a grandi imprese, voleva si formasse partendo dalla gavetta. Al liceo D'Azeglio Vittorio aveva come professore Augusto Monti, il quale non parlava mai esplicitamente di libertà. Leggeva i classici ai ragazzi in modo che se ne ricavassero l'idea da soli: «Il suo insegnamento non era contro il fascismo, era oltre il fascismo». Questo nel 1935 non gli aveva risparmiato una condanna del Tribunale speciale a cinque anni.

Al liceo Vittorio aveva come compagno di banco Giancarlo Pajetta. Abitava nel quartiere operaio di Borgo San Paolo, presto lo avrebbero sospeso, poi espulso dalle scuole del Regno, alla fine cacciato in prigione. Vittorio ammirava la sua granitica fede politica, era già un militante, ma non si sentiva ancora pronto a passare all'azione.

Uscito dal corso per allievi ufficiali, era finito in un reggimento d'élite, comandato nientemeno che dal principe ereditario, Umberto di Savoia. Lí correva sottotraccia un antifascismo un po' speciale, aristocratico, che guardava ai nuovi padroni come a dei rozzi plebei. Il principe aveva scelto i suoi sottotenenti tra ebrei e figli di socialisti dichiarati. Era molto ospitale con loro: cene a Palazzo reale (dove c'è anche Maria José, bella, colta e intelligente), tennis e sciate in comune. Sulle nevi di Claviere Umberto aveva insegnato a Vittorio la nuovissima tecnica del cristiania, che sostituiva il vecchio telemark, elegante ma un po' troppo macchinoso.

Erano seguiti anni di letture fondative (Luigi Einaudi, Salvemini, Gobetti, Pareto, Mosca, Croce), ma a lui interessava la pratica, i processi reali, le condizioni materiali in cui vive una società. Si appassionava ai problemi del lavoro, alle condizioni di operai, contadini e braccianti, sempre con la stessa idea: «Nell'uomo, in ogni uomo, c'è una grande possibilità di cambiamento». Per meglio documentarsi, leggeva avidamente il «Corriere della Sera» perché aveva ottimi servizi da Roma.

A ventidue anni era entrato in Giustizia e Libertà, coinvolto da Leone Ginzburg («un uomo eccezionale, fuori misura, di una autorevolezza naturale»). La militanza lo faceva sentire realizzato. Si sentiva soffocato da un percorso professionale già segnato, da una società conformista, da uno Stato autoritario. Non ha mai enfatizzato la lunga militanza politica, nel Partito d'Azione, alla Fiom, alla Cgil, alla Camera, al Senato: semmai tendeva a sminuirla. Gli sembrava d'aver fatto poco, d'essere una goccia d'acqua in un lago. Si stupiva ancora di quanto il regime avesse sopravvalutato la cospirazione, di quanto l'avesse repressa con condanne di sproporzionata durezza.

Per lui il fascismo è stato un fenomeno storico che ha avuto un inizio e una fine, e farlo diventare una categoria ideologica è un errore. Il male nuovo che c'è non si chiama fascismo: «Credo che il male, l'intolleranza, la pulizia etnica e altro, ci siano e vadano combattuti, ma se io le chiamo "fascismo" sono portato a rivedere le vecchie lotte e non le nuove». Per questo non gli piaceva la qualifica di antifascista, gli sembrava limitativa. Lui era uno sempre *per* le cose, non contro. Rifiutava la logica della contrapposizione frontale, le divisioni manichee, le semplificazioni. Provava curiosità perfino per gli avversari e i nemici dichiarati, si può cavare qualcosa anche da loro. Ripeteva che il passato non dà risposte, ci consente di formulare meglio le domande. Se manifestava una simpatia, ad esempio per Togliatti, provvedeva a spiegarla, inserendola nel giusto contesto. Aveva sempre avuto la debolezza di ammirare l'intelligenza, e molta ne aveva Togliatti, «uomo fortemente passionale ma con una grande capacità di controllo»: con lui bastavano poche parole per intendersi. Era uno che poteva anche infervorarsi a spiegare i pregi filologici di un'edizione di Dumas nella «Pléiade» che a lui sembrava esemplare.

I piaceri dell'autobiografia Vittorio se li è concessi solo a ottant'anni con *Il Cavallo e la Torre*, ma solo dopo averne discusso a lungo con un gruppo di amici in una sorta di seminario sui grandi temi del Novecento. Non c'è pagina in cui il privato non rimandi al pubblico, l'io agli altri, il singolo al collettivo. Rifiutava il modello del militante eroico e disinteressato, cosí come avvertiva che la severità verso se stessi e gli altri può degenerare in moralismo. Era stato un padre della patria, aveva scritto gli articoli della Costituzione che riguardano il lavoro, ma ne parlava come si può raccontare un episodio come tanti di una vita di lavoro.

Anche i libri successivi al *Cavallo e la Torre* gli sono stati sollecitati e quasi estorti affettuosamente. Di queste richieste quasi si stupiva. Nei lunghi anni di carcere, dai ventisei ai trentatre anni, aveva letto, studiato e discusso a fondo con i compagni di pena (Bauer, Rossi, Mila, tra gli altri) tutto quello che poteva, storia, economia, politica, filosofia, sociologia, letteratura. Raccontava le sue letture in centinaia di lettere ai famigliari, rassicurandoli, senza mai lamentarsi. Detestava essere compatito. Sembrava scrivere da un attrezzato campus americano, dotato di ottime biblioteche e servizi efficienti. Non si lamentava mai, nemmeno delle bocche di lupo di Regina Coeli, della poca luce, dell'ora d'aria consumata in ambienti angusti.

A rallegrarlo bastava l'odore del mare che arrivava sin nel carcere di Civitavecchia. Scriveva un romanzo di formazione parlando dell'universo mondo.

Chissà se Italo Calvino aveva pensato anche a lui quando scriveva la celebre pagina delle *Città invisibili*: l'inferno non è qualcosa che verrà, o che attende i reprobi. Esiste già qui, e ora, ed è quello che abbiamo costruito tutti insieme. L'unica cosa che resta da fare è cercare di identificare quello che inferno non è, e dargli spazio, e farlo crescere.

Vittorio sapeva bene che la memoria non è un dato oggettivo, un archivio di polaroid di facile consultazione. È fatta dello stesso materiale dei sogni, un elemento instabile, letterario nel senso piú ambiguo: produce riscritture continue che fatalmente la allontanano dal ricordo originale, sino a farne una vera e propria fiction. Della memoria occorre diffidare, sottoporla a verifiche continue, stringenti, spietate. Negli stessi anni, forse negli stessi mesi, Primo Levi faceva le stesse riflessioni nei *Sommersi e i salvati*.

Ha scritto Sesa, sua moglie: «Come si sa la Storia, per sua natura, ci nega il lieto fine ma ci riserva, a volte, felici sorprese. Vittorio ci ha sempre contato, anche al buio di una prigione». Ci ha creduto sino alla fine. A novantacinque anni diceva: «La vecchiaia è leggermente faticosa, ma vale la pena di affrontare la fatica. Non mi sento inferiore per il fatto di essere vecchio... Nonostante le sue nequizie ho sempre amato il mondo e il mondo mi ha ricambiato».

## Nuto Revelli, «quello che ha dato di piú»

In un articolo sul «Corriere della Sera» Lalla Romano si è chiesta se esiste un carattere cuneese e ha provato a delinearne i tratti: «Il non voler apparire, forma di diffidenza ma anche rispetto di sé, non figurare troppo buono, ricco, intelligente, piuttosto l'opposto. Non far sapere di malattie, discordie, ma nemmeno di eredità, successi e cosí via». Anche non stupirsi, non dichiarare troppo la propria ammirazione, non adulare nessuno. In altra sede, ha citato un bellissimo proverbio cuneese: «A pensar bene, c'è sempre tempo». Benvenuto Revelli detto Nuto, classe 1919, geometra che non ha mai esercitato la professione, sottotenente della Tridentina partito per la Russia nel 1942, comandante partigiano di GL, due ferite gravi e tre medaglie d'argento, ha imparato sulla sua pelle a metterci il tempo necessario, e anche qualcosa di piú, a pensar bene. Lo avevano ingannato troppe volte, lui e i suoi montagnini, mandati a morire nel gelo da generali cialtroni. Da allora, tutti quelli che gli andavano sotto li pesava per bene, con calma, fino in fondo, con la faccia scura dei duri dei film americani, per capire chi fossero davvero. Non lo fregavi piú.

Nel suo articolo, Lalla faceva l'elenco di grandi cuneesi, un sommo scienziato come lo zio Giuseppe Peano, matematico, Pavese e Fenoglio («il piú grande»), il suo editore, Giulio Einaudi, che a sentir lei ogni tanto aveva la civetteria di fare l'antipatico, Livio Bianco, Franco Cordero, «gran tempra eretica», il cardinal Pellegrino. E concludeva: «Ma forse è Nuto, il rivelatore, e perciò quasi quasi il creatore della nostra anima contadina, è Nuto che ha dato di piú».

La «guerra dei poveri» per Nuto non è mai finita. Quando torna a casa, l'enormità di quello che è successo gli brucia come una piaga aperta. Bisogna trovare un senso all'ingiustizia mostruosa che hanno subito lui e gli alpini mandati a morire in una guerra assurda di cui non sapevano niente, quelli che sono tornati e non interessano piú a nessuno, i contadini poveri, gli eterni dimenticati. È a loro che bisogna dar voce.

Appena può lascia ufficio e magazzino (commercia in ferro), corre per montagne, colline e pianure. Non vende nulla, compra racconti, le testimonianze di quelli che non contano, registra le voci che nessuno vuole ascoltare, perché a nessuno interessano i relitti di un'Italia che si vuole moderna. Riempie pazientemente i suoi bloc-notes, annota anche i lunghi silenzi, i pianti, gli abbandoni; poi quando c'è confidenza arrischia il registratore. Accumula centinaia di cassette, le trascrive, le lavora perché le parole sono come il ferro, ci vuol pazienza, rilegge tre volte, ci cava quello che gli serve. La guerra di solito la raccontano i colti, lui vuole che siano i poveri cristi che non sapevano nulla di fascismo e comunismo a raccontare il freddo, la fame, la paura, il dolore, la rabbia. «L'errore piú grave – diceva – è non saper ascoltare, aver fretta di sapere, interrompere il discorso. Non bisogna fare troppe domande, intimidire chi parla. Ci vogliono ore per metterlo a suo agio. Imparavo ascoltando, imparavo dai miei errori, speravo che gli intervistati, leggendo se stessi e gli altri, facessero un salto in avanti per capire meglio le cose». Snocciolava le cifre. Per *L'anello forte* duecentosessanta testimonianze, sei anni di interviste, due di selezione e scrittura. Per una testimonianza piú complicata delle altre, c'erano volute dodici ore di registrazione, corrispondenti a centocinquantasette pagine di dattiloscritto, da condensare in diciassette. Alla fine aveva accumulato duemila ore di registrazioni.

Quando viene in casa editrice racconta i lavori che ha avviato, i libri che sta montando, come se dovesse giustificarsi di qualche cosa. «*Vardlu sí*», guardalo qui, mi dice con affetto ironico, come per mascherare di finta ruvidezza la benevolenza che si porta a ragazzi un po' indisciplinati. Siamo in corridoio, non si toglie nemmeno il cappotto. Parla a voce bassa, si infervora. È riuscito a mettere le mani su venticinque sacchi di lettere dal fronte di soldati caduti o dispersi in Russia che le autorità militari stavano per mandare al macero. Parla delle interviste che sta portando avanti. Racconta della fatica di far parlare i reduci, a vincere diffidenze che capiva benissimo. All'inizio lo aiutano dei mediatori, come se le interviste fossero dei contratti matrimoniali, e un po' lo sono. Perché sono interi pezzi di vita quelli che Nuto raccoglie come fosse uno di casa. Gli incontri diventano veglie, vedono riunita l'intera famiglia, poi arrivano i vicini, gli amici. Alla fine c'è contentezza. Il cacciatore di memorie fa qualcosa che nessuno aveva mai visto. Ti puoi fidare, è uno perbene.

Quando il libro è finito, lo va a consegnare di persona alle famiglie dei caduti. «È un lavoro complesso, – scrive, – la provincia è immensa. Ma è un impegno. Piangono, nel ricevere il libro. Io quasi mi scuso, il libro l'ho voluto soprattutto per gli "altri", per i troppi che non sanno». Non si occupa solo di libri, di nuove edizioni e di ristampe. Dà una mano ai «suoi» testimoni, magari dimenticati in ospedale o in un ospizio, lotta contro una burocrazia arrogante, briga per le pensioni che non arrivano (dopo vent'anni!), riesce persino a mettere di mezzo il Quirinale.

Nuto non si ferma agli alpini. I reduci vengono da una campagna povera e dimenticata, è loro che bisogna far parlare, per gettare luce sulle «comunità che si sfrangiano, le scuole chiudono, la posta si ferma al capoluogo, l'isolamento cresce giorno dopo giorno». Capisce che è arrivato il momento di dare la parola alle loro donne, alle calabrotte venute dal Sud, perché a Nord nessuna vuole sposare un contadino e andare a faticare per lui. Sono le escluse abituate a stare in silenzio e in disparte, usate per il sesso, l'allevamento dei figli e del bestiame. Quando si sgelano, raccontano meglio degli uomini: di quando ancora bambine le davano in affitto ai pastori, di quando con due sacchi di castagne potevano comperarsi un paletò alla fiera, e i figli li facevano in casa, lavorando fino al giorno prima. Si mangiava carne tre volte l'anno, si curava la tosse asinina con brodo di topo, come prescrivevano le masche, le streghe sapienti. Ma com'era difficile far parlare chi non è abituato a esprimere i propri sentimenti, che sente la lingua come uno dei tanti inganni di uno Stato che di loro se ne frega.

Non gli importa che lo chiamino antropologo, sociologo, storico. Anche se lavora come un professionista non gli interessano le discussioni metodologiche sulla microstoria o sulla storia orale. È un autodidatta che vuole andare dritto al nocciolo delle cose e di saggi ne ha letti pochi. Il metodo se lo è costruito da solo. Riesce a conservare alle testimonianze la vivacità del parlato con i giusti inserti dialettali, quanto piú espressivi della *koinè* nazionale. Alla fine lo hanno invitato a tenere lezioni all'università, gli hanno dato perfino una laurea honoris causa per «i rigorosi percorsi di ricerca che si sviluppano in molteplici campi disciplinari».

Non si ferma nemmeno quando un libro è uscito. Sa benissimo che la vera partita comincia lí. Va a parlare nelle scuole medie, nelle serali, organizza settanta dibattiti sul *Mondo dei vinti*, è contento perché il libro sta entrando nel mondo contadino. Sente la fatica, ma pensa che non va bene innescare un discorso e poi ritirarsi.

Nel Paese del perdonismo, della dimenticanza e della rimozione, continua a indignarlo la «retorica patriottarda» che si accontenta di discorsi, monumenti e lapidi, «ultimo colpo di spugna su colpe impunite». Lo fa infuriare il fatto che le associazioni d'arma siano in mano ai neofascisti del

Msi, che tornino a farsi vivi i cosiddetti nostalgici. Quando esce *La strada del davai*, che raccoglie le testimonianze di quelli che erano riusciti a tornare a baita, dobbiamo affrontare settimane di battaglia per far passare un servizio di sette minuti su TV7, rotocalco televisivo molto seguito. A TV7 c'è un giornalista molto bravo, ma la direzione nicchia, il peso dei nostalgici è forte. In tv era difficile parlare perfino del Codice Rocco.

«Non bisognerà odiare i tedeschi, dopo», aveva scritto Leone Ginzburg a Natalia da Regina Coeli. Nuto, che i tedeschi li ha tanto odiati perché trattavano i soldati italiani con arroganza e disprezzo, scopre perfino la storia di un tedesco buono che girava per Cuneo a cavallo, come un turista colto e riservato. Il «disperso di Marburg» è un ufficiale che cavalca metodicamente ogni mattina e diventa parte integrante di un paesaggio: «Se è esistito anche un solo tedesco diverso dall'immagine che mi ero fatto di loro, vorrei proprio conoscerne la storia». Scoprirà che non è solo un tedesco buono, è un compagno di sventura, uno che in Russia aveva vissuto le sue stesse esperienze e alla fine aveva trovato una morte assurda, stupida, come le morti di tutte le guerre.

Dalla Russia, si era portato dietro tre armi automatiche, due Parabellum russi e la Maschinenpistole tedesca. Le teneva in casa, pulite e ingrassate. Gli sarebbero tornate buone dopo l'8 settembre, quando se n'era andato in montagna. La contemporaneità lo inquietava: il terrorismo rosso e nero, la mafia che si era sostituita allo Stato, «la fogna della P2», il divario fra Nord e Sud, le carceri sovraffollate, i tempi geologici della giustizia, l'aria di un eterno 8 settembre. Se ce n'era bisogno, lui era pronto, le armi stavano sempre lí.

Nuto per l'Ucraina avrebbe tirato fuori i suoi mitra bene ingrassati e sarebbe partito.

Mario Rigoni Stern, Virgilio sull'Altipiano

Quando arrivava in redazione era una festa, tutti in corridoio a godersi i sorrisi e gli abbracci dello zio montanaro dalla barba ben curata, che profumava di neve e di aria di bosco, e a Natale regalava il suo miele ai nipoti di città. Smielava lui, senza fare alcun trattamento. Veniva come veniva, ogni stagione aveva il suo gusto speciale. Per prima cosa si informava di come stavano Nuto Revelli e Primo Levi, fratelli piú che di sangue. E di come stava l'editore, che non voleva disturbare, e poi naturalmente usciva in corridoio a festeggiarlo anche lui.

Il discorso andava presto sulle tante cose che doveva fare a casa e che non erano meno importanti dello scrivere: i lavori nell'orto, dove ancora adesso sotto la vanga potevi trovare cartucce e schegge di mortaio, accompagnato da un coro di fringuelli e codirosse; la legna e le mele da metter via per l'inverno, la caccia (una volta faceva anche trenta chilometri al giorno, dietro a urogalli, pernici, beccacce, forcelli), i funghi da mettere in conserva con una tecnica tutta sua, i crauti da salare, il pollaio, i cani che capiscono sempre di che umore sei, le api. Gli era rimasta dentro la paura che, se non provvedi per tempo, l'inverno porta fame, e lui di fame ne aveva fatta troppa, tra Francia, Albania, Russia e il Lager.

Sapeva fare la minestra d'orzo, ma anche il baccalà con latte, olio e cipolla. La grappa che gli piaceva di piú era quella con l'infuso di radici di genziana lutea, o con i semi di cumino.

La casa se l'era costruita con le sue mani e con i figli, fuori del paese, ai piedi della foresta, proprio come Lucentini a Nemours. Diceva che è bello piallare il legno quando fuori nevica. Lí vicino c'erano le baite degli amici, Ermanno Olmi e Tullio Kezich. In paese dicevano che era un po' orso, però erano orgogliosi di lui, e a lui gli orsi piacevano, anche se ogni tanto scendevano a fare razzie e a ravanare negli orti.

La piú bella descrizione della casa l'ha data Eraldo Affinati, amorevole curatore delle sue opere: «D'estate era scintillante e rinserrata su se stessa in un riverbero del sole in mezzo ai rami degli alberi; nel dolce autunno dei cacciatori solitari assomigliava alla castagna dentro il riccio spinoso; negli inverni lontani pareva accucciata alla maniera del capriolo infreddolito; a primavera si preparava a spiccare il balzo giú nella valle, inseguendo le allodole».

Della guerra sull'Altipiano sapeva tutto, le trincee, gli assalti, le storie di ufficiali e soldati come se li conoscesse a uno a uno. Era riuscito a rintracciare le postazioni in cui avevano combattuto Gadda ed Emilio Lussu, e in Valsugana la targa che ricordava come avesse combattuto lí la sua compagnia, la 55ª del Vestone. Non gli piaceva il reducismo. Meglio non parlargli di Giulio Bedeschi, che in *Centomila gavette di ghiaccio* aveva sí raccontato la ritirata degli alpini, ma non era riuscito a capire la criminale assurdità della guerra. I veri nemici non erano i contadini russi, ma quelli che ti mandavano a morire con gli scarponi di cartone in nome della patria e dell'impero. Quando lo avevano fatto prigioniero, Bedeschi aveva aderito alla Repubblica di Salò ed era finito a capo di una brigata nera.

Mario era tornato a casa che pesava cinquanta chili, «pieno di fame e di febbre». La vita ad Asiago era cosí grama che aveva pensato di emigrare in America, ma non aveva i soldi per il viaggio. Aveva le mani cosí indurite che quando l'avevano assunto al catasto non riusciva a scrivere. Anna l'aveva aiutato a tornare alla vita.

Andare con lui per il bosco era entrare in un'enciclopedia. Con lui ogni pianta, arbusto, felce, bacca, animale, pietra aveva qualcosa da dire e da raccontare. Conoscere il bosco e la montagna gli aveva salvato la vita. Sin da bambino andava con suo padre negli alpeggi per raccogliere il burro delle malghe, quella era stata la vera scuola. Non si finisce mai di apprendere. Lui ogni tanto andava a trovare Ötzi, l'uomo di Similaun, e ci imparava molto, dall'equipaggiamento essenziale che si portava dietro, scarpe, impermeabile in paglia, armi. Ötzi nella bisaccia aveva quel che serve per accendere un fuoco, selce ed esca secca. Ecco quello che dovrebbero insegnare ai bambini di oggi, altro che inebetirli con i videogiochi.

Quando nel 1945 era scappato dal Lager, aveva vissuto dieci giorni nutrendosi di chiocciole, rane, erbe, uova di uccello. I suoi antenati ci andavano anche a pregare, nel bosco. Ha qualcosa della piccola divinità anche il gallo cedrone o urogallo (il nome lo aveva praticamente imposto lui) ombroso e imperscrutabile com'era.

«Rigoni l'ha cagà el demonio!» dicevano ammirati gli alpini del loro «sergentmagiú» che riusciva a tirarli fuori anche dalle situazioni disperate. La diabolicità del Mario non puzzava di zolfo, era fatta della pasta del legno di cembro. Incarnava l'anima del sottufficiale: l'uomo di raccordo tra comando e truppa, tra la natura e gli uomini, tra passato e presente, tra l'alto e il basso. L'individuo che sa «come si fa», che non ha paura di sporcarsi le mani, di prendersi delle responsabilità. Con qualcosa in piú: la scrittura usata con la serena confidenza con cui si maneggiano la falce, la scure, la vanga. Non si sentiva un romanziere, piuttosto un narratore, perché non inventava, scriveva le cose che aveva visto di persona o sentito, per il piacere di raccontare. Il racconto crea la comunità, che poi è quella che la sera si radunava nelle stalle, e c'era sempre qualcuno che sapeva raccontare con i ritmi giusti, senza che nessuno glielo avesse insegnato. Mario pensava, come Camus, che l'unica vera giustificazione dello scrivere era parlare, secondo le nostre possibilità, in nome di coloro che non possono farlo. «Come va, Bortolo?» avevano chiesto a un boscaiolo che aveva fatto solo la terza elementare. «Ah, caro, in questo mondo non c'è redenzione», aveva risposto.

La sua educazione letteraria era avvenuta all'aria aperta, ma non era un naïf. In casa c'erano libri perché sua madre era una lettrice appassionata, e lui ne comperava dai bancarellai pontremolesi, quando salivano ad Asiago due volte l'anno: Tolstoj, Čechov, Verne, Piero Jahier e Paolo Monelli, che la guerra se la erano fatta da quelle parti. Monelli lo aveva anche conosciuto quando gli avevano dato il Premio Viareggio per il *Sergente*, aveva voluto offrirgli un whisky a tutti i costi.

Dell'educazione letteraria facevano parte anche le radici. Si sentiva l'anello di una lunga catena, il pezzo di una storia collettiva. I Sette Comuni dell'altopiano sono rimasti autonomi per centinaia di anni, avevano un ambasciatore a Venezia e uno a Vienna. Era gente scesa dal nord con i Longobardi, si chiamavano Arimanni, degli indipendenti che non conoscevano né baroni né vescovi. Si erano inventati una sorta di comunismo solidale e democratico, tollerante e ospitale, da cristianesimo delle origini, dove ognuno attingeva alle risorse naturali secondo necessità, e le cariche erano elettive: gli uomini d'arme eleggevano il loro comandante, i fedeli il loro prete. Poi in quelle valli preservate dal loro stesso isolamento sono arrivati Napoleone, Francesco Giuseppe, i piemontesi, i burocrati d'ogni regime. Sono arrivate le guerre, le sopraffazioni piccole e grandi, le spoliazioni.

«Siamo abituati a trattare con autori molto vanesii, abbonati all'Eco della Stampa e che non perdono una sillaba di quanto si dice e si scrive di loro in tutta Italia, e abituati a molestare critici e recensori per far parlare di loro; e il suo caso, di Lei cosí modesto e appartato che ottiene tanto spontaneo successo è davvero un caso nuovo e confortante. Ma come? Lei non sa d'essere lo scrittore del giorno? L'uomo piú discusso, esaltato, celebrato su tutti i giornali italiani?» Cosí scrive Italo Calvino il 4 luglio 1953 al nuovo autore della casa. Il successo che Calvino annuncia sono le autorevoli recensioni di De Robertis e Bocelli, le duemila copie vendute subito, le tremila della ristampa. Numeri che allora avevano un significato. Ma il Mario era un po' in difficoltà, perché l'editore gli aveva mandato solo sette copie omaggio, e lui non ne aveva abbastanza per tutti i suoi fratelli.

A novembre Rigoni gli risponde mandando un racconto, *L'ultimo urogallo*, che quando lo ha scritto gli piaceva abbastanza, e adesso invece gli sembra un poco puerile: «Mi accorgo che piú leggo buoni autori piú vedo la mia insufficienza nello scrivere». Per Calvino il racconto è un po' troppo semplice e prevedibile, ci può cavare di piú, legga *Il vecchio e il mare* di Hemingway. La cosa piú bella è il rapporto tra cacciatore e natura. Mario si rimette al lavoro. Ci vorranno altri dieci anni per avere il suo secondo libro, *Il bosco degli urogalli*. Ci ha messo tanto anche perché di tempo per scrivere ne aveva poco: era pieno di debiti, durante le ferie andava a lavorare con i contadini per un po' di formaggio o un salame.

Nelle lettere alla casa editrice discute la lenta maturazione dei suoi libri, sponsorizza amici scrittori di guerra, vagheggia romanzi famigliari, come la storia di un avo medico che morí assassinato a Londra; coltiva a lungo con il suo amico Olmi il progetto di un film tratto dal *Sergente*, che poi non si farà; batte cassa con discrezione perché Einaudi non paga mai. A Calvino continua a chiedere consiglio come a un fratello maggiore: «Forse avrei bisogno di muovermi dal mio paese, conoscere gente, soffrire fisicamente per raffinarmi i sensi. Sono contento solo quando vado a lavorare nei boschi o a caccia o quando coltivo l'orto… Dammi un consiglio: quest'estate avrò un mese di ferie: tenerlo per la caccia? O per la legna per l'inverno? O scrivere chiuso in una stanza?» «Beato te che fai una vita cosí serena!» lo invidia Calvino. Mario si accusa di pigrizia, e racconta d'essere stato una settimana a Milano ma di essersi stancato piú che a lavorare nel bosco: troppo rumore, fretta, confusione. Lí le ore sono di quaranta minuti.

Nel 1969 lo ricoverano in ospedale perché il cuore gli si è fermato sette volte, ma «ora va e non perde un colpo». Vuol dire che il *vecio* ha la pelle dura e nemmeno il demonio che lo ha cagato lo vuole. Visto che non gli permettono di andare in montagna, cacciare e fumare, per Natale a Einaudi chiede quattro bottiglie di Barolo invece dei soliti libri. Il buon vino gli evoca ricordi torinesi dei tempi di guerra. Intanto lavora a un libro sulla «pidocchiosa e miserrima guerra d'Albania», «la storia di un caporale portaordini (io, ingenuo imbecille)». Nel 1971 torna in Russia per la terza volta: «Solamente ora, forse, mi rendo conto quale è stata la nostra anabasi». Scrive *Ritorno sul Don*. Da Torino lo rassicurano: «Il sergentmagiú è sempre lui, pieno di umanità e ottimo scrittore».

La cosa che gli piace di piú è raccontare la natura di casa anche per lettera: «Dopo che il cuculo l'ha risvegliata, la primavera è arrivata improvvisa; gli urogalli sono verso la fine del periodo degli amori e le femmine preparano il nido per la covata. Le capriole hanno incominciato a partorire. Solo che l'Esercito Italiano di Merda è venuto a scaraventar bombe coi cannoni americani, e sulle montagne alte non c'è pace… Le api raccolgono in abbondanza sul tarassaco officinale in attesa della fioritura del timo e del lampone. Il gallo Ramsete II fotte piú volte al giorno le sue sette galline, tanto che gli ha spellato le schiene».

Proprio della primavera aveva parlato con Paolo Rumiz come della stagione che ti aiuta a conoscere e accettare i tuoi limiti: «Il limite appare sempre in primavera. La primavera, non l'autunno, è la stagione per morire. Ha un odore preciso, definito, umido, fresco, vitale. Quel profumo ti promette che la vita continua anche se te ne vai; e questo è meraviglioso».

# Gli zii sapienti

*Nelle case editrici si ride e si sorride spesso. «Non è un lavoro che dovrebbe essere felice, questo?» si chiedeva Einaudi, che la felicità voleva costruirla ogni giorno cercando di stupirsi, di incantarsi. Alla felicità concorrono i portatori di uno humour tanto piú prezioso perché nasce da un sapere sterminato e mai esibito. Corre sottotraccia saggio, leggero, autoironico; si esprime in allusioni, citazioni e aforismi memorabili. Discendenti di Montaigne, Cesare Cases e «Peppo» Pontiggia hanno letto tutti i libri senza farsene schiacciare.*

*In mano loro, il mondo letterario finisce per assomigliare alla congrega di sodali che sulle colline della Firenze del Trecento, ai tempi della peste, si raccontano sollazzevoli storie in cui la vita diventa vera in ogni minimo dettaglio.*

## Cesare Cases, agnostico ottimista

«Il suo collaboratore padroneggia la lingua tedesca con perfezione umiliante». Cosí scrive Thomas Mann a Giulio Einaudi. Siamo nei primi anni Cinquanta, Cesare Cases è un giovane professore della Scuola ebraica di Milano, dov'è nato nel 1920, e un'occasione redazionale lo ha messo in contatto con il Maestro. Anni dopo lui commenterà nelle divagazioni autobiografiche pubblicate da Donzelli che «da Einaudi non sapevano che di Mann si diceva, come di Goethe, che l'esser lodato da lui equivaleva a un attestato di mediocrità». In via Biancamano conoscevano benissimo la competenza, l'affidabilità, la disciplina, la mostruosa capacità di lavoro, non intaccata nemmeno dall'insegnamento universitario che lo aveva portato a Cagliari, a Pavia, e infine a Torino. Il suo humour, che sembrava nutrito dall'acutezza aforismatica di Karl Kraus, era già famoso in redazione. Durante un viaggio in Germania era diventato amico di Italo Calvino. Ricordava: «Eravamo entrambi un po' avari, entrambi arrendevoli, scarsamente litigiosi, di facile contentatura».

Era lui a dire che molto si può imparare dai nemici. L'eleganza della sua scherma intellettuale era tale da strappare un sorriso d'ammirazione anche a chi la pensava diversamente. Il suo charme arguto, intessuto d'autoironia prima ancora che d'ironia, sembrava francese e illuminista, anche se fondato su una granitica padronanza dei testi, da Goethe a Marx, dallo stesso Mann a Musil, da Benjamin a Brecht, e naturalmente ai «francofortesi», Horkheimer e Adorno, proprio loro che avevano indicato nell'Illuminismo la fonte prima di tante distorsioni operate in nome della ragione.

In lui non c'era mai il sogghigno fastidioso della superiorità intellettuale. Sapeva troppe cose e aveva degli uomini una conoscenza troppo disincantata per atteggiarsi a profeta o maestro, per non sapere che tutto si gioca su una fune sospesa sull'abisso. Mai allineato al gusto dominante, alle mode culturali, alle parole d'ordine, gli piaceva giocare il ruolo del bastian contrario. Non era per gli apocalittici, preferiva dirsi agnostico. Caso mai in tarda età si riconosceva qualche peccato d'ottimismo. Avvicinandosi il 2000, diceva di osservare con «allibito stupore» certi progetti di «progresso sostenibile», cari a Berlusconi come a D'Alema. Sentiva prossima l'estinzione della classe degli intellettuali, ma la registrava con una pacatezza quasi divertita.

Pensava anche lui che dopo la guerra non bisognava criminalizzare i tedeschi. Il suo interesse per la germanistica nasceva proprio dallo scatto del bastian contrario. Traumatizzato dal fatto che il Paese di Kant e di Goethe avesse prodotto il mostro del nazismo, aveva scelto la via piú impervia: occuparsi della cultura che non aveva rispettato le attese e le speranze sue e dei suoi amici, e di cui lo affascinava la stretta commistione tra letteratura e filosofia. Costretto a rifugiarsi in Svizzera perché ebreo, durante la guerra aveva studiato chimica a Losanna e a Zurigo. Lí aveva imparato un tedesco «un po' libresco, – diceva, – perché il tedesco autentico ha sempre una connotazione dialettale».

Riteneva che gli errori e gli orrori della Germania fossero l'espressione di una crisi epocale che riguardava tutti, non soltanto i tedeschi. Proprio perché avanzato, il Paese era diventato laboratorio di esperimenti mostruosi in cui venivano a galla vecchie tensioni, un'avanguardia di segno negativo che andava studiata, non demonizzata.

Se la grande cultura tedesca era nata in piccoli centri come Weimar, il virus del nuovo potere stava annidato nel ventre di grandi città come Berlino, che guardavano con enorme interesse alla modernità americana, e ne copiavano gli aspetti peggiori, diceva Cases. Riscontrava al di là e al di qua dell'Atlantico le stesse solitudini, lo stesso disorientamento.

Aveva cercato di utilizzare anche lui gli strumenti marxiani, ma lavorava anche sui dubbi, sullo scetticismo di fondo. Una società senza classi è certo un miraggio, e tuttavia resta «un'idea motrice che può dare le ali all'umanità. Senza di essa rimangono soltanto rassegnazione e passività». Aveva portato in Italia György Lukács, il teorico di quel «realismo critico» che cercava di ricuperare la grande letteratura borghese in vista di un nuovo progetto sociale, il marxista che subiva il fascino di Thomas Mann e di Musil. Cases ne ammirava la fedeltà, perfino ingenua, a se stesso e alle sue utopie. Ricordava: «Eravamo tutti, anche se non spudoratamente, dei seguaci di Lukács, il quale diceva che il peggiore dei socialismi era comunque superiore al migliore dei capitalismi. Semplicemente vedevamo un'alternativa che in realtà non c'era. E non c'era perché il comunismo era fondato sulla menzogna, tanto quanto la civiltà cristiano-borghese».

Era capace di una serena equanimità verso le sue passioni «giovanili». Per lui Adorno restava un grande, e *Minima moralia*, uno dei capolavori filosofici del Novecento. Anche Brecht, oggi dimenticato, gli sembrava grande scrittore e grande poeta, «nonostante i suoi limiti». Dei contemporanei salvava due austriaci, Thomas Bernhard e Ingeborg Bachmann. Non amava Grass, o la generazione degli anni Sessanta. Si sentiva vicino a Paul Celan: un artista che era sí riuscito a rappresentare «il disastro in cui viviamo», ma aveva anche affermato il «nucleo solido» della poesia, la sua capacità di resistenza, qualcosa a cui ci si può aggrappare anche nei momenti difficili.

## Giuseppe Pontiggia, anatomopatologo delle parole

Il Peppo Pontiggia sembrava uno di quei meravigliosi dottori di famiglia di una volta. Grandi come armadi, rassicuranti, sorridenti e bonari, magari vecchi amici dei tuoi padri o dei tuoi nonni, con i quali andavano a caccia, parlavano di cani e delle opere che davano al Teatro Regio. Arrivavano con la loro bella valigia di cuoio inglese resa piú che umana dall'uso, piena di attrezzi magici, ti auscultavano con cura, ti palpavano la pancia, prescrivevano qualche sciroppo che aveva un buon sapore dolciastro. Quando se ne andavano, l'ordine era ristabilito nel mondo, la malattia ricacciata nel deposito dei fastidi ancora gestibili.

Invece dello stetoscopio, nella bella valigia di cuoio il Peppo infilava tutti i giorni dei nuovi libri. Non gli bastavano mai. Nella casa di via Farneti, a Milano, ne aveva accumulati piú di quarantamila, affrontando problemi architettonici, statici e logistici. Ammetteva che era follia, ma gli sembrava peggiore la follia di non averli. Per ospitarli decorosamente, aveva dovuto inventare i sistemi piú ingegnosi. Ce n'erano dappertutto, ordinatissimi, come l'armata sepolta dell'imperatore cinese Shi Huangdi: anche in corridoio, in bagno, in camera da letto. Erano la spia della sua bulimia, il pendant cartaceo della ghiottoneria. Raccontava ridendo sua moglie Lucia che una volta aveva ingerito perfino i due orecchini di perla che lei aveva depositato sul tavolo di un ristorante, scambiandoli per molliche di pane.

Peppo i libri non li lasciava lí a futura memoria, per l'estate, per la vecchiaia, per un tempo che non sarebbe mai venuto. Li leggeva proprio, ci ricavava la sua amara scienza dell'uomo, i suoi paradossi, le *agudezas*, gli aforismi fulminanti, con cui riempivo i miei calepini, beandomene come di altrettanti marron glacé. Mai acri, mai appesantiti da quell'arietta di superiorità intellettuale che fa guardare *ex cathedra* la realtà come una discarica maleolente. Quando ti sentivi smascherato, ti toccava sorridere insieme a lui. *Touché*.

Non si stancava di leggere nemmeno quando era diventato un mestiere. Leggeva per Mondadori, per Adelphi. Scherzava sulle deformazioni, sulle nevrosi che poteva produrre, non poi troppo diverse da quelle che affliggevano l'impiegato di banca che era stato da giovane. Se la banca è il luogo di una delle tante morti che si danno in vita, la casa editrice non è la città ideale in cui i conti tornano sempre, e il lettore professionale è sempre esposto allo scacco, alla frustrazione, al dubbio. Fa un mestiere usurante.

Il *Lettore di casa editrice* del racconto omonimo deve smaltire una pila di manoscritti di autori sconosciuti, di quelli che si possono liquidare con un'occhiata. Parlando con l'editore, confessa che ci si abitua ai testi scadenti e si finisce per perdere il senso delle proporzioni. Tuttavia si può imparare anche dagli errori: «Contengono una verità fraintesa». Solo l'ultimo manoscritto, piú voluminoso degli altri, gli lascia qualche dubbio. Ha immagini intense e visionarie, che colpiscono, racconta i sogni con una precisione che sembra presa da Freud, ma ha qualche cedimento di tipo espressionistico. Non è pubblicabile, ci sono molti errori, molta enfasi, ma l'autore è di quelli da tenere d'occhio per il futuro. L'editore lo blocca: il manoscritto era finito per sbaglio con gli altri, era una traduzione, non se ne era accorto? Era *Delitto e castigo*.

Tutto questo non offuscava la sua fiducia nella letteratura come strumento ottimale di conoscenza, coscienza del mondo. Raccontava di quando, finito il suo primo libro, aveva chiesto udienza a Vittorini, nella storica sede Mondadori di via Bianca di Savoia. Il direttore dei «Gettoni» lo aveva ascoltato gentilmente, poi gli aveva spiegato la procedura: mi mandi il testo, mi telefoni dopo un po', io le dirò che non l'ho ancora letto, mi ritelefoni, io mi irriterò, poi alla fine lo leggerò e ci incontreremo.

Era andata esattamente cosí. Vittorini aveva segnato il buono e il meno buono. I dialoghi andavano bene. Raccomandava di non fare mai la «recensione dei sentimenti», «gli sembrava che...», «aveva l'impressione che...» Gli aveva anche dato consigli paterni: lasci la banca, prenda una laurea, insegni. In ogni caso il Peppo aveva imparato che un testo è suscettibile di miglioramenti, bisogna lavorarci sopra accanitamente, come uno scultore. Asciugare, andare all'essenziale. Quegli ammaestramenti li aveva poi riversati nella scuola di scrittura che aveva aperto e tenuto per molti anni, forse la prima, certo la piú autorevole. La sua didattica era paziente, pacata, paterna, fattuale. Partiva spiegando che occorre un'attitudine di base, si diventa scrittori attraverso un tirocinio duro, faticoso. La creatività non è euforica. Però lui sembrava sereno, appagato, ripagato.

Il buon dottore era un Montaigne lombardo, moralista senza moralismi, metodico e impaziente, di «passione placida» e «ironia inesorabile», come ha detto Salvatore S. Nigro. Il suo vero assillo erano le malattie del linguaggio, perché tutto passa da lí: l'identità, la crescita, la salvezza, la dannazione. Collezionava un campionario sterminato di parole usate impropriamente: per simulare virtú che non si possiedono, comportamenti virtuosi che non si praticano; per incantare, per ingannare, simulare; per stendere cortine fumogene sulla propria autentica natura. Poi le ordinava allibito in un dizionario del sussiego, della supponenza, della malafede, della falsa modernità, del pressapochismo spacciato per profondità.

Ogni tanto rileggo il suo catalogo degli aggettivi iperbolici e tartufeschi della critica militante: *inquietante*, cioè che non inquieta per nulla; *conturbante*, destinato agli adulti adolescenti; *sconvolgente*, «aggettivo disperato, che compare nei risvolti di copertina quando si dispera del lettore». *Imprevedibile* ricorre in maniera assolutamente prevedibile. *Bello* è un aggettivo che innalziamo a superlativo per ridurlo alla nostra portata. «Hai scritto una cosa bellissima» è una frase che non si rifiuta a nessuno.

Con la sua aria paciosa e conciliante era bravissimo a smascherare i lemmi della comicità involontaria: *problema* (parola usata per dire che non c'è problema), *inter nos* (cioè inter omnes), *incredibile* (aggettivo che suscita rassegnazione in chi deve subirlo, perché quando gli viene raccontato non è mai incredibile, ma solo scarsamente credibile), *epocale* (mutamento epocale: ce n'è ogni giorno), *dialogo* (ricercato da tutti, purché non sia reciproco), *esatto!* (usato generalmente per ciò che non può esserlo), *aeromobile* (termine usato dagli altoparlanti negli aeroporti italiani quando l'aereo ritarda), e perfino *recarsi* (sin dalle elementari si impara che si va al gabinetto, ma ci si reca dal preside).

Ci sono stati momenti in cui anche il suo rispettoso amore per le parole aveva conosciuto lo sconforto. Nel nono capitolo della *Grande sera* il personaggio di Mario confessa a se stesso «una nausea crescente delle parole»: «Il linguaggio gli appariva una immensa spiaggia di gusci vuoti. Un tempo le parole avevano racchiuso la vita, l'avevano celata e protetta prima che erompesse all'aperto. Ora vedeva soltanto conchiglie fossili e uova schiacciate dalle zampe dei predatori e perforate dai loro becchi. E lui si sentiva ormai come un cacciatore attardato, arrivato alla fine del saccheggio, quando la vita aveva abbandonato quegli involucri ed era emigrata altrove».

Quando qualcuno parla di «grandi scrittori» a ogni novità che esce, mi sembra ancora di sentirlo: «In Italia c'è abbondanza di grandi scrittori. Quello che mancano sono gli scrittori». In un saggio del *Giardino delle Esperidi* ne aveva auscultato le solite afflizioni: la paura di non esistere, il patetico vagheggiare un risarcimento dai posteri. Pubblicare non basta: molti colleghi scrittori non ti hanno letto, altri ti ignorano, come ti ignorano le antologie, i dizionari, i bilanci, i consuntivi, i premi, le recensioni. Uomini cosí insicuri sono capaci di tutto. L'unico rimedio sarebbe leggere di piú, leggere meglio, per imparare davvero «come si fa».

# Le signore di ferro

*Come si costruisce la corazza di tartaruga che ti porti addosso, e fa di te una signora non solo rispettata e ammirata, ma a volte perfino temuta, autorevole e autoritaria? Nasce da infanzie e adolescenze difficili, dai drammi della vita, da una voglia di rivalsa (Natalia Ginzburg, l'imbranata con fratelli ingombranti) o di orgogliosa indipendenza (Elsa Morante)? O al contrario viene dalle sicurezze che ti dà proprio l'ambiente famigliare, come nel caso di Lalla Romano? Sono madri dolorose e forti, anche chi madre non è diventata, come la Morante, che ha generato Useppe e i ragazzini che salveranno il mondo. Sono delle schermitrici infallibili, che vanno a bersaglio con l'eleganza ironica delle dame sapienti dei* salons *settecenteschi, come Chichita Calvino, cosmopolita per vocazione.*

# Natalia Ginzburg e l'ossessione della verità

«Non fate sbrodeghezzi!», «Non fate potacci!», «De cosa spussa l'acido solfidrico?», «Quel Proust doveva essere un tanghero!» Che allegra sorpresa, che divertimento, all'alba della primavera 1963, le battute che giravano per la casa del professor Giuseppe Levi, l'illustre istologo che era stato maestro di Dulbecco, Luria e Rita Levi Montalcini. Stavano nell'ouverture di un romanzo intitolato *Lessico famigliare*, titolo bislacco che andava contro tutte le regole del marketing. Giulio Einaudi non aveva fatto una piega. Non solo perché gli piaceva andare controcorrente: sapeva che anche se si fosse opposto, Natalia non lo avrebbe cambiato. Presa una decisione, non la smuovevano nemmeno le cannonate. Nella squadra dei fondatori della casa, l'anello forte restava lei: la timida, la silenziosa, l'inadeguata, l'impacciata, la pigra, l'ignorante, come tante volte amava rappresentarsi.

Una signora in grigio, tratti severi, vagamente orientali, l'aria assorta, la voce rauca per le troppe sigarette, vestiti neri, tacchi bassi. Sorrideva con parsimonia, non conosceva invidie, gelosie, calcoli, retropensieri. Se dava amicizia, era per sempre. Era la madre della patria, e non soltanto perché nel 1934 aveva sposato il vero fondatore della casa editrice, Leone Ginzburg, francesista, traduttore, militante politico. «Scrive bei racconti», aveva detto di lei a Einaudi, per spiegare le ragioni del loro matrimonio.

Incarnava lo spirito della casa, Natalia: come lo Struzzo del cartiglio secentesco, sapeva digerire i chiodi. Nel 1935 Leone era finito in carcere per due anni per cospirazione antifascista. Poi lei lo aveva seguito con i bambini a Pizzoli, nel cuore di un gelido Abruzzo, dove era stato mandato al confino. Nell'inverno del 1944, rimasta vedova, s'era presentata da Carlo Muscetta, il sorridente «cinesino» che reggeva gli uffici romani della casa editrice, in cerca di un lavoro. Non sapeva far niente, non aveva preso una laurea, conosceva solo un po' di francese e non sapeva scrivere a macchina. Racconterà in una delle tante bellissime pagine autobiografiche: «Nella mia vita, salvo allevare i miei propri bambini, fare faccende domestiche con estrema lentezza e inettitudine, e scrivere romanzi, non sapevo fare niente. Inoltre sono sempre stata molto pigra. La mia pigrizia consisteva nel perdere un tempo infinito oziando e fantasticando». Terrorizzata dall'idea che Muscetta potesse scoprire le sue carenze, in tre giorni riuscí a finire la revisione della traduzione che le era stata affidata. Le daranno da tradurre *Un amore di Swann*.

Scriveva a mano, su grandi fogli e quaderni, con una calligrafia infantile, rotonda, sempre sul punto di deragliare. A otto anni aveva già imbastito una sorta di commedia in cui riportava i modi di dire della sua pittoresca famiglia: l'iracondo professore con la mania della montagna, dello yogurt fatto in casa e delle docce fredde la mattina; la madre garrula e canterina (sorella di Drusilla Tanzi, la «Mosca» moglie di Montale), tre fratelli piú anziani, tutti presi dalle loro passioni per il calcio, la politica e le donne, e una sorella fascinosa, corteggiata da Giacomino Debenedetti, che malgrado gli austeri costumi di casa sognava una vita di gran dama, e la raggiungerà sposando Adriano Olivetti.

Come sopravvivere in una famiglia cosí ingombrante? È un'imbranata timida e somara. In famiglia la chiamano Maria Temporala per i bronci e le malinconie, è considerata un impiastro perché non è né sportiva né studiosa e ha paura di andare a scuola da sola. Odia la ginnastica e non ha nemmeno la divisa da piccola italiana. Dalla sua nicchia di emarginata, la piccola musona guarda, osserva, registra. Ha un talento speciale per cogliere le bugie degli adulti, il non detto che sta dietro le ipocrisie. Non vuole diventare un adulto che mente. Farà della verità il suo stile di vita e di letteratura. Coltiva dentro di sé l'orgoglio di essere speciale, la vergogna di non essere come tutti. Vuole scrivere come un uomo, detesta l'appiccicume delle scritture umide di sentimenti che ignorano il distacco e l'ironia. Basta l'evidenza dei fatti, la sostanza delle cose, che non mentono mai.

La bambina-impiastro avrebbe scoperto attraverso la scrittura d'essere stata fortunata. S'era ritrovata a portata di mano un materiale umano straordinario, che non richiedeva alcuna aggiunta di fantasia. Bastava a se stesso. Non solo i genitori, i fratelli, i loro amici: perfino la domestica di casa, Natalina detta «Luigi undicesimo» per via del profilo aguzzo, o la sarta Rina che aggiustava i cappotti, raccontate con lo stesso peso narrativo dei grandi personaggi che erano passati da casa Levi e hanno fatto la storia d'Italia: da Filippo Turati in fuga (la madre lo chiamava «el me Filippèt») ad Adriano Olivetti, l'uomo «dagli occhi perduti nei suoi sogni perenni», che aveva fatto della sua industria il modello di nuovo modo di produrre e di vivere insieme; dal critico Giacomo Debenedetti, sempre elegantissimo, a Vittorio Foa fervido militante antifascista, da Einaudi a Pavese. Le stesse concitate fasi della cospirazione antifascista erano evocate di scorcio come qualcosa che faceva parte della vita quotidiana, che non richiedevano un innalzamento di tono o, peggio, la retorica dell'eroismo. Tutto ha un'aria di normalità domestica, che è poi ciò che rende vero e memorabile *Lessico famigliare*. Nessuno come lei ha il senso della tribú, sa raccontare l'anima segreta del branco, che spesso ha l'odore della minestra riscaldata. Solo lei poteva andare a scovare le insospettabili crudeltà che si nascondono nella famiglia Manzoni.

La sua capacità d'osservazione sapeva cogliere il dettaglio rivelatore. Fissa il parlare incessante di Felice Balbo, l'amico filosofo, contorto nei gomitoli della sua dialettica; la difficoltà con cui Calvino tira fuori «le parole da una sacca segreta», lo speciale modo di camminare di Sandro Penna, in punta di piedi per sembrare piú alto; quello «testardo e solitario» di Pavese, quello «randagio» di Adriano Olivetti e Carlo Levi.

La voce che nei suoi romanzi dice «io» ha di fronte personaggi che stima superiori a lei, situazioni troppo complesse per le sue forze, mezzi linguistici al di sotto delle esigenze. Ma è proprio lí che nasce la tensione poetica. Il primo a capirlo era stato Calvino a proposito delle *Voci della sera*. La poesia, diceva, è sempre stata questo: cercare di far passare il mare in un imbuto.

«Scrivi, fai qualcosa per gli altri, sii coraggiosa», le aveva scritto Leone in quella che doveva restare la sua ultima lettera. Lei cosí aveva fatto e avrebbe continuato a fare. Diceva: «Amare la vita vuol dire amare, del destino, la sua oscurità e la sua tremenda imprevedibilità». Nel 1950 sposa l'anglista Gabriele Baldini, dal quale nel 1954 ha una figlia con gravi disabilità; nel 1959 un altro bambino muore dopo un anno. Muore anche Gabriele, nel 1969, a nemmeno cinquant'anni. Da allora confessava di non aver piú saputo cosa fosse la felicità. Poteva soltanto risolvere nella accorata tenerezza di una mater dolorosa la perdita costante che è la vita. Scriveva che alla nostra «sete di possedere il segreto di un essere, la vita dà le sue risposte frivole e derisorie, contraddittorie e intrise di menzogna».

Non si arrendeva al dolore, ma non lo idealizzava, non lo esibiva. Eravamo sorpresi e incantati dalla tenace vitalità che opponeva alle tragedie della vita, da cui non si faceva distruggere. Maria Temporala era diventata una donna di ferro. È stato Parise a cogliere perfettamente la speciale qualità del suo vigore: «Una forza strana e animale di inafferrabile selvatico, con un cervello e un cuore pieno di muscoli fortissimi e scattanti come di chi debba procedere o fuggire attraverso steppe coperte di neve, o tra monti e boschi di conifere altissime e nere, con lupi e orsi, o sterminati deserti africani, o grandi città abitate, in una babele di lingue: dove soltanto lo stile sopravvive, e tutto il resto è noia».

Con quella forza registrava impavidamente fallimenti e naufragi, raccoglieva e riordinava i relitti che la tempesta aveva lasciato sulla spiaggia. Solo cosí i disastri potevano acquisire un senso, diventare magari utili a qualcun altro. Erano figli di una disgregazione, di uno sfaldamento, che lei annusava prima degli altri. Scrivendo romanzi, diceva, ho sempre avuto la sensazione d'avere in mano degli specchi rotti. Ma anche la speranza di riuscire a ricomporli in uno specchio intero.

Aveva cominciato a scrivere sui giornali all'inizio dagli anni Sessanta, quasi controvoglia, per sperimentare ritmi di scrittura che non fossero quelli del romanzo, e misurarsi con il suo tempo che le era diventato insopportabile, come sfigurato da una coltre di funghi maligni. Profetizzava che avrebbe vinto il modello Carosello, il consumismo ebete. A proposito dei giovani sessantottini, si chiedeva se non fosse strano che fossero tutti figli di ricchi. Perseguitata dal senso di colpa di non darsi abbastanza da fare per gli altri, si era iscritta al Pci, ma alle riunioni si annoiava a morte, e ancora di piú alla Camera quando l'avevano eletta deputata. Non aveva perso una seduta per non rubare il denaro pubblico.

Reggeva con lo stesso aplomb le bordate ad alzo zero che venivano dalla sinistra estrema, dai giacobini dei «Quaderni piacentini». Asor Rosa vedeva nella sua prosa gentile una sconfinata superbia intellettuale e una incorreggibile mentalità di classe. Bellocchio, Cherchi e Fofi la accusavano di essere la tipica rappresentante di una élite borghese chiusa in se stessa. La Cherchi diceva di non amare la sua falsa ingenuità e goffaggine, che coprono «una mente dura, anche intollerante, coperta da un saio di poverella di Dio». Ma il «Times» le aveva riconosciuto la capacità di andare oltre la superficie delle cose per scoprire sottintesi quasi inquietanti, di significare molto dicendo poco.

La ricerca della verità era per lei un assillo inderogabile. «È forse l'unico bene che ci è venuto dalla guerra, – diceva, – non mentire, e non tollerare che mentano gli altri». Nella grigia prudenza, nel conformismo che avvolgeva anche la società letteraria, prendeva posizione, caricava a testa bassa, sola contro tutti. Detestava l'ipocrisia del politicamente corretto, il bon ton fasullo, la complicità dei silenzi di comodo. Diventava intransigente, spavalda. Amori e odi erano sempre assoluti, dichiarati senza i trucchi dell'eufemismo. Da una parte Biagio Marin, Antonio Delfini, Tonino Guerra, Goffredo Parise, Elsa Morante. Dall'altra stroncature al vetriolo: il *Novecento* di Bertolucci («Quanto è brutto!»), *Io e lui* di Moravia, certe poesie di Bassani, uno spettacolo teatrale tratto dal *Vizio assurdo* di Davide Lajolo, da cui esce un Pavese caricaturale, inaccettabile per chi gli era stata amica per vent'anni.

Si infilava in questioni spinose, piú grandi di lei. All'indomani della tragedia delle Olimpiadi di Monaco, il suo articolo *Gli ebrei* aveva suscitato un vespaio di polemiche. Era anche l'occasione per interrogarsi sui suoi modi di sentirsi ebrea, sui suoi sentimenti per lo Stato di Israele (non era preparata a vederlo diventare una nazione «potente, aggressiva e vendicativa»), sulla «disumana disperazione» dei terroristi, che chiamava «guerriglieri», e infine sul suo schierarsi dalla parte degli sconfitti, ove che fossero.

Del diventare vecchi temeva soltanto il diventare pietre, la fine dello stupore. Aveva sempre trovato manoscritti per cui entusiasmarsi, deboli da difendere, cause per cui combattere. La casa all'ultimo piano di piazza in Campo Marzio da tana era diventata una fortezza. Quando comincia a scrivere sui giornali, lei che amava ripetere di non capire niente, sa arrivare, sempre a piccoli passi decisi, al cuore delle questioni. Apriva spiragli di luce, sia che parlasse di psicoanalisi, lavori di casa, del credere o non credere in Dio. Ci dicevamo: è proprio come dice lei, perché non lo avevamo capito. Sentivamo di poterci fidare di quella voce coraggiosa di Giovanna d'Arco senza spada e senza paura, insensibile alle bugie a fin di bene, alle convenienze, alla ragion di Stato o di partito. Era sola, o quasi, quando si era trovata a denunciare le ingiustizie della Giustizia a proposito del caso di Serena Cruz, la bambina filippina strappata dai giudici alla famiglia che l'aveva adottata per una serie di vizi procedurali. La indignava l'apparente obiettività della legge, il formalismo che cancella l'umano.

Nell'autunno 1977 mi avevano affidato la responsabilità della redazione letteraria di Einaudi. Dovevo riportare in casa editrice Natalia: era ben piú di un'autrice, era una parte integrante e gloriosa della sua storia, una bandiera. Quasi dieci anni prima era passata in Mondadori perché disturbata da quelle che considerava delle derive un po' troppo sperimentali e neoavanguardistiche, che la facevano sentire vecchia e superata. Poi quelle insofferenze erano passate, adesso non aveva piú senso che restasse lontana dalla sua vera casa.

Da Cesare Garboli, suo grande amico, erano arrivate delle soffiate: Natalia aveva finito un libro composto da due romanzi brevi (sarà poi pubblicato con il titolo di *Famiglia*). Un libro perfettamente ginzburghiano, che ancora una volta raccontava naufragi famigliari. «È la vita definita nella prospettiva della morte, che è l'unico modo di definire la vita», le scriverà Calvino. Cosí in ottobre ero andato a Roma per incontrarla, accompagnato da mia moglie Carla, neolaureata allieva di un grande filologo e critico, Dante Isella, che lavorava nella stessa redazione.

Ci troviamo a un caffè di piazza del Popolo. Con Natalia c'è la sua amica Elsa Morante. Hanno tutte e due l'aspetto delle cospiratrici, l'aria complice, perfino un po' nervosa, di chi vuol mettere in atto un piano concertato in ogni dettaglio. Quello che Natalia mette sul tavolino non è il manoscritto di *Famiglia*, ma quello di un romanzo bellissimo, dice, di un caro amico, Carmelo Samonà. Le due amiche lo ritengono perfetto per Einaudi. Elsa fa grandi cenni di approvazione, ha parole d'entusiasmo. È anche sin troppo chiaro che il ritorno di Natalia è subordinato all'accoglimento dell'autore, peraltro stimatissimo: è unanimemente considerato il maggior ispanista italiano. In piú, era una figura gentile e dolente. Un signore di origini siciliane – una famiglia antichissima e illustre, giunta mille anni prima dall'Iran, a quanto si racconta – dal tratto distinto e riservato, voce sommessa e gesti pacati, l'aspetto di un antico filosofo che porta le sue sofferenze con dignità e discrezione.

Ci buttiamo a leggere nottetempo. Le cospiratrici avevano ragione. *Fratelli*, cosí si intitola il romanzo, è proprio bellissimo. A Torino piace a tutti. Calvino scrive a Natalia: «Lo trovo straordinario». Quando *Fratelli* esce nella primavera 1978 lei ne parla sulla «Stampa»: «Escono ogni giorno sciami di libri, alcuni dei quali sul momento fanno rumore, ma non hanno alcun destino. *Fratelli* è diverso». Il fratello travagliato dalla malattia mentale nella realtà è un figlio, ma Samonà aveva opportunamente operato un cambio di status. In quella diversità Natalia poteva ritrovare la sua stessa condizione di madre di una figlia gravemente inferma. Scriveva: «La lotta contro la malattia non si propone però dei fini ben definiti; mai sembra affacciarsi l'eventualità che essa possa cessare di esistere; si tratta piuttosto [...] di segnarvi sentieri e impronte perché sia dato camminarvi affiancati [...] ma abbiamo tuttavia la sensazione di una fondamentale e costante pazienza reciproca: una pazienza dotata di tratti allegri, non già sereni ma allegri, una pazienza avventurosa e tumultuosa che manda giornaliere scintille...»

# Elsa Morante, cantastorie anarchica

Avvolta in foulard e gonne multicolori che arrivavano sino ai piedi, sembrava una zingara, una cartomante. Lei stessa si immaginava come una sorta di cantastorie anarchica che cantava solo per gli analfabeti, cosí cari al suo cuore. Ti guardava con i suoi occhi screziati da gatta (del colore si discuteva, qualcuno diceva viola), ed era come se lo sguardo trasognato che le dava la forte miopia la aiutasse a vedere dentro le persone, di cui sapeva intuire ogni storia passata, fragilità, possibile incanto.

Erano i primi mesi del 1974. Elsa era venuta a Torino per correggere l'ultimo giro di bozze della *Storia*, un malloppo di settecento pagine. La assisteva una redattrice vasta e rassicurante come una buona balia, Elena De Angeli, che si era specializzata nella gestione di autori complicati, Volponi, Arbasino, Eduardo, e sapeva essere tutto: sorella, amica, consigliera, segretaria, governante, badante. Passavano ore, giorni e settimane a confabulare, a mettere a fuoco una parola, un aggettivo. Elsa ci metteva l'intransigente furore adolescenziale che si ciba d'assoluto, e insieme la pazienza delle traversate interminabili, almeno cinque anni per scrivere e riscrivere *Menzogna e sortilegio*, altrettanti per *L'isola di Arturo*. Le sue favole si nutrivano di dettagli accuratamente realistici. Avevo pubblicato da poco un libro sui gerghi e mi ero accorto che lei era andata a ravanare anche in quello, alla ricerca di una metafora popolare per dire «polenta».

La sera si andava a mangiare in collina, sotto un bel pergolato di uva americana. Le vacanze erano vicine, il mare la incantava, ma l'acqua le faceva paura. Erano già tanti i gorghi in cui aveva paura di perdersi. Però era stata felice a Capri come non mai. Parlava con tenerezza di Procida, che quando c'era tornata le era sembrata piú piccola. L'ansia dei contemporanei di apparire a ogni costo nuovi, moderni, all'avanguardia, la faceva sorridere. Da bambina sognava di diventare un grande poeta, «perché non si possono non amare i grandi poeti». Si discuteva se uno scrittore migliora con il tempo, oppure no: pensando al suo percorso, non sapeva decidere. Maestri non ne riconosceva, niente Verga, niente De Roberto. L'unico vero maestro era Mozart, anche se l'aveva scoperto tardi: l'aveva aiutata a capire tante cose. Non capiva perché gli autori andassero divisi in scrittori e scrittrici, quando l'unica cosa che conta è la scrittura, che non ha genere. Torino per lei era Giacomo Debenedetti, il piccolo, elegantissimo profeta di Proust in Italia, che quando lei aveva vent'anni le pubblicava i racconti sul «Meridiano di Roma». Con Pavese discuteva di tutto e non c'era mai accordo su niente, ma senza animosità, era uno molto intelligente e con una bella voce. Natalia era una cara amica, era stata lei a leggere per prima *Menzogna e sortilegio*, l'aveva subito amato immensamente perché anche se sembrava un libro d'altri tempi produceva luminosità e generosità. Non sapeva definirne esattamente la grandezza, ma sentiva di trovarsi di fronte a qualcosa che usciva dalle misure conosciute, ed è questo che chiediamo alla letteratura.

Continuava ad amare Stendhal, «l'adorabile ometto», ma forse piú che amore era la nostalgia dell'amore che aveva per lui. Adorava Kafka, Penna e Saba, che aveva distillato un canto limpido e perfetto, ma le piacevano anche Pasolini, Cassola, Natalia e Calvino, che a *Menzogna e sortilegio* aveva dedicato una recensione bellissima, mentre quelli del Pci storcevano il naso.

Si discuteva dei sogni, del loro snodarsi con una sicurezza imperiosa e imperscrutabile, dell'essere precisissimi in ogni minimo dettaglio. Da dove vengono i personaggi dei sogni, che ci accompagnano anche nella vita diurna, piú che se fossero reali? Chi li inventa, e perché? Lei i sogni li annotava minutamente in un diario, ma questo non la aiutava a saperne di piú e le spiegazioni psicoanalitiche non le piacevano. Di sicuro c'era che l'ignoto artista dei sogni sapeva il fatto suo, maneggiava bene i ferri del mestiere, i piccoli trucchi, gli effetti speciali. In fondo era un collega, e tanto bastava.

Poi c'erano gli argomenti tabú, dai quali bisogna stare alla larga con la massima attenzione. Moravia, naturalmente, che lei, a sentire gli amici, accusava di essere freddo e cinico, innamorato solo di se stesso, mentre forse stava solamente sulla difensiva, cercando di ritagliarsi uno spazio vitale. Luchino Visconti, di cui si era infatuata probabilmente perché irraggiungibile, con quel suo alto stile imperioso di gran signore che dispone sovranamente di uomini e cose, seguendo il filo di un gusto altero. Bill Morrow, il giovane pittore americano piú bello di Alain Delon, omosessuale anche lui, che aveva conosciuto a New York nel 1959. Ad aprile 1962 gli aveva organizzato una mostra a Roma, aveva perfino obbligato Moravia a scriverne per il catalogo, e lui dopo poche settimane s'era buttato giú dall'Empire State Building. Un anno dopo Elsa aveva voluto un suo quadro per la copertina dello *Scialle andaluso*.

Si parlava di gatti, era obbligatorio chiederle come stava l'amato Caruso, il re di via dell'Oca 27. Come andava a scuola? È il primo della classe, rispondeva. Quando doveva uscire la sera lo rassicurava con dolci parole che sarebbe tornata presto, non le facesse il muso. Da Caruso (rigorosamente siamese) si risaliva alle generazioni di deità feline che lo avevano preceduto, a cominciare da Giuseppe, che si era reso defunto il 1° agosto 1952, detto anche Alvaro e Useppe Mandulino (ecco da dove veniva il nome del piccolo protagonista della *Storia*!), titolare dell'anima piú innocente e amorosa che fosse mai esistita, «dagli occhi piú meravigliosi che mai mi siano apparsi», la metà della sua anima. Anche durante la guerra, quando si era rifugiata in un paesino della Ciociaria (un rifugio che sembrava le caverne degli eremiti nella pittura del Cinquecento) i suoi migliori amici erano stati il gatto nero Filippo e Raniero, pastorello e flautista. Forse era nato lí l'inno al gatto che sta in fondo a *Menzogna e sortilegio*.

Era convinta che in pochissimi sapessero davvero comunicare con gli animali. Solo loro avrebbe desiderato come lettori. Il suo amore per le bestie e le piante, che difendeva con la furia della madre che protegge i cuccioli, nasceva da una solitudine che inacidiva in disperazione, dal non sentirsi amata: non dell'amore totale che esigeva lei. L'aveva cercata? Aveva fatto o non fatto qualcosa per meritarla? Non sapeva capire gli altri? Era malata di narcisismo? L'infelicità che non riusciva a scrollarsi di dosso era la giusta punizione per quelle che chiamava meschinità, forse la propensione a tiranneggiare il prossimo? Eppure la felicità esisteva da qualche parte, come un frutto maturo, come il giardino dell'Eden. Era arrivata al punto che la vicinanza degli altri le provocava repulsione, insofferenza. Garboli diceva che era una cannibale, un essere selvaggio, capriccioso e infantile, che con lei era una eterna guerriglia. Però quel corpo a corpo gli piaceva, non poteva farne a meno. Forse per lei il cannibalismo era l'unico modo per cercare di appropriarsi di tutto quello che sentiva sfuggirle.

Finita la correzione delle bozze della *Storia*, Elsa aveva dettato all'editore le sue condizioni: prima edizione direttamente in formato tascabile, prezzo popolare, duemila lire; in copertina una foto che lei aveva trovato, su fondo rosso: un bambino morto prono su un mucchio di pietre. Einaudi aveva accolto con entusiasmo la provocazione: aveva decretato una prima tiratura di centomila copie, un'intera pagina di pubblicità sul «Corriere della Sera», cosa mai vista prima. Io tremavo: una storia che grondava strazio e dolore, che denunciava le infamie della Storia, con quella copertina!

Il libro di copie ne vendette ottocentomila. Lei aveva indovinato perfino la giusta strategia di marketing: l'assenza, il silenzio. Nessuna intervista, nessuna anticipazione o notizia sul libro in uscita. I giornali impazzirono invano nella caccia a quello che sembrava un segreto di Stato.

A Torino scendeva in un piccolo albergo scalcinato vicino alla stazione, vicino a quello dove Pavese si era suicidato, perché forse le ricordava i tempi grami dei suoi vent'anni, e perché era entrata nella fase populista e antiborghese, e pensava che di conseguenza occorreva rinunciare al lusso inutile. Carlo Levi si ricordava ancora la stanza ammobiliata in cui viveva prima della guerra: occupata quasi per intero da un enorme letto. Alla testata del letto c'era un quadretto della Madonna con un lumino acceso. Lei era una ragazza magra dal sorriso timido che scopriva i dentini minuti, separati, con i riccioli sempre arruffati, precocemente grigi. A Levi aveva chiesto un ritratto, forse per sapere chi fosse davvero attraverso i pennelli di lui, che aveva un'anima di stregone, e un sorriso largo che era un po' il sigillo della sua adesione alla vita. Di certo Elsa amava il suo colore cosí denso, cosí carnale, come se dipingesse con la gelatina di ribes, di altri frutti prelibati: quasi uno scialo da ricco signore.

Non voleva che si citasse la sua data di nascita, desiderava essere e restare senza età, nella sospensione fuori del tempo che creano le fiabe. Diceva che la sua famiglia apparteneva «per istruzione alla borghesia, e per povertà al popolo basso».

Si era istruita da sola, aveva saltato le elementari, aveva imparato il francese per leggere Baudelaire. Se ne era andata di casa a diciott'anni, per vivere in libertà nei mondi fiabeschi di sua invenzione, dove tutto era assoluto, e portava il sigillo del destino. S'era iscritta a Lettere, ma aveva smesso presto per mancanza di soldi. Preferiva dare lezioni, scrivere accuratissime tesi di laurea a pagamento, raccontini, filastrocche, poesie per bambini, che uscivano sul «Corriere dei Piccoli». Di quel periodo non parlava, l'aveva cancellato, non aveva mai voluto raccogliere il molto che aveva prodotto, tranne *Le bellissime avventure di Caterí dalla trecciolina*, che Einaudi le aveva pubblicato nel 1942, con i suoi disegni, giudicati «gustosi».

Poi Caruso era morto vecchissimo, lei si era rotta un femore, aveva tentato il suicidio con il gas e le avevano diagnosticato un'idrocefalia, operata senza successo. Era finita in un letto di Villa Margherita, per anni. Anche se la casa editrice era stata commissariata, e i crediti degli autori in conseguenza congelati, eravamo riusciti a trovare un espediente per farle avere dei diritti, veri o presunti, per pagare la retta della clinica. Da lí continuava a vedere e a capire con le sue speciali facoltà di negromante, emetteva i suoi oracoli con un filo di voce. Appena stava un poco meglio, sentiva avvampare la voglia di scrivere un nuovo romanzo. Lo aveva già tutto in testa, era quello che avrebbe dovuto scrivere in tutta la vita. Protagonista un ragazzo, ancora una volta, a Roma. La Roma popolare di Trastevere e del Testaccio, non quella barocca che non amava.

Malgrado la maternità mancata (Alberto non voleva invischiarsi in doveri famigliari), lei restava, si voleva una grande madre mediterranea: di Arturo, di Useppe, di tutti i ragazzini che devono salvare il mondo, di tutte le creature viventi capaci di innocenza, di tutti i suoi personaggi. Il suo cannibalismo era una forma di maternità.

Ero andato a trovarla in clinica. Ero ancora sulla porta, aveva detto con aria grave: «Hai avuto un figlio».

«Come lo sai? Chi te l'ha detto?»

«Lo vedo».

# Lalla Romano, «solo ciò che è raccontato vive»

Cara Lalla,

il giorno che ci hai lasciato, mi è venuto istintivo riprendere in mano il volume che raccoglie le tue poesie, e ho trovato quella che dice: «Fede non è sapere | che l'altro esiste | è vivere dentro di lui | calore | nelle sue vene | sogno | nei suoi pensieri | Qui aggirarsi dormendo | in lui destarsi».

Mi ripeto spesso i tuoi versi, come altri si possono ripetere i versi di Dante o del tuo amico Montale, o una frase di Mozart: «Inverno, lenta | stagione | La sola vera: | l'altre, fiorite, un sogno»; o pensieri dei tuoi maestri (Delacroix, Flaubert) che sono diventati tuoi: «Il brutto consiste nella volontà di abbellire», «L'artista sia borghese nella vita per essere originale nell'arte». Mi ripeto certi tuoi aforismi fulminanti: «Solo ciò che è raccontato vive», che fa il paio con un altro pensiero: «Si scrive, anzitutto, perché qualcosa possa arrivare a essere»; «Ho orrore della facilità come di un delitto». O ancora: «Le parole sono importanti se sono poche»; «Avendo sempre lavorato, uso la parola lavoro con circospezione»; «Si sceglie il bene in quanto si è già felici (salvati), non allo scopo di diventarlo»; «Solo i miracoli sono veri». Ti dichiaravi d'accordo con Hofmannsthal: «Sul piú alto gradino dell'arte regna nudità, spoliazione».

Ci sono altri due versi che amavi citare, e sono di Emily Dickinson: «Io abito nella Possibilità | una casa molto piú bella della Prosa». In letteratura come in pittura, hai esplorato le possibilità (la necessità) della Poesia con un rigore, uno scrupolo di ricerca, una tensione stilistica che fanno di te uno scrittore nordico, profondamente etico. La verità a qualunque costo, la pietà che può nascere solo dalla spietatezza – dicevi. Dove l'eticità non sta nel messaggio, ma nel severo esercizio della scrittura. Abbiamo riconosciuto in te le qualità del tuo grande prozio Giuseppe Peano, il matematico tanto ammirato da Bertrand Russell, che corrispondeva con te in un latino scherzoso, chiamandoti «nepticula»: la strenua libertà intellettuale, l'anticonformismo vero, l'umor faceto, la semplicità. Tra le foto che mi sono care, ce n'è una che ti ritrae a passeggio per Torino, alta, bella e luminosa come la Ingrid Bergman di *Notorious*. Incantavi professori e coetanei. Uno dei tuoi maestri, lo storico dell'arte Lionello Venturi, ti chiamava «cardo selvatico» e aveva invano cercato di sedurti, salvo concludere che dovevi esser lesbica. Franco Antonicelli, il tuo Peer Gynt, ti aveva definita «Pallade color dell'ulivo».

Quel tuo tono di sovrana d'antichi regni si imponeva all'attenzione anche nelle circostanze meno propizie, ti creava intorno un clima di ammirazione e di rispetto, conquistava i lettori giovani e giovanissimi. In settant'anni – tanti ne sono passati dal tuo esordio nei «Gettoni» di Vittorini – è stato un crescendo di approfondimenti e di scavi perseguiti impavidamente – un po' come Pasteur che inocula i primi vaccini su se stesso –, una discesa nel mistero dei sentimenti e dei rapporti umani, in primo luogo famigliari, senza una sola nota sentimentale.

Avevi cominciato come pittore. Prima alla scuola di un bravo naturalista come Giovanni Guarlotti, poi passi a quella di Casorati, ma non dipingevi come il maestro, di cui avevi interiorizzato un pensiero-chiave: «La pittura è sempre astratta». Fino alle grandi mostre degli anni Ottanta, nemmeno i tuoi amici avevano un'idea compiuta del gran lavoro che avevi fatto. Dipingevi paesaggi senza pathos, senza lirismi, quasi maschili. Il colore non ti distraeva, non ti consolava. Cercavi la verità di un paesaggio, le sue linee di forza nascoste. La sua psicologia segreta. Spiegavi: «Il paesaggio spesso è meno naturalistico di un ritratto». O ancora: «Siccome la natura non esiste se non come astrazione nostra, quando l'arte ne ha creato un'immagine nuova, da allora siamo in grado di riconoscerla».

Quando, per le difficoltà degli anni di guerra, non avevi potuto praticare ogni giorno la pittura, cioè l'unico modo di esercitarla seriamente, eri passata a una poesia altrettanto asciutta ed essenziale; e di lí, attraverso la traduzione dei tre racconti di Flaubert che ti aveva proposto Cesare Pavese, a una misura narrativa non riconducibile a generi già noti. Non romanzo, non saggio, non memorialistica, non poesia, ma tutto questo insieme, dalle *Metamorfosi*, secondo numero dei «Gettoni» di Vittorini, ai libri della vecchiaia, sempre piú rastremati. La tua è una scrittura cézanniana, diceva Francesco Biamonti.

Non mitizzavi il passato, e ti rifiutavi di indulgere ai consueti lamenti, come quello della scomparsa del vecchio mondo contadino. Frottole, dicevi. Le cose non scompaiono. Non dobbiamo fermarci alle semplificazioni giornalistiche. Pasolini ha detto che non ci sono piú le lucciole? Invece ci sono, perché tutto c'è sempre. Basta cercarlo. E quando, tantissimi anni fa, mi era scappato di dire che l'Italia stava andando a catafascio, mi avevi fulminato: guarda che questo discorso lo sento fare dal 1912, e siamo ancora qui.

Guardavi avanti, con curiosità, quasi con avidità, e consideravi la nostalgia, pur umanamente comprensibile, un atteggiamento sterile, scarsamente produttivo. Proprio come Einaudi. Il passato è sempre presente, dicevi, e deve esserlo, ma come forza attiva, che serve a meglio capire il presente. Il nichilismo non ti tentava. La vita ti sembrava fin troppo ricca. Anche di dolore, certo. Non arrivavi ad amare il dolore, perché impedisce di pensare, ma appena si riesce a sopportarlo, si può accettare la vecchiaia con tutti i suoi limiti, e continuare a esser grati alla vita. In questo eri simile a un tuo antico corteggiatore, Mario Soldati («la sua ammirazione era eccessiva ed insieme distratta»), che negli ultimi anni pur essendo costretto alla carrozzella alle feste dei Nonino era capace di mettersi in piedi e provare a ballare con la padrona di casa.

Eri nata moderna. La modernità per te è «una visione molto abbreviata, molto concentrata. Il ripudio della comunicazione, dell'impostazione oratoria. Deve essere una specie di emozione, ma stilizzata, astratta. Cioè l'espulsione della facilità discorsiva». Ancora negli ultimi mesi insistevi: «Ho orrore della facilità come di un delitto». A chi ti rimproverava di non uscire mai dal modulo autobiografico, e magari di risultare un po' esibizionista, opponevi che si può parlare soltanto di ciò che si conosce bene. Dunque il marito, il figlio, il nipote. La verità a qualunque costo, anche a quello di ferire e ferirsi. Non avevi mai nascosto che tuo figlio non te l'aveva perdonata.

Il tuo editore, Giulio Einaudi, ti ha fatto quello che per lui era il miglior complimento: ti chiamava «cattiva», che per lui significava forte, battagliera, indomabile, una che ti mette in difficoltà. C'era tra voi, nemici del buonismo, della nostalgia e del catastrofismo, curiosi-golosi dell'oggi e del futuro prossimo, una profonda consonanza di stile, un identico amore per la vita, e la capacità di apprezzarne i doni. Il vostro colore araldico è il bianco, la vostra misura il rapporto segreto che ritma gli spazi, che detta le armonie e le opposizioni.

## Chichita Calvino, «opera d'arte vivente»

Era stata una tata messicana a ribattezzare «Chichita», piccolina, Esther Judith Singer, nata a Buenos Aires nel 1925 da una famiglia di ebrei russi arrivata in Argentina a fine Ottocento; e Chichita è rimasta per tutti (non Chiquita, come qualcuno continua a scrivere). Della famiglia non ha mai voluto parlare: «Le origini non mi interessano», tagliava corto. «È una donna piccola, molto lentigginosa, rossa di capelli e con occhi di rara luminosità. Al collo o ai polsi porta sempre qualche squisito gioiello vittoriano... È celebre per il suo umorismo sarcastico». Cosí la descrive Carlo Fruttero in *Mutandine di chiffon*. Sempre avvolta nel fumo delle sue Gauloises, orgogliosamente argentina ed elegantemente cosmopolita come gli amici del giro Borges - Bioy Casares - sorelle Ocampo, si sposa in giovane età, ha un figlio, ma quando il matrimonio scricchiola non ha esitazioni. Prende il bambino e viene in Europa, a Parigi e a Vienna, a lavorare come traduttrice per l'Unesco e altre organizzazioni internazionali, mettendo a frutto la sua perfetta conoscenza di francese e inglese. A Parigi ha come collega un altro grande argentino, Julio Cortázar, e frequenta il giro letteratissimo delle Éditions du Seuil, a Saint-Germain-des-Près.

Lí incontra Italo Calvino nel 1962. Tra il taciturno scrittore ligure e la poliglotta tutto pepe capace di toreare da pari a pari con quegli intellettuali anche troppo sofistici, è amore immediato. Si sposano nel febbraio 1964 a Cuba, dove lui era nato nel 1923, nell'ufficio di un notaio dell'Avana, con brindisi augurale nel bar dell'hotel («Comunico amici che mi sono sposato», telegrafa Italo agli einaudiani, laconico come al solito); l'anno dopo nasce Giovanna. Prendono casa a Roma, che però a lei va stretta, come pure il giro degli scrittori che gravitano attorno a Moravia e Pasolini: le sembrano una congrega di provincialotti un po' maschilisti, e lo stesso Italo, l'antimondano per eccellenza, li frequenta il meno che può. Nell'estate del '67 si trasferiscono a Parigi, in una villetta di Square de Châtillon, dove restano sino al 1980, l'anno del definitivo ritorno a Roma, in un arioso appartamento affacciato sui tetti della città, in piazza in Campo Marzio, a due passi da Montecitorio e dai palazzi del potere, con lunghi soggiorni estivi nella pineta di Roccamare, a Castiglione della Pescaia, vicino agli amici Fruttero e Pietro Citati.

Quando Italo se ne va nel 1985, a soli sessantadue anni, Chichita gestisce un'eredità difficile con mano ferma e rigore professionale. Tra i suoi amici, Salman Rushdie, Gore Vidal e Richard Gere, che anni fa voleva portare sullo schermo *Il barone rampante*. Editori, agenti, studiosi e postulanti imparano presto a rispettarla, a temerla. È a lei che Italo sottoponeva ogni pagina appena scritta per un giudizio, sapendo di non poter trovare un riscontro migliore. È lei la Olivia di *Sotto il sole giaguaro* o Ludmilla, la Lettrice dalla memoria di ferro in *Se una notte d'inverno un viaggiatore*. «Lei è i miei occhi. Guarda il mondo e me lo racconta», diceva Italo.

«Chichita è un'opera d'arte vivente», ha scritto l'italianista Francesca Serra. Verissimo. Le sue conversazioni erano una pirotecnia di humour abrasivo, una festa mobile che poteva occupare intere notti. Peccato non essere riusciti a fissarle in qualche modo, a trasformarle in memoria. Per fortuna, in epoca digitale ne resta qualche traccia nelle mail scambiate con pochi amici fidati. Senza muoversi di casa, e da ultimo immobilizzata a letto, a sopportare stoicamente dolori feroci («La mia pelle è un assolo di ematomi in do minore»), sempre connessa a un suo misterioso network internazionale, Chichita sa tutto, intuisce tutto, prevede tutto restando imprevedibile e imprendibile. Nel suo pittoresco plurilinguismo, procede per fulminee associazioni d'immagini, cortocircuiti, salti spaziali e temporali, citazioni, rimandi, affondi, divagazioni («*Digression is my second name*», sorrideva). «Pensieri randagi», li chiama. Il grottesco zoo della politica italiana le detta sarcasmi amari e divertiti, alla Goya. Scrive: «La spiegazione del mondo che Italo ha tentato di dare tanti anni fa è diventata un bene rifugio, come il mattone». O ancora: «Se Italo fosse ancora vivo, non sarebbe rimasto in Italia». Ma non credeva affatto che il passato fosse migliore di oggi.

Una miniera di incontri, di ricordi. Come le due o tre ore passate nel 1964 con Fidel Castro, «che sembravano il doppio per la noia e la fasullaggine», in un capannone fuori mano dove li avevano portati bendati per ragioni di sicurezza, con un codazzo di ingenui adoratori che si commuovevano per le sue tante prodezze, incluse quelle amatorie («Può stare due giorni senza mangiare, poi si mangia due polli uno dopo l'altro»). Ma di scrivere, come qualcuno le chiedeva, non se ne parlava proprio. Non solo perché detestava fare la parte della vedova che dispensa aneddoti. Sentiva la scrittura come qualcosa di ingessato, di cristallizzato, mentre a lei piaceva abbandonarsi all'effervescenza delle cose in continua trasformazione, alla libertà di un movimento perpetuo, al gioco dei sentieri che non smettono di biforcarsi. Qualcosa, diceva, che assomiglia alla danza o alla musica. Era il suo modo di tenere a bada il tempo, di esorcizzare la realtà standoci dentro.

# Maghi e funamboli

*Per fortuna in ogni famiglia c'è un bricoleur, un aggiustatutto, un prestigiatore, un mago, un inventore spericolato, qualcuno che «pensa con le mani», come diceva Primo Levi, e le mani non ha problemi a sporcarsele. Qualcuno che sa combinare materiali e linguaggi diversi, carta legno pietra parole stelle filanti burattini, che dipinge a computer, mescola alto e basso, sperimenta, ci stupisce, ci fa sorridere, ci entusiasma con la grazia dei circensi, che nasce da anni di prove e fatiche quotidiane.*

# Gianni Rodari, lo Struzzo e i Lucumoni

«Poche esistenze furono illuminate da un umore piú gaio e generoso e luminoso e costante della sua», ha scritto Italo Calvino in morte di Gianni Rodari (1980). Temo che Rodari non si sia mai potuto concedere il lusso della gaiezza. Assomiglia piuttosto al Bartali di Paolo Conte, alle sue fatiche di passista e scalatore, alla polvere che ha mangiato. Imbronciato mai, ma anche lui sempre in fuga solitaria su qualche colle pirenaico. A Calvino aveva scritto il 4 agosto 1952, da Roma, quando già lavorava all'«Unità», come aveva fatto il suo destinatario:

> ... da un anno circa vado raccogliendo e approntando idee – e mettendo insieme un po' di materiale – per un saggio su Pinocchio. Commenti a Pinocchio se ne sono scritti di molti, e anche strampalati: nessuno, a mia conoscenza, che abbia studiato la genesi di Pinocchio nel suo autore e nella storia della nostra letteratura infantile con un minimo di serietà storica e critica; nessuno che abbia visto il reale segreto di Pinocchio, la sua adesione cosí completa e viva a una morale popolare e ai suoi elementi (allora, nell'80) costitutivi: un laicismo che è buonsenso, e non anticlericalismo – un realismo etico cosí relativistico che ha scandalizzato i cattolici – un senso della giustizia cosí partigiano che non a torto qualcuno vi ha visto per ischerzo (e non

cosí andrebbe visto) un influsso delle idee socialiste che erano nell'aria.

Queste solo alcune idee. Altre: sfatare la stupida leggenda dell'improvvisazione di Pinocchio per pagare i debiti; ritrovare in Pinocchio la vita cosí movimentata e risorgimentale di Carlo Collodi. E infine, last but not least, studiare il segreto formale di Pinocchio, la fusione perfetta di realtà e fantasia con occhio critico esercitato, diciamolo pure, dal marxismo – anche senza metterlo in causa, che sarebbe eccessivo.

Pinocchio mi sembra un esempio perfetto di favola e un esempio perfetto di realismo: vedo in esso, personalmente, una strada della narrativa non solo infantile. È legittima? È ripetibile? Credo che la questione interessi anche te da vicino. Naturalmente non dovrei farmi trascinare dall'entusiasmo al ridicolo: basterà analizzare Pinocchio.

Sembra, anche stilisticamente, una lettera scritta dallo stesso Calvino, il quale pare tuttavia non abbia risposto alla sommessa richiesta di sondare l'interesse di Einaudi. Senza saperlo, Rodari aveva scelto il momento peggiore per avanzare la sua proposta. Calvino aveva appena pubblicato nei «Gettoni» di Vittorini *Il visconte dimezzato*. Non ne era del tutto convinto, aveva perfino pensato di pubblicarlo in rivista, per prudenza, come *ballon d'essai*. Proprio il 6 agosto Carlo Salinari lo aveva recensito sull'«Unità». È un pezzo pieno di riserve. Calvino era sempre preoccupato dalle bordate dell'artiglieria dell'establishment, le pativa molto piú di quello che desse a vedere, cioè nulla, e in questo caso anche piú del solito. Aveva tenuto nel cassetto due romanzi che giudicava non riusciti (*Bianco veliero* e *I giovani del Po*), tentava una strada nuova, che aveva qualcosa a che vedere con la fusione di realtà e fantasia di cui parlava Rodari.

Il 7 agosto Calvino scrive a Salinari una lunga lettera in cui cerca di spiegare le proprie intenzioni e all'inizio ammette che sí, d'accordo, si può anche parlare di «divagazione letteraria, pezzo di bravura, ammiccare agli intenditori, pochi lettori e tutti i limiti che ne derivano». A lui che l'uomo sia un impasto di bene e male importa poco, è cosa vecchia e scontata. Piuttosto gli importava «il problema dell'uomo contemporaneo (dell'intellettuale, per esser piú precisi), dimezzato, cioè incompleto, "alienato"»; e nemmeno tanto il visconte, quanto i personaggi di cornice, i lebbrosi, il dottore, gli ugonotti, rappresentanti di altrettante tipologie. «L'antistoricità del libro, secondo me, non è nei suoi interessi, ma proprio nel suo carattere di gioco, che non vuole si cerchino allegorie, ma nello stesso tempo le suggerisce».

Per ammansire l'interlocutore, Calvino si dice stupito del successo del *Visconte*, che giudica «sproporzionato e in parte equivoco», ma si stupisce anche della «faccia arcigna di alcuni compagni». Racconti cosí potrebbe anche scriverne dieci o venti, ma è tutto preso dal desiderio di scrivere cose che crede piú importanti: «Il mio ideale sarebbe di riuscire a scrivere in pari misura, e magari con pari facilità, cose "utili" e cose "divertenti". E possibilmente "utili" e "divertenti" insieme. Ti ho detto il mio programma di lavoro per i prossimi dieci anni, credo».

È un progetto assai simile a quello che Rodari porta avanti negli stessi anni, tra incomprensioni, scetticismi, diffidenze, ma che alla fine, alla svolta degli anni Sessanta, in conseguenza dell'approdo da Einaudi produce *Filastrocche in cielo e in terra*, *Favole al telefono*, *Il libro degli errori*. Nel 1950 gli avevano affidato la direzione del «Pioniere», settimanale per ragazzi che se la doveva vedere con due corazzate, «Topolino» e il cattolicissimo «Il Vittorioso». Al Partito non lo amavano mica tanto, mescolava cultura alta e cultura bassa, faceva dell'umorismo, non corrispondeva alla tipologia del funzionario allineato. Nel 1951 su

«Rinascita» Nilde Jotti aveva collegato la delinquenza giovanile nientemeno che al dilagare dei fumetti, non a caso lanciati dall'editore americano Hearst, «imperialista cinico e fascista». E quando lui aveva auspicato «la nascita di una nuova letteratura per l'infanzia» si era beccato un cartellino giallo da Togliatti: non bisogna «correre dietro alle forme piú corruttrici dell'americanismo», semmai si poteva guardare a una certa grafica popolare della rivoluzione cinese. Anni dopo il semi-eretico dirà che al «Pioniere» lo avevano «crudelmente snobbato e praticamente cacciato», lui e le sue canzonette, trovandolo «poco divertente, poco progressivo, poco tutto».

L'idea di trasformare il meccano delle parole in strumenti di conoscenza attiva, in un manuale pratico di vita civile, gli era venuta addirittura nell'inverno del 1937-38 leggendo Novalis che aveva scritto: «Se avessimo anche una Fantastica, come una Logica, sarebbe scoperta l'arte di inventare». Pochi mesi dopo scopre i surrealisti francesi e crede di aver trovato come progettare una Fantastica. Comincia a insegnare alle elementari, giudicandosi pessimo ma almeno non noioso. A lui premeva formare uomini liberi, faceva della vera pedagogia giocando con le parole di tutti i giorni, aprendo mondi capovolti, strappando sorrisi, divertendo.

Ha ben chiara l'idea che la fantasia, cioè una lettura del mondo da una diversa angolatura, deve per prima cosa essere una scienza, una tecnica. Racconta storie che sembrano non avere riferimento con la realtà e invece parlano proprio di quella, solo che ti insegnano a vederla per quella che è veramente. Scopre i trucchi per collegare parole e immagini. La rima, la filastrocca, l'associazione casuale, l'errore linguistico, l'assurdo, il paradosso, i ricalchi, i remake, l'insalata di favole e personaggi, l'uso del «come se», sono tutte cose che avevamo sotto il naso, ma lui le ha trasformate in grimaldelli che aprono spazi di verità, di libertà. Non lancia messaggi diretti, ma insegna a smascherare le ipocrisie. Demistifica con il sorriso. Si diverte a far deragliare i treni della banalità, del già visto, dei luoghi comuni, della pigrizia mentale. Basta un accento per trasformare un lago in un ago, con tutto quello che ne consegue. Apre la monodimensionalità della nostra immaginazione a un 3D in continuo movimento. Il suo motto: «"Tutti gli usi della parola a tutti" [...] Non perché tutti siano artisti, ma perché nessuno sia schiavo». La sua poetica: essere utile a chi crede nella «necessità che l'immaginazione abbia il suo posto nell'educazione; a chi ha fiducia nella creatività infantile; a chi sa quale valore di liberazione possa avere la parola». Bisognerà aspettare il 1973 perché il kit rodariano trovi posto in *Grammatica della fantasia*.

Ce n'è voluto per capire quanta serietà, quanta civiltà si nascondesse nel divertimento dei suoi giochi, quasi sospetti in un Paese serioso ma poco serio. Se la critica non si occupava di lui, come non si era occupata di *Pinocchio*, la scuola se ne accorse presto, si infiammò. Con Bruno Munari, illustratore congeniale di suoi libri e con il maestro Mario Lodi, spalleggiato dal Mce, il Movimento di cooperazione educativa, formava la triade di una sorta di rivoluzione copernicana. Generazioni di maestre lo adorarono.

Il suo funambolismo combinatorio è della stessa pasta di quello di Calvino, Primo Levi, Umberto Eco, di Queneau e di Perec e della banda dell'OuLiPo, anche loro golosi delle infinite possibilità offerte dalla combinatorietà ben temperata e dai cortocircuiti verbali, da giochi, rebus, calembour, anagrammi. Rodari è un oulipiano di provincia per nulla provinciale, spiegato al popolo, reso fruibile alle masse.

Allo stesso modo certi apologhi di Rodari, come *C'era due volte il barone Lamberto* (1978) sono vicini a quelli che Calvino scrive negli anni Sessanta, come *Il midollo del leone*, *La sfida al labirinto*, *La grande bonaccia delle Antille*. L'apologo ti consente di leggere la realtà senza schemi prefissati, illuminando indirettamente il qui e ora con la *longue durée* della storia e magari con i miti, operando continui rovesciamenti, ammiccando, alludendo, giocando di sponda: che è poi quello che deve fare la letteratura.

Stessa aria, stesso garbo illuminista, stesso sguardo sorridente che nasconde lo scetticismo, il disincanto, la pena di uno stoicismo che tiene botta anche se sa benissimo che non può vincere le sordità degli interlocutori, le grevi opacità della Storia. Ma quanta fatica a entrare nei programmi editoriali di Einaudi, a farsi versare anticipi e diritti maturati, a far capire ad amici e simpatizzanti che lui faceva ben altro che libri per bambini.

Per spiegare con un piccolo esempio i nervi scoperti che si portava dietro anche quando era già diventato Rodari, racconto sempre il siparietto di un incontro in casa editrice negli anni Settanta, in cui vedendolo arrivare in via Biancamano gli avevo dato del Maestro, con la «m» maiuscola. Gli era subito scattato un riflesso: aveva pensato che lo volessi retrocedere al suo antico mestiere di maestro, ammesso che possa essere considerata una retrocessione. Maestro sarai tu e maestrini i tuoi bambini, aveva replicato secco. Poi gli ho spiegato e ci siamo messi a ridere. Lui non tanto, malgrado tutto.

È irresistibile anche nelle lettere alla casa editrice. Anche lí lo humour, le continue invenzioni, le trovate, le gag nascondono l'imbarazzo di dover chiedere. Recita la parte del tapino di fronte all'autorità: tratta i destinatari editoriali come bambini cui raccontare favole divertenti per disinnescarne l'aggressività o catturarne la benevolenza. Assume i panni di un Bertoldo che ha molto studiato e pensato, e gode della licenza carnevalesca di irridere il suo signore. Chiama l'editore «sire», «eccellenza», «don», «monsignore», «Sua eminenza», «cardinale», «comandante», «generalissimus», «padrone», «Toro Seduto». Se ha incontrato Giulio Bollati parla di un incontro di altissimo livello, perché Bollati è alto 1,90. Volge in parodia del linguaggio burocratico: «Apprendo con vivo dolore che mi siete debitori della somma di lire 1 706 388. Non ci si può distrarre un momento, o un paio d'anni, e subito vi mettete a far debiti». In una delle lettere piú esilaranti adotta lo stile di Totò: «Eccellenza, io trasecolo – anzi, se me lo permette, esorbito. Ella mi chiede, in caratteri dattilografici di stupefacente nitidezza e perfetta marginatura, notizie dei miei raccontini: i quali, viceversa, giacciono tuttora inevasi presso codesta Santa Sede, affidati alle cure di un Capitale sociale di L. 400 000 000 e di piú telefoni, nonché alla lettura di Italo Giulio Bollati Calvino – persone di Sua e Mia totale fiducia, amici di diversa lunghezza, perfetto pendant di acuta bontà e acuta cattiveria, vanto di Torino tutta e della Liguria in parte, che il mar circonda e l'Alpe». Nel dire a Einaudi la sua soddisfazione per la qualità grafica di *Filastrocche in cielo e in terra*, dichiara la sua incondizionata devozione: «Se ha dei nemici, disponga di me».

Nel 1963 compera una «brutta casina, in blocchetti tufo», ai margini di un bosco, a quarantacinque chilometri da Roma, vuole ristrutturarla, ha bisogno dei diritti che gli spettano, e magari un piccolo anticipo. Cose da poco anche per quei tempi, un milione e mezzo di lire. In una lettera del 28 agosto a Ponchiroli, intestata a «Gianni Rodari | piccolo proprietario | coltivatore diretto», c'è un post scriptum: «Di' a Bollati che nello scavare le fondamenta per la mia casina di campagna i muratori hanno incontrato e sfasciato un muro etrusco: ho i Lucumoni in cantina! Porsenna mi regge la tazza del cesso. Che farete, adesso? Allibirete, finalmente?»

## Bruno Munari, il mago che faceva danzare le matite

Quando Bruno Munari si presentava al tavolo ovale delle riunioni del mercoledí aveva inizio lo spettacolo d'arte magica. Entrava compitamente in scena, quasi scusandosi dell'intrusione, uno gnomo vestito di grigio, sorriso lieve e chiome candide, occhialini che mandavano miti barbagli, voce quasi inudibile, un poco stridula. Apriva le sue cartelle e sistemava i bozzetti con la cura di una madre che dà un'ultima sistemata al vestito della figlia che va sposa. Poi faceva un passo indietro e attendeva le reazioni dei committenti. Se qualcuno proponeva modifiche, pescava dal tavolo forbici, fogli di carta colorata, matite già disposte in bell'ordine. Le faceva danzare come altrettante étoile, et voilà.

È cosí che ho visto nascere il quadrato rosso in campo bianco del «Nuovo Politecnico» e quello blu dei «Paperbacks»; le strisce rosse che ritmano gli spazi della «NUE», la bianca «Collezione di poesia» che ospita in copertina, a mo' di assaggio, una lirica significativa; gli album quadrotti di «Tantibambini», dove parole e immagini giocano a rimpiattino (quelli che faceva lui erano firmati «E. Poi»); i ricami e le decorazioni sempre diverse che ornano le copertine di «Centopagine», la collana diretta da Calvino, sorridente omaggio alle passamanerie delle nonne. «Pensa con le mani», diceva l'editore, beato. Il mago sorvola la materia, la solleva in volo. I vuoti, gli spazi, i bianchi, valgono anche piú dei pieni. Vuole creare attorno a un oggetto il cuscinetto d'aria che lo fa respirare, che lo solleva da terra. Il suo futurismo è tutto interiorizzato, non ha nulla dell'esibizionismo muscolare, circense e teatrale di Marinetti. La sua è una musica da camera, intima, riflessiva. Se fa libri per i bambini non bambineggia, non bamboleggia, non fa retorica sull'infanzia.

In casa editrice era arrivato nel 1942, con un *Abecedario* che è tutto il contrario della greve didattica fascista. Due pagine per ogni lettera dell'alfabeto: per esemplificare la D, a sinistra mette qualcosa di naturale, un dromedario; a destra qualcosa di artificiale, un dado, e tutto con l'aria dei foglietti volanti di un collage. Poi le *Macchine*, inutili e vertiginose. Aveva inventato prima di Rodari una «grammatica della fantasia» in cui parole e immagini, incrociandosi, danno vita a una sorta di fissione ininterrotta. Perfettamente rodariane erano le *Fotocronache* con cui se ne era uscito nel 1944, dove gli scatti di banali avvenimenti quotidiani, abbinati all'asciuttezza delle didascalie, innescano rovesciamenti paradossali: un autotreno investito da un ciclista.

Ettore Sottsass aveva scoperto che Mu-nari in giapponese vuol dire «fare dal nulla». A lui, piú giapponese dei giapponesi, bastavano materiali poveri e poverissimi: uno spago, un sassolino, una piuma, un pezzo di tela o di stoffa, un po' di fil di ferro, una tavoletta di legno. Andava in cerca dell'anima geometrica delle cose. Affermava che della natura fanno parte anche «una scarica elettrica, il bacillo di Koch, un pensiero astratto, un sogno, un diavolo che ti porti».

Come gli artisti del Rinascimento, non lo potevi imprigionare in una corporazione. Era multiplo: designer, grafico, progettista, pittore, scultore, ceramista, cartellonista, regista, fotografo, giocattolaio, semiologo, saggista, scrittore, docente, inventore. Quello che può sembrare un «troppo pieno» produce uno spiritello aereo, imprendibile, che compare dove meno te lo aspetti, regala magie ed è già ripartito per nuovi esperimenti.

È convinto che a ogni suono corrisponda un colore. Ti insegna perfino a giocare con gli ortaggi: se li tagli a metà e li immergi nel colore, dall'insalata puoi cavare delle rose, dai cavoli degli alberi, e dai pomodori dei fiori. Non butta via niente, è il maestro del riuso. Cerca quel che di potenzialmente ricco si nasconde nei materiali poveri, di complesso in quelli semplici, di misterioso in quelli fin troppo noti, al punto che non riusciamo piú a vederli. Traccia una linea, ci sale sopra, e avanza da equilibrista, in un gioco di contrappesi. Fa anche lui dei *mobiles* come quelli di Calder, e li regala agli amici. Non vuole provocare nessuno, non gigioneggia. Non ama il mito dell'artista-divo, del genio che produce capolavori per una élite di colti.

Ti spiega le meraviglie dell'imballaggio dei piselli nei loro baccelli o delle arance, programmate per essere consumate in spicchi. Gli basta una striscia di cartone colorato per inventare gli occhiali paraluce, dove il taglio sottile suggerisce una visione orizzontale, quasi a fette, del mondo. Fa le treccine a una pennellessa, e la trasforma in un ritratto di ragazza. Crea insetti perturbanti con un po' di fil di ferro, stoffa, piume e brillantini. Gli basta una calzamaglia e un set di anelli in metallo per fare una lampada. Trasforma un libro fatto di grossi panni colorati in una scatola o un letto. Inventa posaceneri cubici che nascondono le cicche, cosí brutte a vedersi; e sedie asimmetriche per visite brevissime. Fa parlare le forchette: deformando i rebbi, possono dire una quantità di cose: salve, vuoi una sigaretta?, no grazie, ok, posso?, pardon, cosa vuoi?, the end. Realizza perfino un dizionario fotografico dei gesti italiani, in cui c'è anche una foto sua, con l'indice davanti alla bocca, a intimare il silenzio. Troppe parole inutili, troppe chiacchiere storte e insulse.

Quando gli conferiscono l'onorificenza di cavaliere ridisegna la grafica del diploma, perché è vecchia da stringere il cuore. Per Swatch progetta un orologio in cui i numeri delle ore sono diventate palline che vagano liberamente per il quadrante. Anticipa perfino la sostenibilità, citando Lao Tse: «Produzione senza appropriazione | Azione senza imposizione di sé | Sviluppo senza sopraffazione».

Con la stessa divertita nonchalance lascia cadere come perline colorate aforismi, calembour, giochi di parole: «Un nonno che non gioca con i bambini è un nonnulla», «Svaligiare una valigeria, operare di calcoli un ragioniere, tradurre in carcere un traduttore», «Io sono dei pochi che ha un passato futurista», «Capire l'arte | è come imparare | ad andare in bicicletta | Si usano i sensi | non la ragione».

L'assurdo diventa una chiave per risvegliare la fantasia fossilizzata dalla pigrizia. Nel catalogo delle «macchine umoristiche» puoi trovare in bell'ordine un agitatore di code per cani pigri, una macchina per suonare il piffero anche quando non si è in casa, un apparecchio per prevedere l'aurora, e un altro per annusare fiori finti. Funziona cosí. Uno spazzacamino con una calza verde e una rossa, nascosto in un comignolo, suona con una tromba nostalgiche canzoni del suo Paese, l'Egitto. Due rondini, attirate dalla musica, si posano sul filo del telefono che collega il camino a una scatola. Il loro peso fa scattare la molla del coperchio della scatola. All'interno del coperchio c'è uno specchio del Settecento nel quale l'orologiaio barese Toni Tresoldi scopre con orrore che i suoi preziosi orologi sono immersi in una zuppa di verdura calda. Tresoldi sviene e cade su una camera d'aria, provocando cosí un forte getto d'aria che va a colpire delle tazzine di tè fissate al disco di un grammofono. Il disco si mette in movimento e grazie a un ingranaggio aziona una ruota a penne di cappone, che porta alle vostre narici il profumo che in precedenza avrete versato sui fiori…

Crea sculture da viaggio in cartone per dare un tocco personale alle stanze degli hotel, cosí anonime. Approfitta immediatamente delle fotocopiatrici per produrre opere d'arte intitolate *Xerografie originali*. Inventa linguaggi immaginari, «scritture illeggibili di popoli sconosciuti» utilizzando piccoli rettangoli, rombi e quadrati, che tutti insieme sembrano una partitura musicale. Suo dono di nozze, una striscia verticale di tela in cui gli auguri sono pittati in munarico, una lingua che ricorda vagamente certi alfabeti del lontano Oriente.

# Fruttero & Lucentini, maestri di bricolage

Non potevano essere piú diversi. Fruttero torinese, Lucentini romano. Uno bravo a districarsi nella gestione della quotidianità, l'altro felicemente recluso nella monade dei suoi interessi ipercolti (eppure bricoleur sopraffino, caso quasi unico tra gli intellettuali, solitamente negati alla manualità). Uno pragmatico e arrembante, l'altro sempre sull'orlo della depressione, convinto che quello che ha appena scritto non vale niente. Uno scrive a macchina a gran velocità, non ha paura della pagina bianca; l'altro procede lentamente con una biro da due soldi, riempiendo bloc-notes comprati dal tabaccaio. Uno tira giú le prime stesure, l'altro stende le scalette minuziose, pronto a capire dove la storia può andare a finire. Uno bravissimo a cogliere gli umori e il colore del tempo, in zona Dickens; l'altro topo di tutte le biblioteche, in gran confidenza con i presocratici e tutte le lingue possibili, scrittore asciutto e notturno, in zona Beckett. Perfettamente complementari, miracolosamente integrati. Un monumento all'amicizia.

Carlo è del 1926. Il morbo della lettura glielo aveva inoculato il padre, rappresentante di macchine da cucire svizzere, che gli faceva leggere Dickens e Wodehouse. Durante la guerra, era sfollato a Passerano, nel Monferrato, dove la nonna aveva una casetta ai piedi di un imponente castello che risaliva al Trecento. Era diventato amico di uno dei giovani castellani, e aveva avuto di che soddisfare la dipendenza libresca. Le altissime pareti del castello ospitavano ripiani e scansie provviste d'ogni ben di Dio: l'intera *Encyclopédie* di Diderot e D'Alembert, i dorsi rosso e verde scuro dei classici inglesi, quelli gialli dei classici francesi di Garnier, rare edizioni di La Fontaine, Bossuet, Madame de Sévigné, ma anche Agatha Christie e gli scrittori americani. I due amici si erano abbandonati a «una vera passione, feroce, esclusiva, come il gioco o il terrorismo, che fa sembrare insignificante qualsiasi altra cosa». Si erano impossessati dei «loro» Stendhal, dei «loro» Dostoevskij, dei «loro» Flaubert, leggendo fino a quattro o cinque libri contemporaneamente.

Ricordava Carlo nelle memorie autobiografiche di *Mutandine di chiffon*: «Il primo incontro con la letteratura è una faccenda soggettiva ed accidentale, del tutto indipendente dal valore del libro incontrato. Ad altri, quel senso violento di scoperta, di sbalordimento, di eccitazione febbrile, quella incredibile visione di ricchezze a perdita d'occhio, sono venute attraverso Orazio o Plutarco, Ariosto, Shakespeare o D'Annunzio. A me – che pure avevo frequentato scolasticamente quegli autori illustri – fu *Il 42° parallelo* di Dos Passos a spalancare una volta per tutte le porte del grande deposito».

Erano scorribande libere e travolgenti, non finalizzate ad alcunché. Finita la guerra, Carlo si scopre la vocazione del vagabondo, del bohémien. Vuole mettersi alla prova in circostanze anche difficili, vedere come se la cava senza la rete di sicurezza della famiglia. Si iscrive a Lettere, ma dà un solo esame e smette. L'ultima cosa cui può pensare è scalare cattedre universitarie, produrre titoli per concorsi, iscriversi nelle dotte corporazioni di studiosi come gli strutturalisti, i semiologi, i linguisti, i critici letterari. Agli studi matti e disperatissimi preferisce la vita in diretta.

Nel 1947 parte per Parigi con il piglio di Jack London che a va cercare l'oro nel Klondike. La vive dal basso, come in un vecchio film in bianco e nero con Jean Gabin, intriso di fumi e nebbia e Pernod, di bistrot scalcinati e alberghetti maleodoranti. Campa facendo l'imbianchino, il distributore di sidro, il giostraio in un autoscontro, il raccoglitore di ciliegie. Lavora perfino in un'acciaieria e in una miniera di carbone. Nel frattempo scrive articoli di cinema, teatro, musica e letteratura, tra cui un necrologio di Artaud («un teschio senza sorriso sotto il basco blu»), di cui ammira lo spirito eversivo.

Nel 1950, l'anno del Giubileo, lui che si dichiara ateo o per meglio dire agnostico *nonchalant*, parte a piedi per Roma in «un pellegrinaggio alquanto vanesio sulle orme di Pinocchio ben piú che su quelle di Rimbaud». Ci mette meno di un mese: copre anche quaranta chilometri al giorno, trova ospitalità notturna in parrocchie e conventi.

Nel 1953 incontra in un bistrot Franco Lucentini, di sei anni piú anziano. Franco farfuglia qualcosa, sorride. Quel sorriso, scriverà Carlo anni dopo, conteneva «in superficie, confusione, impaccio, una sorta di sbigottito deglutimento da recluta, che coprivano appena una tremula richiesta di perdono, un'ammissione d'inettitudine a vivere, di completa vulnerabilità, e un fondo di sconfinata, disastrosa tenerezza verso le minime cose del creato, di compassione per ogni concepibile debolezza, follia, bassezza e contraddizione».

Tornato a Torino, in quello stesso anno la sua conoscenza delle lingue gli procura un impiego (che vive come una sconfitta) alla corte di Giulio Einaudi come traduttore, revisore, redattore tuttofare. Divide la stanza con Calvino, e il suo primo lavoro è la revisione della traduzione del *Diario* di Anna Frank. Al raffinato snobismo del «padrone» (come veniva ironicamente chiamato dai suoi), alle sue morbide giacche inglesi, oppone un pittoresco abbigliamento casual, impreziosito da sandali francescani che aveva costruito lui stesso con un vecchio copertone e due pezzi di legno.

Era un einaudiano alquanto anomalo per quei tempi. Non aveva metabolizzato i sacri testi di Marx e Gramsci, non citava Lukács, il maestro del «realismo critico», né Adorno e filosofi della Scuola di Francoforte, che facevano a pezzi le pie illusioni dell'Illuminismo: «Avevamo il mito di Henry Miller, dello humour e della bohème». Non firmava appelli, non partecipava a marce per la pace, non si estasiava davanti alle colombe di Picasso, non frequentava riunioni di partito e men che meno quelle della cellula interna alla casa editrice, non si interrogava pensosamente sulle funzioni del cosiddetto intellettuale organico, e sui difficili rapporti che aveva con il Partito per eccellenza. A Parigi aveva presto scoperto che i proletari in mezzo ai quali viveva sono come tutti gli altri, tristi e noiosi, sognatori e intelligenti, onesti e truffatori, proprio come i nobili che aveva conosciuto al castello di Passerano. In compenso riusciva ad arricchire il catalogo dello Struzzo di autori come Borges e Beckett, che potevano persino essere considerati dei reazionari.

Sino al 1958, né Fruttero né Lucentini, che l'anno prima lo aveva raggiunto in redazione, avevano mai sentito parlare di fantascienza. Per suggerimento di Sergio Solmi (il grande amico di Montale) vanno a caccia di racconti angloamericani che si possono anche trovare sulle bancarelle di piazza San Carlo, provenienti dai vicini uffici dell'Usis, che promuoveva la cultura americana. Ne raccolgono mille e ne estraggono ventinove. Nasce *Le meraviglie del possibile*, un grande successo editoriale che riscuote il plauso di Piovene, Citati, Buzzati, Praz, Manganelli. Domenico Scarpa scoprirà poi che uno dei ventinove racconti selezionati è stato scritto da Fruttero sotto uno pseudonimo piuttosto trasparente: Charles F. Ostbaum, cioè in tedesco «albero da frutto». Lucentini dirà poi che le antologie le aveva inventate Confucio. La fantascienza entra a vele spiegate nella cultura italiana, ma è anche l'inizio del progressivo distacco dei due amici da Einaudi.

Come racconta Fruttero in un'altra pagina autobiografica, quando all'inizio degli anni Sessanta si era ritrovato tra gli illustri giurati di un autorevolissimo premio letterario internazionale che si assegnava a Formentor, aveva avuto una specie di crisi esistenziale: «A quei tavoli [...] sedeva la crema intellettuale d'Occidente, il meglio del meglio, e tutto a un tratto pensai che anch'io sarei diventato col tempo uno di loro, un rispettato – anzi, *distinguished*, come dicevano gli inglesi – punto di riferimento culturale, premiato e agghindato da agghiaccianti onorificenze, invitato a tenere seminari in prestigiose università, collaboratore di importanti quotidiani, giurato dei massimi premi, spinto infine all'acquisto di un autorevole doppiopetto. Una bella carriera, sulla quale mi sporsi come su un tragico abisso. Era questo che volevo dalla vita? [...] Fu un attimo di terrore viscerale, totale».

Sulla via del ritorno per nave con l'amico Luciano Foà, che ha appena fondato la Adelphi, Fruttero matura la sua decisione: lasciare l'Einaudi e passare alla Mondadori, per curare la collana di fantascienza «Urania», «con tutti quei mandibolosi insettoni in copertina. Non era una pubblicazione *distinguished*, e tanto mi bastava». Il «tradimento», incomprensibile per i monaci di via Biancamano, detta a Einaudi una lettera di congedo (scritta probabilmente da Bollati) elegantemente acida: «Mi inchino al Suo desiderio di libertà, dato che obiettivamente non posso disconoscere la mia caratteristica fondamentale di soffocatore di ogni libertà individuale». Quanto a Calvino, la conversione all'editoria di massa di Carlo, «uno dei nasi piú fini e meno indulgenti dell'editoria italiana», sembra dovuta a «scettico snobismo».

Lucentini lo segue. Fruttero ricorderà quell'avventura editoriale come «un lavoro serio, pulito, un pianeta estraneo ai vacui dibattiti della galassia intellettuale italiana, un modo di "stare nei libri" senza dover pagare pedaggi di alcun genere, un defilato ma ideale osservatorio sull'industria culturale». Poi, dopo tanti anni passati a confezionare antologie di successo, i due provano a mettersi in proprio.

Gestazioni travagliate, segnate da interminabili discussioni e rifacimenti, dalla paura del fallimento, da un perfezionismo sempre insoddisfatto, portano alla *Donna della domenica*, romanzo fondatore del giallo all'italiana e *A che punto è la notte* (Citati lo ha definito il romanzo piú ambizioso che sia stato scritto dopo il *Pasticciaccio* di Gadda).

I due bricoleur sono pronti a trasferire la loro vena ironica e satirica sui giornali, dove con la leggerezza degli spadaccini infilzano come altrettanti Zorro la vertiginosa cretinaggine contemporanea in ogni sua forma, ma senza la supponenza moralistica dei fustigatori. La *bêtise* che descrivono è la stessa su cui già lavorava ossessivamente Flaubert in *Bouvard e Pécuchet*. Nel loro mirino finisce anche Gheddafi, che nel frattempo è diventato un importante azionista Fiat. Ritenendosi offeso, chiederà invano il loro licenziamento.

F. & L. ingurgitano e metabolizzano di tutto: fantascienza, poliziesco, rosa, horror, fumetti, fotoromanzi, filastrocche, feuilleton, perfino «La Gazzetta Ufficiale», «straordinaria miniera di informazioni», qualsiasi cosa che abbia a che fare con la realtà della vita. La gavetta nelle trincee editoriali li ha aiutati a non sentirsi mai dei sommi scrittori. Come diceva Carlo, dopo Manzoni quale letteratura si può avere il coraggio di fare? Non posano ad artisti pensosi e depressi: «Le vite vissute dai sommi appaiono per lo piú tormentatissime – qualche gelato per Leopardi, qualche leone per Hemingway, qualche uovo al burro per Proust (nel ristorante del Ritz), ma altrimenti ossessioni, fissazioni, disperazioni una via l'altra». Prova una sana diffidenza anche per gli scritti autobiografici, il piú delle volte una finzione narcisistica in cui l'io si manifesta in tutto il suo molesto turgore. Per scrivere una vera autobiografia – aggiungeva – bisogna avere un'idea statuaria di se stessi o l'ambizione di lasciare una traccia. Ammetteva di non avere certezze, si stupiva un po' di fronte alla granitica fede nei dogmi che avevano molti suoi amici e colleghi. Preferiva cercare di capire con la sua testa. Anche la scrittura a quattro mani era stata una conquista, che procedeva faticosamente ogni giorno tra «infiniti brancolamenti e palleggiamenti».

Di leggere, di scoprire autori nuovi, di incantarsi, di sorprendersi, non si è mai stancato. Ancora negli ultimi tempi, immobilizzato a letto, rimpicciolito dalla malattia, abbarbicato all'esile fumo delle sigarette che continuava a tenere tra le dita, chiedeva, si informava, si incuriosiva. Si divertiva a raccontare con un sorrisetto beffardo che gli amici venuti a trovarlo riferivano, quasi con sorpresa, di averlo trovato «lucidissimo». Se non poteva piú leggere, figlia e nipoti leggevano amorevolmente per lui. Era una bella soddisfazione sapere che il giovane Tommaso adorava Dickens.

Grazie alle apparizioni televisive che Fabio Fazio curava con l'affetto dei nipoti veri, era diventato caro anche al grande pubblico. La sua libertà intellettuale non era mai compiaciuta o gratuitamente provocatoria; non mirava agli effetti speciali della demagogia televisiva; non si sentiva superiore a qualcuno per il solo fatto d'aver letto molti libri.

Da ultimo s'era lasciato coinvolgere dalla figlia Maria Carla detta Carlotta nel gioco dei cento libri prediletti, destinato nel progetto originale a diventare una trasmissione di Fazio. È la nostra mania delle classifiche a rovinare sempre tutto, sospirava. Qui non è questione di primo, secondo e terzo. Nella vita e in letteratura tutto si tiene, i libri sono i nodi di una rete in cui possono e devono convivere generi, espressioni, linguaggi, esperienze diversissime. Cosí non sorprendeva di vederlo partire con «Topolino», frequentazione fondativa cui tanto deve l'immaginario privato e collettivo di molti italiani, in specie di una certa età. Di lí si può anche passare tranquillamente a Shakespeare, ben sapendo però che per appropriarsi compiutamente di lui bisogna conoscere un po' l'intera civiltà inglese, «dalle cantilene per bambini ai meccanismi della giustizia, dalle infinite sfumature sociali alla gloria dell'Impero». Dopo *Pinocchio* spunta Tucidide, senza il quale non si possono capire i giochi del potere e dunque nulla di quello che leggiamo sui giornali. Anche Omero è un altro che racconta di noi, della nostra vita d'oggi, tra «conflitti, tradimenti, ferocissimi duelli, astuzie ingegnose, la maga che ci trasforma in porci». È un nostro contemporaneo Cicerone, brillante avvocato travolto dal demone della politica. E Madame Bovary, reclusa nella realtà virtuale che lei stessa si è costruita per sfuggire a un presente mediocre. E Kafka, profeta di una normalità apparente che assume le forme di una gabbia da cui non riusciamo o forse non vogliamo uscire.

«La scoperta della verità ti elettrizza, ti senti bene», diceva.

Quando Chichita Calvino, grande amica e vicina di casa a Roccamare, era andata a trovarlo per l'ultima visita, l'aveva accolta con quello che era diventato il loro saluto: «*Estamos perdidos!*»

Aveva chiesto che nella bara gli mettessero gli occhiali, l'orologio, una Gauloise con l'accendino e una copia di *Pinocchio*.

Anche Franco Lucentini ha goduto dell'imprinting di un padre che gli recitava le ottave dell'Ariosto quando se lo portava con sé a consegnare la farina. Marina spesso la scuola per esplorare sistematicamente Roma, di cui lo affascinano le periferie piú dimesse (odiava la Roma umbertina). Scopre una passione per la filosofia, in specie orientale, e si mette a studiare il cinese con Giuseppe Tucci per leggere Lao Tze, il greco per Plotino o Marc'Aurelio, il latino per Spinoza, l'ebraico per la Bibbia, dove le parole pesano piú che altrove, monoliti inscalfibili.

Del 1941 è la «beffa delle stelle filanti». Con l'aiuto di una scatola del «Piccolo tipografo» stampiglia all'interno di decine di stelle filanti scritte che irridono il fascismo: «Differenza tra Mussolini e un sacco di merda: un sacco»,

«W l'Inghilterra», «Abbasso Hitler». Le stelle vengono srotolate durante una manifestazione di studenti filofascisti sulla piazza dell'Università. Identificato dopo qualche mese, il sovversivo viene rinchiuso a Regina Coeli, che gli piace come costruzione: «Lí stavo come a casa mia».

Obbligato a frequentare un corso di allievo ufficiale a Caserta, finisce a Catania e poi a Procida, che viene liberata dagli Alleati con uno sbarco di paracadutisti. La sua maestria nelle lingue gli procura un lavoro presso il servizio propaganda della Quinta armata. Scrive un manifesto di saluto per le popolazioni liberate che è molto apprezzato, e diventa direttore della sezione italiana delle notizie delle Nazioni Unite. Finirà alla neonata Ansa come caposervizio della sezione esteri, con turno di notte che predilige. Scrive un articolo, *Non chiamateci antifascisti*, perché in giro ci sono tanti voltagabbana. Troppi Curzio Malaparte, troppi «littori» di Mussolini convertiti all'antifascismo. Lui invece si proclama «antinazionale», che per la polizia fascista significava «democratico».

Va a Praga perché gli interessa Kafka. Avendo studiato un po' di russo, pensa che lo avrebbe aiutato a sbrogliarsela con il ceco e cosí è. Sorpreso dal colpo di Stato comunista, riesce ad arrivare in una Vienna spettrale, occupata dagli alleati e dai sovietici. È la città – perfetta per uno che si considera esule dappertutto e flirta con il suicidio – in cui ambienta il suo primo romanzo, *I compagni sconosciuti*, che porta a Pavese. Qualche anno dopo diventerà il primo dei «Gettoni» di Vittorini. Intanto Pavese gli ha affidato delle traduzioni che giudica «degne della miglior tradizione della casa», e gli propone di tradurre anche Dostoevskji e Thomas Mann. Alla fine i committenti scoprono che sono una ventina le lingue da cui è in grado di tradurre, ci sono anche l'olandese, il polacco, l'ungherese e il turco. A Franco sembra una cosa abbastanza naturale. È uno di quei traduttori che sembrano saperla piú lunga dell'autore. Quando si tratta di rivedere la traduzione di Oppenheimer, *Scienza e pensiero comune*, Einaudi dice che è meglio darla a Fruttero: Lucentini la riscriverebbe.

Il tavolo di lavoro non gli basta. Ha comperato una motocicletta francese di colore nero come l'impermeabile di gomma che indossa per le sue scorribande. La Francia gli è rimasta nel cuore. Vagabondando per i dintorni di Parigi, ai margini della foresta di Fontainebleau e di un canale navigabile, dalle parti di Nemours, scopre un vecchio granaio in pietra abbandonato. Lo restaura e lo amplia con le sue mani, da capo a fondo. All'ingresso della Cabane, come la chiama, ha sistemato un attrezzatissimo banco da falegname-elettricista-carpentiere. È in grado di costruire tutto, dagli apri-ostriche ai cassettoni. Arreda le pareti con collage di sua invenzione, geometrici e colorati, alla Albers, combinati assemblando materiali di scarto fissati con chiodi e colla: senza saperlo, è un maestro dell'arte povera. Scopre che da quelle parti vive anche la vedova di Babel′, che lo aiuta a tradurre *I racconti di Odessa* nel cuore di un gelido inverno.

Nel 1957 entra anche lui nella redazione Einaudi, a metà tempo. Anche se lí non mancano i fenomeni, è circondato da un'aura di reverente ammirazione. Ha anche molte idee, propone una serie di «libri da leggere in treno», prezzo di mille lire al massimo, da vendere anche nelle edicole. Ha preso casa in un ultimo piano mansardato di un palazzo che si affaccia su piazza Vittorio, che gli sembra dipinta da De Chirico. Lo fa ridere l'accento della gente, comincia a raccogliere aneddoti, bozzetti, svelti profili di personaggi. C'è molto da raccontare, in una città come Torino, appartata, ombrosa, schermata, doppia, brulicante di storie sotterranee. È il primo nucleo della *Donna della domenica*, che porta a lungo il titolo di lavoro di *La signora torinese*.

La sera lo trovavo spesso in casa Einaudi, sulle rive del Po, accompagnato dalla filiforme moglie Simone. L'editore gli aveva perdonato il passaggio in Mondadori. Il transfuga restava uno degli inclassificabili e irregolari che prediligeva. Un candido innocente, al di sopra di tutto, che era stato traviato da quell'anima nera di Fruttero, il cinico qualunquista. Sapeva troppe cose, era in grado di collegare un banale fatto di cronaca ai Sumeri o a Spinoza, di aprirti un varco nei millenni e spalancarti orizzonti smisurati. Era un po' l'equivalente nostrano di Borges, l'uomo dei labirinti. Giocava con le idee e con le parole con la scioltezza di un prestigiatore che si finge imbranato. Con la voce arrochita dalle troppe sigarette (due pacchetti quotidiani, non ne sentiva nemmeno piú il gusto, gli bastava la meccanicità del gesto), raccontava le storie di ordinaria assurdità quotidiana in cui era finito, ne rideva in tono basso e sussultorio, come la conferma di qualcosa che aveva sempre saputo. Il mondo è lo sgangherato spettacolo di una compagnia di infimi guitti di cui si può e deve in primo luogo sorridere, e perfino guardare con tenerezza. Tanto il mondo non cambierà mai, non può cambiare, vista la prevalenza dei cretini.

Avvolto nelle sue giacche di lana scura anche d'estate, si aggirava per le vie accanto a casa con l'aria di chi si è perso in una città straniera, e tuttavia è in grado di cavare qualcosa anche da una alterità radicale, perché tutto si tiene, nella vertigine delle ere. Lui era in grado di ricollegare gli sparsi fili in cui convivono il minimo e il massimo, lo straordinario e l'indecente.

Nell'*Amante senza fissa dimora* c'è il ritratto di un personaggio, Mr. Silvera, che è un autoritratto suo e del socio. Vi si parla di un uomo che si sentiva di casa ovunque, di quelli «che possono fare a meno di tutto, che non si lamentano mai per il fatto che piove o fa troppo caldo: che non fanno scene perché il gin-and-lime è tiepido; che non alzano mai la voce, che ti chiedono un servizio e ti danno la mancia con quella minima alzata di spalle, quella implicazione ironica e quasi affettuosa – impossibili da provare entrambe – di chi è abituato a considerare la vita una lotteria in cui le parti potrebbero benissimo essere invertite».

Quando la malattia gli aveva inflitto l'umiliazione di non essere piú autosufficiente, da perfetto bricoleur aveva calcolato tutto e identificato l'unica soluzione praticabile: la tromba delle scale di casa, anche se piuttosto stretta. Era riuscito a trascinarsi sin lí. «Lui trovava sempre un modo per andare avanti, per risolvere problemi pratici, – ha spiegato Carlo. – Gli piaceva fare con quel che c'era».

## Tullio Regge, l'Infinito per amico

Il piú grande fisico italiano dopo Fermi, Einstein Medal (anticamera del Nobel) e Dirac Medal, studiava l'ebraico per il piacere di leggere la Bibbia in originale, parlava otto lingue e si divertiva a telefonare ad amici e collaboratori in russo, tedesco, spagnolo o ebraico. Suonava Bach al piano, adorava Mozart, fischiettava arie della lirica e paragonava il pop e il rock a rumori molesti, quali gli allarmi degli antifurto e le sirene delle ambulanze. Nella sua luminosa casa a metà collina, teneva un meraviglioso telescopio in ottone puntato sul cielo di Torino. L'aveva trovato suo padre da un rigattiere, e con quello aveva imparato a osservare stelle doppie, nebulose anulari, pianeti e galassie. Disegnava e dipingeva con il computer trasformando formule matematiche in figure che poi gli ispiravano dei titoli spiritosi, satirici o polemici; poi stampava i disegni e li regalava agli amici. Ospite di un convegno scientifico in Cile ai tempi di Pinochet, s'era messo a cantare *El pueblo unido jamás será vencido*, gettando nel panico gli astanti.

Aveva occhi fosforici che puntavano un orizzonte lontano visibile solo a lui, una corona di capelli elettrici, come in procinto di prendere il volo, e una voce un po' raschiante che sembrava prodotta da un sintetizzatore. Si metteva al collo, a mo' di cravatta, delle striscioline di cuoio fermate da una pietra, che venivano dagli indiani d'America.

Ogni anno architettava pesci d'aprile scientifici, cosí verosimili che ci cascavano tutti. Si divertiva a posare da competente in campi di cui non sapeva niente. Era facilissimo, spiegava, bastava informarsi prima delle parole chiave. Come fisico sperimentale valeva poco, a sentir lui, ma si era fatto spiegare che cosa bisogna dire a chi costruisce acceleratori. Bastava un paio di frasi, *tune shift*, aumentare la corrente di iniezione, la stabilità del campo. Una volta a cena era andato avanti cosí per venti minuti.

Avevo sentito parlare per la prima volta di Tullio Regge come di un vero prodigio della nostra fisica da Giulio Einaudi, che aveva un fiuto speciale per i talenti. Si era laureato a ventun anni, spronato da ottimi maestri. Dopo due anni a Rochester, era andato a lavorare con John Wheeler, uno dei maggiori studiosi di relatività generale e con Heisenberg, uno dei padri della meccanica quantistica. Poi Oppenheimer lo aveva chiamato a Princeton. Sono almeno otto i campi in cui ha lasciato segni profondi. I «poli di Regge» sono uno strumento fisico-matematico che investe la teoria degli urti fra particelle. Il «calcolo di Regge» è un metodo per semplificare le equazioni della relatività generale. E poi le «traiettorie di Regge», i Reggeoni, i diagrammi di Feynman, i vortici dei superfluidi, la supergravità. Tutto quello che toccava prendeva il suo nome. La teoria delle stringhe nasce con i suoi lavori.

Nel 1979 era tornato in Italia, a insegnare Fisica al Politecnico. Aveva trovato il tempo di dedicarsi alla divulgazione, quando gli accademici la consideravano una caduta di stile. Ma lui: «Il sospetto o l'antipatia verso la scienza non saranno forse anche causa nostra? Smettiamola di darci arie, e cominciamo finalmente a parlare con le persone: con chiarezza e senza spocchia». Non aveva problemi ad affrontare i temi piú discussi: Ogm, cambiamento climatico, energia nucleare ed energie rinnovabili, omeopatia, cellule staminali, case farmaceutiche, gestione del patrimonio boschivo, edilizia selvaggia, paranormale (aveva fondato il Cicap con Piero Angela, per smascherare gli imbroglioni). «Non mi sono risparmiato niente, e niente ho risparmiato ai lettori», diceva. Sparava a zero con quello che già allora era «l'intollerante misticismo antiscientifico».

Piero Bianucci l'aveva fatto scrivere sulla «Gazzetta del Popolo», poi sulla «Stampa». Quando Boringhieri, con cui ero andato a lavorare alla fine degli anni Settanta, pubblicò le sue vivacissime *Cronache dell'universo*, scoprii che il maestro della relatività generale aveva curiosità e interessi illimitati. Li metteva in collegamento tra loro attraverso elaborazioni fulminee, creando altrettanti fuochi d'artificio mentali. Te li regalava, pago del tuo stupore, come una manciata di coriandoli. Totalmente ignorante di cose scientifiche, accanto a lui mi sentivo come l'asino che divideva la stalla con il grande Ribot, che pare gli fosse affezionato. Mi godevo beatamente la benevolenza che dispensava, come un dono tanto piú prezioso perché immeritato. Il solo pensarlo produceva allegria. Non aveva nulla della spocchia accademica o baronale, aveva conservato un'umiltà monacale. A Bianucci citava la battuta di Robert Oppenheimer: «Quale miglior maestro sarei, se fossi stato allievo dei miei migliori allievi».

Qualche anno dopo sono riuscito a metterlo al tavolo di casa sua, davanti a un magnetofono, per un dialogo con Primo Levi. Si sono parlati a cuore aperto: gli anni della formazione, i rapporti con i padri e con la scuola, le letture, gli incontri, le responsabilità della scienza, il futuro dell'uomo, la nascita dell'universo, le ipotesi piú recenti della fisica, la fantascienza. Quando Regge aveva detto che, secondo una teoria degli anni Trenta appena tornata a galla, lo spazio avrebbe undici dimensioni, una temporale e dieci spaziali (o meglio, le aveva avute nell'istante effimero del Big Bang), Primo era rimasto spiazzato perfino lui. Scrisse allora Massimo Piattelli Palmarini sul «Corriere della Sera» che le pagine che ne erano uscite sono «da mettere in uno scrigno antiatomico e consegnare alla posterità o ad altri pianeti, come specchio di chi siamo».

Suo padre veniva da Borgo d'Ale, un paese della pianura vercellese. Era un contadino di famiglia povera che durante la Grande guerra era riuscito a prendere il diploma di geometra e aveva costruito cinque case a Torino. Il figlio ne era orgoglioso. Diceva che era un geniaccio, doveva avere un QI molto alto. Aveva la passione dei libri, che comperava sulle bancarelle. Scienza, astronomia, dispense universitarie, l'Ariosto («un fumettone, ma divertente», diceva Tullio), Dante, i libri di divulgazione astronomica di Flammarion, la *Matematica dilettevole e curiosa* di Italo Ghersi, un manualetto Hoepli che Tullio aveva letto alle elementari e gli aveva aperto un mondo. In prima media sapeva già che cosa erano i numeri primi.

Al liceo lo avevano bocciato in italiano. Aveva testa solo per la matematica, Manzoni lo lasciava indifferente, non gli dispiaceva Leopardi, niente Carducci. Non amava nemmeno il latino, ma gli avessero fatto leggere Lucrezio o Plinio invece di Virgilio avrebbe cambiato idea. Dei contemporanei amava il Borges di *Finzioni* e della *Biblioteca di Babele* («Mi piacciono i giochi di specchi, i labirinti, il brivido dell'infinito»). La fantascienza non lo convinceva, neanche quando la scrivevano Asimov, biologo, o Hoyle, fisico teorico: «Tirava fuori cose senza senso, come le astronavi piú veloci della luce». La scienza vera è piú sorprendente di qualsiasi fantascienza. Cosí quando aveva raccolto una serie di articoli l'aveva intitolata *Le meraviglie del reale*, quasi in contrapposizione alle *Meraviglie del possibile*, la storica antologia di Fruttero e Lucentini.

Una distrofia muscolare lo aveva presto costretto a muoversi in carrozzella, ma non aveva offuscato il suo piacere di lavorare e viaggiare. Usava la carrozzella con l'agilità d'un ragazzo sullo skateboard. Aveva voluto fare l'esperienza dell'eurodeputato, andava e veniva puntualmente da Strasburgo in auto, anche se erano trasferte lunghe e defatiganti. Ignorava la malattia, la sfidava, la prendeva a schiaffi. Era voluto andare con un gruppo di astrofili a vedere un'eclissi totale di Sole in un'isola dell'Oceano Indiano. Saputo che c'era una bellissima barriera corallina, s'era fatto buttare in acqua per vederla. Gli impedimenti stimolavano la sua frenesia di movimento.

Diceva di essersi sempre divertito come un matto. Il divertimento lo rendeva benevolo e paziente con i suoi simili, perfino con quelli che in gergo scientifico si chiamano i *crackpots*, le «pentole rotte», cioè gli pseudoscienziati, i mitomani convinti di avere inventato il moto perpetuo o trovato gravi falle nella teoria della relatività. La scienza per lui era un laboratorio sempre aperto su un infinito irraggiungibile, ma proprio per questo tanto piú fascinoso. Salito un gradino, se ne presenta subito un altro, perché la Natura è una sorta di scatola cinese che non ha fondo. Anche quando siamo convinti di essere arrivati all'ultima delle particelle elementari, devi sapere che dentro, o sotto, ce ne saranno delle altre.

Diceva: «La mia è una fede, perché non ho prove di nulla. Ma l'universo lo voglio vario e imprevisto. Sogno un universo infinito che possa contenere nella sua storia tutto ciò che è permesso dalle leggi fisiche. Un oggetto assurdamente improbabile come una statua in lega di tantalio-rutenio di Gabriele D'Annunzio alta 51,45 metri deve esistere da qualche parte. Per trovarla basterà spostarsi di qualche trilione di anni luce e arrivare al momento giusto». Lui non aveva fretta.

# Guido Ceronetti, cittadino di Gerusatene

«Nessun uomo è uguale alla somma delle sue apparenze», sogghignava Guido Ceronetti citando Valéry, consapevole che era impossibile stringerlo all'angolo di una sola etichetta, lui, l'irregolare e l'inclassificabile per eccellenza, che solo una società paramilitare e positivista come il Piemonte poteva produrre. Traduttore, poeta, narratore, saggista, corsivista, giornalista, disegnatore, cantastorie, marionettista (padre del casalingo e presto leggendario «Teatro dei Sensibili», 1970), regista-attore di strada e di nicchia, profeta disarmato, filosofo, linguista, antropologo, collezionista d'oggetti surreali dell'uso quotidiano, di storie improbabili, di delitti rivelatori (Rosa Vercesi), epistolografo sommo (ha vergato migliaia di cartoline pittate da lui medesimo). Persino premiato ballerino di tango in gioventú e appassionato cultore di boxe.

Si sentiva a casa nei millenni, ovunque si consumasse la tragicommedia dell'uomo, il suo interminabile incontro-scontro con le divinità. Felicemente unico anche nei panni dell'apocalittico, qualifica che rifiutava quasi con sdegno. Ci voleva soltanto mettere in guardia contro l'ottimismo, che è pernicioso perché si rifiuta di guardare in faccia le cose per quello che realmente sono («Come l'ossido di carbonio: uccide lasciando sui cadaveri un'impronta di rosa»). Libero e imprevedibile come un uccello. Del volatile araldico, uscito da una stampa di Dürer o di Callot, aveva i tratti. Nessuno si sarebbe stupito se si fosse sollevato in volo, o avesse camminato sulle acque del Po.

Esce da una famiglia della piccola borghesia nel 1927. Il padre, titolare di una piccola impresa di decorazioni, maniaco dell'ordine, sposa una cugina che faceva la commessa. Puntualizza Guido: «Torinese sí, per foglietto anagrafico, l'accento incorreggibile, i ricordi... Finisce lí, io sono quello che ripeto spesso di essere, un cittadino di Gerusatene», Gerusalemme piú Atene. Era cresciuto in vecchie case di ringhiera, nei fumosi cinemini di periferia, nelle balere, al Balôn.

Alle elementari dai gesuiti ha per compagno il futuro cardinal Martini. È uno studente difficile che non accetta di essere eterodiretto, sia pure da un maestro. Appartiene alla specie dei torinesi nomadi. Viaggiatore compulsivo, detesta le megalopoli, va a vivere in centri piccoli (Albano Laziale) o minuscoli (la medioevale Cetona), in case monacali affollate di libri (tra cui, si vanta, duecento dizionari), accatastati in cassette da frutta in legno. Si considera un patriota del Risorgimento anche senza esporre bandiere, sostenitore accanito e deluso di una patria madre che nessuno sente davvero come tale.

Quando all'inizio degli anni Sessanta compare nella redazione dell'Einaudi, padroneggia il francese, il tedesco, il latino, il greco, l'ebraico. È già avvolto in impermeabili sapientemente sdruciti, capelli spiritati su una gran fronte spaziosa e naso imperioso, che lo fanno somigliare ad Artaud. Basco sulle ventitre, voce strascicata, nemico acerrimo delle ideologie, ironizza sulle magnifiche sorti e progressive del socialismo reale. Anticomunista convinto dopo aver visto *La corazzata Potëmkin* e ambientalista quando i Verdi non era ancora nati. Vegetariano irriducibile dal 1957, sostiene con Leonardo che l'uomo non può ridursi a «transito di animali morti». «Salvate il mondo. Mangiate esclusivamente carne umana», recita un pensiero del 2014, ferocemente sarcastico. Ma misantropo non è: come già l'adorato Céline e Gadda, ama l'uomo di troppo amore per accontentarsi della risibile caricatura di se stesso che è diventato. Chiosa beffardo: «Con l'indignazione mi guadagno il pane. In cambio di scherni ricevo fama. Il furore contro l'uomo mi fa sentire vivo: *irascor, ergo sum*».

Frequenta quello che allora veniva chiamato, con un brivido di disappunto, l'irrazionale. Giulio Bollati, che l'aveva scoperto, gli affida la revisione della traduzione dal tedesco del gran libro del Gregorovius, *Storia della città di Roma nel Medioevo*. A cose fatte, si scopre che Guido aveva interpolato di suo pugno interi paragrafi, là dove gli pareva che l'autore non ne sapesse abbastanza. Da quegli inserti apocrifi Bollati ricava la conferma di avere identificato una piccola miniera, e lo indirizza nientemeno che sugli *Epigrammi* di Marziale per l'austera collana dei «Millenni». È quello il Big Bang del fenomeno Ceronetti, l'impresa sbalorditiva che infrange le regole severe della Traduzione. Guido ne combina un'altra delle sue: mette una mongolfiera in Marziale. Però ci sta benissimo, e lí viene lasciata. Nessuno gliel'ha mai rimproverata. Seguono i *Salmi*, Catullo, Giovenale, il *Qohèlet*, il *Cantico dei cantici*, *Il libro di Giobbe*. Piú che traduzioni, sono riscritture, reinvenzioni d'artista, che vi può sfrenare la sua lingua ipercolta, tutta metafore tese da uno spasimo espressionista. Quasi una prosecuzione, o una integrazione, di un lungo lavoro poetico, da una prima raccolta del 1968 a *Poesie per vivere e non vivere* (1979), *Compassioni e disperazioni* (1987), *Sono fragile sparo poesia* (2012). Non contento, al pari di Pessoa si inventa un eteronimo, il poeta turco Mehmet Gayuk, cantore delle delizie e dei drammi del *Gineceo* (1998).

La fama crescente gli apre le pagine della «Stampa», su cui scriverà per quarant'anni. Nasce il Ceronetti corsivista, elzevirista, fustigatore pubblico, esploratore irritabile che percorre l'Italia per stilare il catalogo dei guasti in atto e di quello che ancora si salva di un immenso patrimonio umano e artistico abbandonato a se stesso. In *Un viaggio in Italia* e in *Albergo Italia* è già anticipata profeticamente la crisi terminale che stiamo vivendo. Nelle pagine giornalistiche e nei libri prende forma un pantagruelico zibaldone, ribollente di citazioni erudite, aforismi, aneddoti storici, etimologie, letture, dissertazioni medico-legali, sogni, ossessioni, invettive contro gli eccessi di igiene e l'asservimento delle masse al Moloch dell'automobile e del telefonino. Per il «filosofo ignoto» (schierato con il «benefico Schopenhauer» contro il «nefasto Hegel»), la filosofia non è piú possibile per la manifesta incapacità dei soggetti, cioè noi, tuffati nell'«infamia dell'insignificanza». Al pari di un fachiro, si sdraia sul letto di chiodi che è l'esplorazione del Male e di lí guarda provocatoriamente il lettore con un sorriso sapienziale che non lascia scampo.

Come Pasolini, cerca il divino nella fisicità, nel corpo offeso degli uomini. Quale che sia l'inchiostro nerissimo in cui intinge la penna, riesce a trasformarlo in colore verbale per vincere la sfida contro la Storia e la Morte. Dalle sue voluttuose requisitorie contro «le ondate spaventevoli del brutto e del dolore», vera cura omeopatica, si esce ogni volta non depressi ma tonificati. Ha sempre rivendicato il valore salvifico della tragedia, Ceronetti. Senza di lui, dobbiamo accontentarci della farsa.

# Cari agli dèi

*«Muore giovane chi è caro agli dèi» è una formula consolatoria che non mi consola per niente. Come ci si può rassegnare all'atroce destino che infierisce su due quarantenni, Beppe Fenoglio, ucciso da un cancro ai polmoni, e Sergio Atzeni, morto in mare in un giorno di vacanza, come un turista sprovveduto? O a quello che con l'Alzheimer colpisce la mente sottile di Daniele Del Giudice, l'unico vero figlio di Calvino? Li leggo e rileggo, continuo a disperarmi.*

# Beppe Fenoglio, l'inglese di Alba

Il 17 febbraio 1963 Italo Calvino era entrato in ufficio che ancora piangeva. Arrivava dalle Molinette, dove il suo amico Beppe Fenoglio stava morendo. Aveva avuto delle crisi di soffocamento, l'avevano tracheotomizzato, comunicava con i famigliari attraverso i foglietti di un taccuino, con quella sua grafia ispida e aguzza. Chiedeva un «funerale civile, di ultimo grado, domenica mattina, senza soste, fiori e discorsi». Sulla lapide, con il nome e le date, due sole parole: «Scrittore e partigiano». Pensava di aver fatto meglio questo che quello. Scontava le sigarette cui non era mai riuscito a rinunciare, soprattutto quando scriveva, come se cercasse le parole giuste nelle volute del fumo. Ci aveva litigato a morte anche con sua madre, che non poteva darsi ragione di quella spesa inutile, che si sommava all'altra colpa ancora piú imperdonabile, l'assurda mania di scrivere tipica dei perdigiorno, invece di laurearsi come suo fratello Walter, e trovare un lavoro. Erano scontri cosí fragorosi che l'intera casa, l'appartamento sopra la macelleria paterna di piazza Rossetti, ne restava come stremata per ore.

L'anno prima, proprio mentre gli davano il Premio Alpi Apuane per il racconto *Ma il mio amore è Paco*, aveva avuto un'emottisi. La diagnosi parlava di una tubercolosi e complicazioni respiratorie. Per un mese aveva creduto di curarsi con l'aria buona dell'Alta Langa, a Bossolasco. Aveva combattuto anche da quelle parti, tra Murazzano e Mombarcaro. Ma la malattia avanzava, peggiorava. Alla fine un lastra l'aveva identificata per quel che era: un cancro ai bronchi.

Poi Lorenzo Mondo aveva ricomposto dalla congerie delle sue carte (tanti progetti che si sovrapponevano e intersecavano, a seconda dei dubbi che lo assillavano) il romanzo che è stato pubblicato come *Il partigiano Johnny*. Tagliava il respiro il suo timbro epico, quel martellare parole e neologismi mezzo italiani e mezzo inglesi, di sua invenzione, con la potenza muscolare di un fabbro. Come avevano potuto bocciargli il primo romanzo, *La paga del sabato*, dopo avergliela fatto riscrivere, perché troppo cinematografico? Cosí Vittorini, che poi aveva firmato un «risvolto» della *Malora*, il suo secondo libro, mettendolo in guardia contro il peccato di naturalismo con le sue brave «fette» di vita. Lo invitava a guardarsi da un modo «artificiosamente spigliato» che magari poteva finire per ricorrere agli «afrodisiaci dialettali». Come se le parole asciutte del romanzo non fossero pietra, carne, sangue, ognuna di esse essenziale e necessaria nella sua nudità romanica. Lo dirà poi bene Alessandro Baricco: Fenoglio faceva con naturalezza (frutto di una grande fatica, in realtà) la letteratura che si sarebbe fatta trent'anni dopo. Faceva cinema, sí, ma «raccontava rapido, inquadrava da dio, scriveva dialoghi di un Hemingway, ma il tutto con una grammatica spigolosa, una voce arcaica, e una musica da balera autunnale e lontana».

Quelle riserve Beppe se le era tirate dietro fino alla fine, gli avevano avvelenato la vita. Per modestia, per umiltà, per pudore, non era riuscito a capire di essere andato molto piú lontano di quanto i suoi contemporanei riuscissero a vedere. A Giuseppe De Robertis, che gli aveva chiesto da dove saltasse fuori 'sto Fenoglio, Calvino aveva scritto: «... È un tipo alto, magro, con una faccia da film del West, un po' brutale e accigliata. Parla a scatti, con brevi frasi dal giro inaspettato. Non è certo timido (è chiaramente un uomo pratico e risoluto, ed è stato comandante partigiano, nei badogliani), né è tipo da darsi delle arie; ma è uomo che rimugina dentro e parla poco. Lo si direbbe un istintivo di poche letture – e in effetti lo è; ciò non toglie che a un certo momento lo si scopra traduttore di poeti inglesi raffinati: John Donne, Hopkins, Eliot».

Giorgio Bocca se lo ricordava sui campi di calcio, vociante, sudato, felice. Correva senza mai fermarsi, come Johnny, come Milton su e giú per le colline, chiamava sempre la palla in tono imperioso, convinto che poteva bastare lui, per vincere la partita. Sí, la banda, il branco, la squadra, ma i veri combattenti sono sempre soli.

Cercavo Fenoglio nei paesaggi della Langa, nelle sale e nel dehors dell'Hotel Savona dove si ritrovava con gli amici, chiedevo loro ricordi per un servizio tv. Un po' gli invidiavo quelle amicizie cosí vere, fatte di bevute, gite, scherzi, giochi, nutrite dalle lunghe radici che avevano in comune.

Tra gli amici di Alba c'era il fotografo Aldo Agnelli con studio in via Maestra. Nessuno prima di lui aveva fotografato professionalmente la Langa, i paesi della *Malora*, delle vite marchiate dalla fatica, scandite da suicidi e impiccamenti, dalle fucilate con cui il Gallesio di *Un giorno di fuoco* se l'era presa con l'intero mondo. Con lui, gli scatti della vita contadina diventano degli archetipi. Nelle foto che ha scattato a Beppe, si capisce che tra i due c'è una tale confidenza che il fotografato si può permettere il lusso di essere se stesso, al naturale, senza pose.

Ci teneva a essere elegante. Se le ricordavano ancora, ad Alba, le sue inappuntabili divise da ufficiale inglese, che sembravano appena stirate. Stava bene con gli azzurri badogliani, detestava l'Unione Sovietica. Non aveva nessun problema a sentirsi un aspirante borghese, non intendeva sacrificare al culto del rivoluzionario sbracato o del bohémien da balera. Era una questione di decoro, di rispetto di se stesso e degli altri. British sino al midollo, lui che era in grado di tradurre all'impronta i grandi poeti inglesi, che si sentiva un soldato di Cromwell, fucile in spalle e Bibbia nello zaino, puritano per ragioni di stile. Per gli Alleati, era stata una fortuna trovare uno come lui. Il benservito finale attestava che era stato un «ottimo ufficiale di collegamento con le Missioni alleate. Serio – disciplinato – ha dato prova di coraggio in difficili situazioni portando sempre a compimento missioni delicatissime a lui affidate».

Anche nelle foto Fenoglio è puntualmente in giacca e cravatta, l'immancabile fazzoletto che sporge dal taschino con un'aria finto trasandata, perfino quando galoppa per le creste delle colline, e sembra abbandonarsi al loro moto ondoso come a un liquido amniotico. Eccolo a San Benedetto, nelle vie di un paese petroso e deserto, disseccato di vita. A Valdivilla, dove i partigiani avevano perso una battaglia sanguinosa, e lui aveva faticato a elaborare il lutto dei due amici che erano caduti lí. Sulle ghiaie del Tanaro, avvolto in un impermeabile che gli arrivava quasi ai piedi, con l'ennesima sigaretta nelle dita. Mentre affronta uno sterrato con lo stesso abbrivio stoico di Gary Cooper in *Mezzogiorno di fuoco*, le lunghe gambe cavalline che lo avevano servito cosí bene nella guerra partigiana, quando nell'inverno 1944 era rimasto l'«ultimo passero sul ramo», braccato dalla solitudine, dal gelo e dalla fame, sordo agli inviti del generale Alexander, che esortava i partigiani a mettersi tranquilli. E ancora, al tavolino di una bocciofila con un cappellino sulle ventitre, una Coca-Cola davanti, e un raro, largo sorriso della speciale felicità che dà la complicità degli amici. A Ginevra, in viaggio di nozze con la sua Luciana, il lago alle spalle. A casa, mentre porge il biberon a Margherita neonata e la guarda con tenerezza.

La fotografia può svelare l'anima. Agnelli c'era riuscito anche quando riprendeva Fenoglio in campo lungo, integrato nella sua terra come se fossero una cosa sola, e cosí è rimasto nel nostro immaginario, per sempre giovane.

## Sergio Atzeni, custode della memoria

Un pomeriggio del settembre 1995 un giovane uomo si reca con la sua compagna su una scogliera della costa meridionale dell'isola di San Pietro, detta La Conca. È tornato in Sardegna dove era nato quarant'anni prima, e ha appena pubblicato da Mondadori il suo terzo libro, *Il quinto passo è l'addio*. La Conca è un possente anfiteatro di granito che scende verso il mare in ampi gradoni, come calcificato da un gigantesco altoforno geologico che l'ha reso ancora piú barbarico e solenne. Si è alzato un forte libeccio, il mare è mosso, le onde battono cupamente sugli scogli. I due si stendono al sole sulla roccia piú alta, poi lui scende piú in basso. All'improvviso la donna lo vede in acqua. Forse si è buttato lui stesso, per sfida, aveva il costume da bagno. È un buon nuotatore, faceva anche sessanta vasche in piscina per tenersi allenato. Forse un'onda anomala lo ha trascinato con sé. Le rocce sono ripide, cerca di tenersi lontano dalla risacca e nuotare verso una cala che consenta un approdo. Fa dei cenni con le braccia, sembrano quasi dei saluti, forse vogliono dire non preoccuparti, riesco a cavarmela. Passano i minuti e lui è sempre lí, sballottato come un turacciolo. La donna si spaventa, grida, piange, corre a chiedere aiuto. Non ci sono ancora i telefonini, bisogna fare almeno un chilometro per arrivare a un telefono fisso. Da lí riesce a chiamare la capitaneria, a far partire una motovedetta. L'uomo lotta con il mare per un'ora, quando la motovedetta raggiunge la scogliera è già stato ucciso dall'ipotermia. In quel punto, per un gioco di correnti che arrivano dalla Spagna, l'acqua è molto fredda anche d'estate.

Il libro Mondadori portava come titolo di lavoro *Mala acqua*. In copertina c'è un ragazzo che guarda il mare da un molo e sta per essere investito da un'onda minacciosa che si affaccia alla destra del quadro. Prima di partire per l'isola l'uomo aveva consegnato a Mondadori un altro libro, *Passavamo sulla terra leggeri*. Racconta la storia millenaria della Sardegna a partire dai nuraghi. A pagina 7 si legge: «La nave volò, ricadde, il mare saltò sul ponte, afferrò S'u e la portò via. S'u in silenzio sparí tra le onde».

L'uomo si chiamava Sergio Atzeni, e a distanza di tanti anni non riesco a elaborare il lutto della sua scomparsa. Continuo a viverla come un'ingiustizia inaccettabile, una delle tante invenzioni sadiche di cui si compiace il destino. L'avevo conosciuto alla fine degli anni Ottanta, quando dopo tanto girovagare era venuto a vivere a Torino, città che conserva lo scrupolo per il lavoro ben fatto. Lí il giovane Gramsci e il giovane Calvino, sardo per parte di madre, avevano trovato l'ambiente ideale per maturare la loro formazione.

La donna della scogliera si chiama Paola Mazzarelli, bravissima traduttrice. Ci aveva dato i suoi primi libri, *Apologo del giudice bandito* e poi *Il figlio di Bakunín*, pubblicati da Elvira Sellerio. Sergio le aveva spedito il manoscritto dell'*Apologo* per posta. Il pacco era partito per Palermo un mercoledí, e domenica Elvira lo aveva già pesato: «L'ho letto con avidità una notte d'estate e mi sembrò bellissimo. Gli ho telefonato per dirglielo», ricordava. *Apologo* racconta con il gusto di Sciascia per le piccole storie rivelatrici un autodafé dell'Inquisizione contro le locuste che infestavano l'isola alla fine del Quattrocento. *Il figlio di Bakunín* fa parlare trenta voci diverse, tutte vere e tutte false, per dare un volto a un anarchico sardo, Tullio Saba: capopopolo, incantatore di folle, ribelle, idealista, opportunista, forse ladro, forse assassino. Chi poteva dirlo con certezza. Era piaciuto a Giuseppe Tornatore, che si era fatto coraggioso produttore del film diretto da Gianfranco Cabiddu.

Sergio era un trentenne asciutto, muscoloso, corti ricci e occhi che ridevano. Isolato per scelta, solitario, orgoglioso, sospettoso dopo tante fregature, apparentemente un po' ispido. Correva da solo, fuori dal branco, ancora capace di stupirsi, indignarsi. Gli piaceva andare controvento, di bolina. Assomigliava a un personaggio di Volponi: tenero utopista e critico arrabbiato delle troppe storture del mondo, orgoglioso del proprio isolamento ma affamato di un nuovo modo civile di vivere insieme.

Arrivato a Torino, non voleva vedere nessuno. Per farlo incontrare con i redattori Einaudi, mia moglie aveva dovuto inventarsi una festa in casa. Zaino in spalla, un paio di Superga scalcagnate ai piedi, girava per la città su una vecchia bicicletta, come sospinto da una furiosa allegria. Esorcizzava le nefandezze di cui era piena la cronaca anche letteraria con fragorose risate d'incredulità.

Detestava gli scrittori che «fanno gazzosa», i presenzialisti, quelli che credono di avere qualcosa da dire su tutto, non sapendo niente. Scriveva di notte, lentamente, con pena, tre anni di lavoro per cento pagine, tre libri in dieci anni. Era uno storico delle culture materiali, un aedo, un affabulatore, un falegname innamorato del proprio mestiere, un cacciatore di storie, perché nella loro caotica e combinatoria imprevedibilità sta l'uomo tutto intero, il suo destino, la sua follia, la scintilla superstite che fa ancora sperare in lui. Conosceva tutti gli odori, i sapori, gli umori della sua terra, da cui portava ogni volta doni poetici, dolcetti, vini Cannonau, il mirto di Zedda Piras, come altrettanti amuleti. Avrebbe voluto raccontare l'intera isola, non solo Cagliari: Guspini, Arbus, Carbonia. Le storie di tutti. Diceva che la Sardegna gli pareva un continente: «dune di sabbia, monti ricchi di cervi e di ruscelli, piane arse, argilla spaccata dal sole impietoso, cime di carbone a vista d'occhio, colline di grano e pastura, paesi sui fiumi, aranceti, altopiani abitati da cavalli selvatici, ulivi, vigne, monti aspri, calcare, graniti, capre, noci, valli di mandorle, pietre in forma d'uomo e d'animale. Ogni paese una lingua diversa».

Per Franco Cordelli, uno dei pochi che si erano accorti di lui, c'era in Sergio un elemento romantico, diviso com'era tra il culto delle origini, con il suo timbro arcaico, e un lancinante desiderio di modernità, la sperimentazione di nuovi linguaggi, di nuovi ritmi. A Torino era andato ad abitare in un piccolo alloggio a pianterreno, ai piedi della collina: una brandina, un tavolo affacciato sulla strada, scaffali pieni di libri. Campava di bozze da correggere e di traduzioni dal francese: libri complicati, un Sartre giovanile, *Texaco* di Patrick Chamoiseau, Premio Goncourt, creolo della Martinica, che lo amava come un fratello, sbalordito dalla dedizione del suo alter ego sardo. Il romanzo raccontava l'epopea di un popolo schiavo che conquista la libertà e il linguaggio per raccontarsi.

Se non riusciva a trovare l'equivalente italiano di una parola, Sergio era capace di prendere il treno e andare a Parigi per parlarne con l'autore o fare ricerche in biblioteca. Si riconosceva in meticci come Hanif Kureishi, negli antillani che contaminavano il francese, negli indiani che scrivono nella lingua degli ex dominatori. Per la stessa ragione mescolava l'italiano colto e aulico con i dialetti, il barbaricino di sua madre, gli slang giovanili. Detestava quello che chiamava «l'italo-televisivo», omogenizzato per dire il meno possibile. Era stato tra i primi a capire Camilleri quando ancora nessuno lo conosceva. Del cagliaritano gli piaceva il mix di campidanese, logudorese, castigliano, siciliano, napoletano e italiano.

Suo padre Licio era stato minatore del Sulcis, poi sindacalista, dirigente del Pci sardo. Capace di fervori silenziosi, gentile e roccioso, sembrava un parente di Gramsci, uno di quei comunisti sempre con la camicia bianca di bucato, per rispetto di se stessi e degli altri, piú vicini a san Francesco che a Marx o a Lenin. Sergio si era impegnato in politica anche lui, nella Fgci, e aveva portato scompiglio nelle strutture burocratiche del partito, che consideravano il giovane provocatore di spiccate tendenze anarcoidi «unu segamentu di culu». Impiegato dell'Enel, collaboratore di radio locali, giornalista, indagava la condizione giovanile, il diffondersi della droga. Raccontava le delusioni, le frustrazioni, le rivolte impotenti di una generazione, tra precariato e sfida. Scriveva racconti, poesie, ballate epiche (tra cui una dedicata a Van Gogh, il diverso per eccellenza). Raccoglieva e traduceva antiche fiabe. Capelli lunghi e chitarra, faceva un teatro politico come autore e come attore, tirava mattina a discutere nelle cantine, con una canna in mano. Cercava spiragli. Cagliari lo aveva deluso, lo soffocava. Aveva vinto un concorso per entrare in Rai, ma gli avevano preferito un raccomandato del Pci. Nel 1987 se ne era andato in continente per poter meglio prendere le misure all'isola, alle stratificazioni della sua storia, alla sua anima arroccata, diffidente e disposta all'incantamento. Aveva fatto il pizzaiolo e il giardiniere, scaricato cassette ai mercati, trovato ospitalità nei conventi, condiviso le soffitte e i marciapiedi dei migranti. A Zurigo aveva convissuto con centottantasette khmer che friggevano milioni di polpette di riso e pesce marcio. «Nato nomade, la strada mi attira», diceva.

Si definiva un «arrabbiato, solitario e malinconico» con un «cuore africano». Si voleva «custode della memoria». Scavava nell'infinito stratificarsi di popoli nella sua isola, dai fenici agli etruschi e ai vandali, dai romani con cui avevano combattuto mille anni agli aragonesi e ai Savoia che non erano meglio dei romani. Vedeva ossessivamente la storia come rete millenaria di uomini e di fatti, in cui le vicende individuali possono acquistare un senso solo in un contesto collettivo. Raccontava i primi suoni rudimentali che si organizzano in parole, trapassano in ritmo, musica, danza, osservazione dei moti celesti. Non cercava consolazioni o idilli, non occultava durezze intrise di sangue e violenza immotivata. Si inventava un'epica primitiva, scartavetrata e barbarica, dolorosa, ma lampeggiante d'una umanità archetipica, come in Omero o nella Bibbia. Era uno che sarebbe piaciuto a Pavese e De Martino: si sarebbero messi a discutere di mito e di Grecia, e la Langa un po' ferina di Pavese si sarebbe avvicinata alla sua Sardegna omerica. Di un greco antico aveva il senso del divino: non la sentimentalità del divino, ma il numinoso, la percezione dell'armonia profonda e dello pneuma vitale che agita il mondo, che si annida nella materialità del vivente, sia esso uomo, pianta, animale o minerale.

Dalla sua attenzione al divenire e ai mutamenti della sensibilità e della percezione è nato *Bellas mariposas*, uno dei piú bei racconti del Novecento italiano (siamo in molti a pensarlo). Racconta la giornata estiva di una dodicenne, Cate, che vive a Is Mirrionis, quartiere-dormitorio di Cagliari, concentrato di miserie morali, tra madri sfiancate dalla fatica, padri oscenamente allupati, torme di fratelli e sorelle allo sbando, tatuaggi, gommine, motociclette, pistole. È una bambina che ha già capito tutto e sa benissimo come amministrare il proprio corpo precocemente sviluppato: ha deciso che diventerà una rockstar. Scoprirà nella piú cara delle sue amiche, Luna, una sorella carnale, svelta e determinata come lei, con cui farsi beffe della libidine degli adulti.

Sono loro, ferree e leggere, le «bellas mariposas», le farfalle del titolo, capaci di volgere a proprio vantaggio la spietatezza del vivere. Sergio era riuscito nell'impresa di far parlare Cate con parole vere, mai sciatte, mai banali come nel meccanico turpiloquio d'oggi, per frasi e pensieri brevissimi, ritmati come in un freddo jazz metropolitano eseguito su tutto quello che può mandare un suono. Procedeva per scatti e riprese, scorci fulminei, flash, lampi di videoclip. Una naturalezza raggiunta attraverso un massimo di artificio, come predicava Céline.

Su un muro del centro storico di Cagliari, in corso Vittorio Emanuele II, qualcuno ha stampigliato sul muro la scritta «Via Sergio Atzeni», ma la sua città se lo è dimenticato, anche se le aveva dato, e per la prima volta, dignità e identità letteraria, e da anni è diventato un autore di culto, un punto di riferimento irrinunciabile. Ieri come oggi, anche Cagliari non è un paese per giovani.

# Daniele Del Giudice, Conrad volante

Solo il piú crudele e sadico degli autori o dei registi poteva immaginare un finale del genere. Due tra gli scrittori italiani piú necessari, che letterariamente sembrano padre e figlio, e per di piú figlio unico, dotati di una mente di rara acutezza, sono colpiti entrambi alla testa nel fiore degli anni: Italo Calvino da un ictus fulminante, Daniele Del Giudice dal lento, inesorabile sgretolamento dell'Alzheimer che per piú di dieci anni lo ha confinato in una struttura specializzata della Giudecca, assistito dall'affetto degli amici einaudiani e di Massimo Cacciari.

Lo incontro per l'ultima volta a Venezia nel 2011, in occasione di un Premio Campiello. È già molto malato, siamo nella hall di un albergo, mi vede, ci abbracciamo, scoppia a piangere, mi chiama per nome, con l'ansia di chi sta per affogare. Non riesce a dire altro, ma ho capito benissimo. Mi sta dicendo fai qualcosa, tirami fuori di qui, perché non fai qualcosa? Ti prego. Ti supplico. Salvami.

Era stato proprio Calvino a segnalare lo speciale talento del giovane Del Giudice, appassionato di teatro e di motori, giornalista a «Paese Sera», scrivendo la quarta di copertina del suo romanzo d'esordio, *Lo stadio di Wimbledon*. Lí un giovane insegue, tra Trieste e Londra, una figura già leggendaria, scomparsa da quindici anni: l'elusivo, enigmatico, carismatico Roberto «Bobi» Bazlen, principe dei consiglieri editoriali, che in vita non aveva mai pubblicato niente. Il romanzo si interroga sugli spazi che corrono tra vita e arte, tra detto e non detto, e sui perché della scrittura, sulla dialettica che lega presenza e assenza, dentro e fuori, vuoto e pieno.

Era, in questo, molto calviniano, e difatti Calvino aveva scritto che quel libro «insolito» annunciava «un nuovo approccio alla rappresentazione, al racconto, secondo un nuovo sistema di coordinate», e non a caso aveva una delle sue immagini-chiave nella «carta di Mercatore». La letteratura come cartografia, nell'età in cui l'avanzata impetuosa del digitale cominciava a cambiare il nostro rapporto con le cose, sempre piú smaterializzate, trasformate in impulsi luminosi, nei tracciati che le particelle elementari lasciano sui display del Cern.

Quale percezione di sé ha l'uomo europeo in un mondo in rapida mutazione, che Daniele ha colto tra i primi? È il motivo di fondo che sottende *Atlante occidentale*, un romanzo in cui ho molto creduto e accompagnato giorno per giorno sino a un finale che tardava a venire. A Ginevra la passione per il volo fa diventare amici un anziano scrittore alle soglie del Nobel e un giovane fisico che lavora nel grande anello ipogeo di accelerazione. Lo scrittore vorrebbe riuscire a «vedere oltre la forma»; il fisico è affascinato dalla scrittura, perché ogni esperimento ha bisogno di emozione e di memoria, di un linguaggio adeguato che lo sappia esprimere.

Oggetti e contesti radicalmente nuovi richiedono un piú di immaginazione, rispetto alle vecchie sensibilità. Di qui l'interesse per le tecniche, per il funzionamento dei manufatti complessi, e piú ancora, per le persone che li hanno creati. Diceva Del Giudice che solo la precisione permette di conservare lo stupore. Quanto piú sei preciso, tanto piú diventi evocativo. La letteratura deve misurarsi con la scienza restando fedele a se stessa: «Un romanzo è tanto piú forte quanto piú riesce a raccontare quello che nessuna altra forma di comunicazione racconta».

Gli piaceva esplorare spazi dagli incerti confini. Non a caso aveva preso dimora a Venezia, dove terra, acqua e cielo si confondono; o negli aeroplanini con cui volava nei cieli sopra il Lido, dove l'aria può diventare nuvola e avvolgerti nel nulla. Era affascinato dall'Antartide poi descritta in *Orizzonte mobile*, dove l'acqua trapassa in ghiaccio e in luce. Amava muoversi appunto su scenari indefinibili, compresi quelli in cui la razionalità può anche sprofondare nei buchi neri dell'inconscio. Cosí nei perturbanti racconti di *Mania*: dove mania non è solo il *daimon* che travolge, ma anche la fedeltà integrale e rigorosa al proprio lavoro: maniacale, appunto.

Non diversamente, uno dei suoi libri piú belli, *Staccando l'ombra da terra*, racconta attraverso otto storie nate dalla sua passione per il volo (dal primo decollo senza istruttore alla tragedia del DC9 di Ustica, su cui poi scriverà con Marco Paolini un potente testo teatrale) quello che possiamo capire di noi attraverso l'artificio dell'alzarsi in aria. Sono voli concreti, ma anche trasvolate mentali, metafore governate da una grammatica precisa, «una meditazione sulla possibilità di un Umanesimo in pieno Novecento», come lui stesso ha scritto a proposito di Saint-Exupéry (che peraltro considerava un pilota un po' maldestro).

Quanto piú si sottrae ai lenocini della psicologia e del sentimentalismo, questo scrittore cosí riservato e controllato, che sembra tutto di testa, in realtà usa strumenti freddi per una calda curiosità conoscitiva, sa accumulare sulla pagina un pathos quasi insostenibile, come quando cataloga i relitti del DC9 ripescati dal mare, ed elevati alla dignità di materia vivente e offesa.

Era convinto di appartenere a quella categoria di scrittori che a ogni libro cercano di acquisire un nuovo modo di sentire e di vedere (era anche un acuto osservatore d'arte, come dimostra *Nel museo di Reims*). Con Calvino e Primo Levi questo Conrad volante ha segnato nella nostra letteratura, sempre un po' troppo postimpressionista (ma poi nella nostra cultura tutta intera), una svolta non molto dissimile da quella che Einstein aveva impresso alla fisica con la teoria della relatività.

Fra cent'anni parleranno ancora di lui.

# Gli inquieti

*La letteratura è geneticamente inquieta, è chiamata a formulare in modo nuovo le domande di sempre, a non accontentarsi delle risposte provvisorie che di volta in volta si dà.*

*La letteratura è nomade. «Stare nescius», non so star fermo, diceva di sé Francesco Petrarca. La sua mobilità si inscriveva in un campo di opposizioni: le dolcezze del presente e la mannaia del tempo, le ragioni della fede e le debolezze terrene, il dialogo con gli antichi e i dilemmi della contemporaneità, la difficoltà di conciliare arte e vita.*

*Nel Novecento le inquietudini di Stendhal e Flaubert, dei grandi russi, si autoanalizzano, registrano scissioni e crisi di identità, magari con un'ombra di compiacimento quasi morboso. Gli inchiostri piú neri creano assuefazione, la rappresentazione del Male resta un piacere piú forte della consapevolezza di quello che può essere e fare l'uomo. Fine delle sicurezze, implosione dell'io, liquefazione dei rapporti umani, trionfo del relativismo, nichilismo, pessimismo esistenzialista, disfattismo ecologista. Eppure.*

*L'inquietudine muove dalle periferie verso il centro per meglio osservarsi. Evade dalle gabbie in cui si sente costretta. Piú le gabbie sono piccole, maggiore è la spinta a superarle.*

*Gli autori ospitati in questa sezione partono da Vicenza, dall'isola d'Elba, Racalmuto, Sant'Agata di Militello, Ferrara. Vanno a Milano, a Roma, a Palermo, in Inghilterra, perché solo guardandosi da fuori possono cogliere meglio la forza salvifica delle radici, il patrimonio della tradizione, dei classici, del canone. La loro patria è l'Europa, è la scrittura, è la traduzione come interlocuzione tra linguaggi diversi.*

# Goffredo Parise e l'odore della vita

In un giorno d'inverno a metà degli anni Settanta Goffredo Parise fece una rapida puntata a Torino per incontrare il suo editore di allora, Giulio Einaudi, ma nel pomeriggio doveva già rientrare a Milano. Andammo a mangiare in un ristorante nei pressi della stazione. Ordinammo tutti e due lepre con polenta. Parise annusò con cura (il suo gran naso come un periscopio), assaggiò pensosamente, come dovesse stilare una perizia per il tribunale. Sapevo che teneva a passare per raffinato gastronomo, e amava portare i suoi amici sempre in ristoranti esclusivi, molto raffinati, in cui faceva capire di essere di casa; ma questa era l'umanissima rivincita del bambino che era stato povero. Prese a decantare la morbidezza della lepre, la giusta densità del sugo, la qualità della polenta: lui veneto di Vicenza se ne intendeva. Disse che non aveva mai mangiato una lepre cosí buona. Risposi che sí, effettivamente, ma lo guardavo perplesso. Forse faceva quei complimenti per pura cortesia. Non mi ero mai accorto che quel ristorante fosse tanto eccelso. Volevo sentirlo parlare d'altro. Era reduce da uno dei suoi tanti viaggi, in Africa o nel Sud-est asiatico e avrei voluto sentirlo raccontare in quel suo modo stendhaliano, come un Fabrizio del Dongo che si fosse spinto fino in Biafra, in Laos, in Vietnam, in Cina (Paese di una noia mortale, asfissiato dalla teologia, diceva. I cinesi gli sembravano «pretini e monachine fasciste, per dirla in breve, fanatici e militaristi. Vedi un po' che allegria»).

I perché di quelle partenze improvvise, di quei tuffi in un ignoto gravido di pericoli, non li sapeva nemmeno lui: partecipazione umana a tragedie in corso, curiosità politica, inquietudini personali, amore del rischio. Anni dopo avrebbe confessato che la vita di allora non gli piaceva, preferiva giocarsela, «stupidissimamente». E che voleva mettere a confronto l'immaginazione con la realtà dura e cruda. Viaggiava per poter cogliere i tanti diversi odori che ha il mondo. O forse, ipotizzava Moravia, la letteratura non gli bastava, non gli è mai bastata. Non gli bastava nemmeno la vita: continuava a inventare anche con gli amici piú stretti, *en artiste*: «le mie "invenzioni" tendevano a creare una realtà diversa nella quale non mi sentissi piú solo». Era sempre in agitazione, di corsa, perché cercava di star dietro all'affollarsi di percezioni che chiedevano di essere rappresentate.

Arrivato a destinazione, sapeva cogliere d'istinto il dettaglio rivelatore con quel suo occhio d'insetto che vede a trecentosessanta gradi. In quegli anni gli inviati speciali raccontavano quel che i lettori si aspettavano: cioè delle interpretazioni della realtà modellate su schemi politici prefissati. Lui no: inseguiva qualcosa che non aveva niente a che fare con le spiegazioni di parte. Aveva la passione dell'entomologo e l'occhio dell'impressionista. E poi era tante cose: il romanziere realista e grottesco del *Prete bello*, quello post-swiftiano e post-kafkiano del *Padrone*, che poi era Livio Garzanti, dietro il tenue velo della finzione pop. Perfino il pittore, almeno sino a quando, ancora ragazzo, aveva scoperto Chagall e si era arreso.

Solo piú tardi, rileggendo i racconti di *Sillabario*, ho capito il senso della concentrazione che aveva messo nella lepre torinese. In quel ristorante stava già scrivendo uno dei suoi racconti incantati, trasformava un episodio insignificante in fiaba, fuori dalla cronaca e dalla storia. Per lui odori e sapori erano una delle vie privilegiate per accedere alla comprensione profonda, al senso nascosto del mondo che ci circonda. Odori e sapori non tradiscono mai, non sono come l'occhio che si lascia facilmente ingannare, e vede soltanto quello che vuole vedere. Ne aveva fatto uno dei suoi strumenti preferiti. Indagava i misteri gaudiosi della fisicità come un rabdomante. Parlava di un alito profumato di sangue, di capelli che sanno di pane fresco o di cioccolata, di ragazzi che emanano un odore di pane crudo lievitato, di coleotteri che odorano di celluloide. Dirà esplicitamente negli ultimi tempi: «Mi attraevano le cose e la loro sostanza organica e non obbligatoriamente letteraria, l'odore della vita e delle sue stagioni». È sempre restato il ragazzo che vede la vita a batticuore, non come un paesaggio vasto e lontano. Detestava quelli che chiamava i cretini-intelligenti, «quelli che hanno letto tutto Proust, parlano dei Guermantes come se li avessero conosciuti, sanno di Joyce, di Freud, perfino di Heidegger, ti rendi conto? Moderni, aggiornati sullo strutturalismo, sulla differenza tra *langue* e *parole*, ti rendi conto?» Continuava ad annusare, fra attrazione e spavento, «l'odore del sangue», titolo di un romanzo autobiografico sadomaso rimasto inedito. Nauseabondo e dolciastro com'è, esprime la forza animale, selvaggia e cruenta che è all'origine della vita, e finisce per assumere i trasalimenti di una sacralità angosciante. Era proprio il fiuto a dettargli intuizioni profetiche. Nella rubrica di posta che teneva sul «Corriere» negli anni Settanta aveva scritto di giovani i quali «piú che al futuro guardano, e questa è una grande novità, a una specie di eterno presente, a una contemporaneità senza storia, pressoché assoluta».

Quando all'inizio degli anni Settanta aveva cominciato a pubblicare sul «Corriere» le prime voci del *Sillabario* ci fu chi parlò di involuzione reazionaria, addirittura di provocazione. Era una scommessa candida e temeraria, di quelle che di solito si fanno in gioventú. Voleva raccontare con parole semplici cose che semplici non sono. Trionfava il pubblico e il politicamente corretto, indulgere ai piaceri del privato era considerato una colpa grave, forse irredimibile. «Non ho mai capito il significato della parola *ideologia*, che pure ormai anche gli asini sembrano capire, – diceva lui ironicamente. – Ma quando la sento pronunciare, una piccola voragine di nulla si forma nel discorso di chi la pronuncia e rende vano il resto». Non sopportava il Pasolini che si atteggiava a profeta o a coscienza della Nazione, che gli chiedeva un contributo per certi fuoriusciti spagnoli fuggiti dal franchismo. Aveva risposto che di politica non si occupava e non credeva che ogni azione fosse politica. «Questo è un tipico lapsus: significa che tu sei un qualunquista, per non dire fascista», lo aveva bacchettato Pasolini. E lui serafico, quasi umile: «Può darsi, non me intendo».

Con i racconti dei *Sillabari* voleva proporre un libro di lettura dei sentimenti degli uomini, di sensazioni elementari e decisive insieme, tolstojanamente. In un'epoca di accecamenti ideologici glielo avevano rimproverato, dando per scontato che i sentimenti siano buoni, cioè falsi e consolatori, ma il rosa dell'evasione è assente dalla sua tavolozza. Come diceva il suo amico «Duddú» La Capria, «il suo cuore non era mai sentimentale, era un cuore illuminista, un cuore rivelatore, un cuore conoscitore». Mirava al bersaglio grosso: l'amore e il disamore, la passione e il dolore, la felicità e la nostalgia, l'aroma di un vino, i languori di una giornata di caccia. Gli bastavano le parole semplici, che con lui ritrovavano lo smalto dei colori originali, come all'indomani della creazione linguistica. Ringraziava Dio di quella che per civetteria chiamava la sua «tontaggine animale», ma restava un grande seduttore che calcola accuratamente i suoi effetti, anche quando finge candore. La sua capacità di decifrare gli ideogrammi che la vita ci mette davanti assomiglia ai giardini giapponesi che tanto lo avevano colpito, in cui erbe, fiori e rocce, elementi naturali, sono coniugati in un linguaggio fittizio che non esisteva prima, ma fa diventare vera, cioè significante, la natura.

Il viaggiatore inquieto amava scavarsi una tana nelle terre di casa e starsene lí a contemplare il mistero della vita naturale. Parlava con tenerezza della casa che aveva scoperto per caso sulle rive del Piave, a Salgareda, «un relitto di casa», forse un fienile, tra viti nane e alberi da frutto e pioppi e salici, coperto da un grosso gelso stortignaccolo. L'aveva riattata in semplicità: un tavolo da osteria al pianterreno, una rapida scala in legno che portava al piano di sopra, un letto a castello. Un «piccolo Eden» profumato di sambuco, dove volteggiavano merli, passeri, un cuculo, anche un picchio. Diceva: «Quella casetta era il centro vero, solo e unico della mia Patria». Aveva della Patria un'idea carnale. La Patria era semplicemente tutti i posti dove era stato felice: Vicenza, Venezia, Capri, Roma, la casa sul Piave, il Veneto, le Dolomiti.

Raccontava delle api che avevano fatto un nido in una doppia finestra, dell'upupa che arrivava a maggio «rizzando la sua crestina vanitosa», di civette, lucciole, lepri in amore, del grosso gufo che una notte era sceso dal camino in una nuvola di polvere. Magari inventava, ma che importa? La sua zoologia è insieme esatta e fantastica, un repertorio d'immagini e di metafore. Topi, insetti, scimmie, cavalli gli servono per cogliere l'essenza profonda di uomo. Descrive Montale come «un mollusco dalla struttura ossea inesistente all'interno di un involucro di carne delicatissima, infantile». De Pisis è «un animale italiano da gorgheggio», Ceronetti un vampiro asceta. Marilyn Monroe incontrata a New York è una libellula dal corpo trasparente, con un odore «tra lo zolfo e la capretta di latte». La storia si risolve in storia naturale: «Vedo il mondo a tempi lunghissimi, se non proprio ad ere geologiche». Gli hanno dato del pessimista, ma nessun pessimista ha amato i doni della vita quanto lui.

«Poeta degli addii», lo ha definito Pampaloni. Una sorta di predisposizione al congedo lo fa guardare a uomini, animali, vegetali e cose con la tenerezza e lo struggimento che nascono dalla consapevolezza della loro precarietà, dal troppo di effimero che c'è nella bellezza. «Noi ci dimentichiamo sempre che la vita è breve ma ci comportiamo e viviamo come se fosse lunga», scrive a La Capria. Ma lui ha sempre saputo anche troppo di avere poco tempo davanti. Ha l'ossessione delle malattie. Va in caccia del padre naturale («un signore corpulento e volgare», con cui poi taglierà i ponti) per chiedergli a muso duro se in famiglia c'erano malattie ereditarie. Non ha ancora trent'anni quando nel primo ritratto che dedica a Comisso, maestro e mentore, prefigura il vuoto che gli si aprirà dinnanzi quando l'artista folle, «l'enorme neonato» che gli ha regalato le emozioni piú intense, non ci sarà piú. Lo aveva incontrato nel 1954 a un convegno che si teneva a San Pellegrino, era rimasto colpito dall'uomo che sembrava «un mediatore di campagna, forse un poco turco, con una fusciacca che gli correva intorno al ventre»: il padre che avrebbe desiderato.

La precarietà gli fa godere ancora piú intensamente i doni della vita. Brucia le tappe. L'illegittimo che si sente rifiutato dalla madre e cresce nella custodia di biciclette del nonno a Vicenza, il pessimo scolaro, il pittore mancato, perfeziona la sua rivincita scrivendo nel 1954 il primo best seller italiano, *Il prete bello*, con la sicurezza di un veterano. Sceso nella Roma della *Dolce vita* («un suk, un grande mercato», un attendamento dove la sola tenda inamovibile è San Pietro) si prende subito la scena, lavora per il grande cinema, diventa amico di Fellini e Rossellini, poi va in America, di cui salva soltanto la vitalità primordiale. New York con la sua aria di tomba babilonese è «una città di matti, dà la nausea come se si fosse ubriachi, di alcool e di stanchezza». Il suo odore è quello di una «miseria disumana, chimica, vecchia senza essere antica». Una miseria morale.

Comincia a collaborare con il «Corriere della Sera», a Roma frequenta nobili e altoborghesi, si guadagna l'amicizia e la stima dei grandi, da Moravia a Gadda, che lo amano e un poco lo temono (è capace di scherzi atroci) e inconsciamente vorrebbero averlo come figlio. È uno di quelli che parlano con tutti, con il barbone Anselmo, la battona dell'angolo e il pittore Schifano, con la comparsa di Cinecittà e con Fellini. Soprattutto con gli amici si concede bizze, sarcasmi feroci, provocazioni, giudizi al vetriolo, forse è un modo per metterli alla prova. Poteva essere prepotente, capriccioso, infantile, egoista, diceva Giosetta Fioroni, che gli è stata accanto venticinque anni, ma gli perdonavi tutto, proprio perché sempre in fuga, prigioniero consenziente di una qualche invenzione.

Recensendo i suoi libri, Montale aveva parlato di una specie di darwinismo all'incontrario, una selezione naturale che fa regredire l'uomo agli stati piú elementari della vita. Quasi un ritorno dell'umanità al grande grembo dal quale è uscita faticosamente nel corso dei millenni. Forse gli sarebbe piaciuto essere un protozoo che nuota beatamente nelle calde acque dei mari primordiali.

Ma è davvero una regressione? La comunicazione che si basa sulla sapienza infallibile della fisiologia non è meno povera o meno importante di quella verbale, che l'uomo ha elaborato nel corso della sua evoluzione. È semplicemente un altro linguaggio, che possono parlare e intendere pochi privilegiati, il piú delle volte i bambini e le donne, che sembrano essere in grado di percepire le verità che si nascondono nei misteri gaudiosi della fisicità. Se gli altri partono dai libri per arrivare all'autore, lui parte dall'autore, e da un dettaglio somatico afferrato al volo con la rapidità con cui il geco scaglia la sua lingua, cava tutto intero il ritratto d'artista. Aveva detto Montale, con felice intuizione, che era sempre teso a «rinchiudere il tutto in qualche niente». Era quello che diceva anche Calvino: la letteratura è cercare di far passare il mare in un imbuto. O ancora: la profondità va cercata in superficie.

Avvertivo in lui, nella sua famelica curiosità, la trepidazione per la casualità con cui la vita distribuisce i suoi tesori, per il colore delle cose che passano, per l'ombra leggera della felicità, che solo la scrittura può risuscitare.

Inseguiva la grazia speciale del *mood*, parola intraducibile in cui si sommano umore, temperamento, estro, ritmo vitale, consonanza con il mondo, felicità espressiva. Se non poteva sintonizzarsi sul *mood* si sentiva spento. Con gli anni la sua sapienza nel riconoscere e nominare le cose era diventata sempre piú malinconica e profonda. Si preparava a ricongiungersi con il tutto, a immergersi nel vasto grembo immemoriale della natura. A quarantasei anni si sentiva non realizzato, privo di un centro, di un perno, un bengala spento: «La letteratura rende vecchi, vecchissimi, e precocemente mortali», ma la vita è «prima di tutto uno spreco». I suoi cieli erano vuoti. «Compresi che Dio era come una cometa apparsa nel cielo, la piú bella cometa: ma come tutte anch'essa aveva compiuto il suo giro, ci aveva illusi, e si era spenta come una pietra nel buio», scrive a proposito del suo libro d'esordio.

Quando d'inverno le nuvole assumono il colore del piombo che annuncia la neve, mi sembra di rivivere il fervore con cui ne faceva l'elogio: «La neve di primavera è meravigliosa ma la vera, la grande, la sublime, la matematica neve è quella polverosa, microscopica neve a ghiaccioli di pieno inverno, in gennaio; soffice e cosí silenziosa che non si ode alcun rumore, appena il respiro degli sci quando il corpo si alza e si abbassa rapidamente per curvare, e lo scricchiolio quando si sta fermi». Sua lettera da Cortina: «Solo, solissimo a 3200 metri e giú nella neve vergine sino a 2000 metri. Vedo scoiattoli già bianchi, anche lepri bianche, sono felice come dovessi morire tra poco». La neve l'aveva baciata, mangiata, leccata, carezzata piú volte.

Diceva di voler bene solo alle persone che hanno un cuore, per le altre provava irritazione e pietà. Ricordava Nico Naldini: «Pianse come nessun altro sui suoi amici, sulle mani di Comisso morente, su una fotografia incollata sul loculo dei resti di Pasolini, sul giornale che raccontava la fine di Capote e sul cane pecorino che aveva vissuto un'estate nella casetta sul Piave».

## Oreste Del Buono, l'inetto che sapeva fare tutto

In famiglia lo consideravano un inetto, gli andavano sempre a dire che il fratello era piú bravo in tutto. Gli rimproveravano perfino di nuotare poco e male, di soffrire il mare anche nella modesta traversata in nave da Piombino a Portoferraio. E dire che per parte materna era nipote di Teseo Tesei, l'eroe di Malta che nel luglio 1941 s'era immolato nell'attaccare il porto di La Valletta cavalcando un «maiale», il «siluro a lenta corsa» inventato da lui stesso.

Proprio nel ricordo di questo zio la madre lo aveva spinto ad arruolarsi volontario in marina. L'Oreste alla guerra fascista non credeva, ma non voleva restarsene nascosto come un disertore in quella che chiamava la sua «tana di talpa», l'odiosamata Elba in cui era nato nel 1923. Destinato alla base di Brioni, in Istria, dopo l'8 settembre l'avevano fatto prigioniero e avviato in un campo di lavoro forzato nelle Alpi Tirolesi. Un anno e mezzo di lavoro durissimo, reso piú tormentoso dal gelo, dalla neve, dalla fame, ma piú ancora dallo scontento di sé, da quello che a vent'anni gli appariva un fallimento definitivo.

Forse bisogna partire di qui per capire l'irrequieto cronico, il folletto un po' irridente e beffardo, ubiquo e imprendibile, sempre insoddisfatto di sé: un uomo e uno scrittore che non si sentivano all'altezza di quello che volevano essere (per non farsi mancare nulla, scherzava volentieri sulla sua bassa statura). Aveva esordito nella narrativa con un romanzo, *Racconto d'inverno*, uscito in mille copie nel novembre 1945 presso le Edizioni di Uomo, animate da Domenico Porzio, Marco Valsecchi e dal libraio comasco Renzo Cantoni. Era una delle primissime testimonianze della guerra e della prigionia, precedeva di poco *Il sentiero dei nidi di ragno* di Calvino e *Se questo è un uomo* di Primo Levi, ma senza ambizioni documentarie, di denuncia o di «lettura» politica. Del Buono non voleva spiegare niente o rilasciare ammaestramenti morali, non faceva la vittima. Siamo in un'area metaforico-simbolica alla Kafka, dove tutto è concreto e realistico (il campo di prigionia, la durezza del lavoro, l'inverno interminabile, i compagni di sventura, il piccolo commercio sessuale con la cuoca delle baracche) ma rimanda a qualcos'altro, alle ombre di una battaglia interiore.

Il protagonista Tommaso, ventenne alter ego di Oreste, è travagliato come lui da una sorta di deficit esistenziale, da un interminabile inverno del cuore. È ripiegato sui suoi rovelli: non sa che uomo sia, e il poco che sa gli provoca sentimenti di vergogna. Si accusa di rimuginare a vuoto, di non essere capace di assegnarsi una parte e restare fedele a quella; non insegue nemmeno la speranza. In lui come negli altri prigionieri, lo stesso furore di sentirsi «schiavi della propria miseria, della propria vigliaccheria» non genera solidarietà o consapevolezza politica. Si sentono dei poveri involti di ossa e di stracci, che vivono nella paura e nell'umiliazione. L'orizzonte è sigillato dalla neve («questa bestia informe acquattata»), e non lo incrinano nemmeno i ronzii dei bombardieri alleati che vanno a colpire le città tedesche. «Tutto è guerra», pensa Tommaso, proprio come il Greco della *Tregua* di Levi (quello del memorabile assioma «guerra è sempre»), ma è guerra soprattutto all'interno di se stesso: è un «assedio del cuore» che non sembra poter trovare riscatto.

Per rompere l'assedio, l'Oreste ha condotto una ininterrotta battaglia contro ogni tipo di autorità costituita, in vita e in letteratura, contro l'asfissia delle convenzioni, della retorica, del manierismo, delle frasi fatte, dell'istinto gregario. Non c'era nuova impresa che non lo appassionasse e coinvolgesse, meglio se temeraria, e presto gli risultasse insopportabile, perché capiva presto quello che c'era da capire, e detestava la routine, le storie già scritte. Cercava subito altre sfide, anche per mettersi alla prova, per sentirsi capace di poter fare tutto, o quasi. Quando lo incontravi, per prima cosa raccontava di aver mandato un'altra lettera di dimissioni, e gli brillavano gli occhi. Le contava come un bambino poteva contare le biglie che aveva collezionato. Alla fine saranno piú di cento.

Tornato dalla prigionia, aveva trovato la sua vera patria a Milano, dove frequentava una congrega di amici e sodali d'alto ingegno, Buzzati, Piovene, Bo, Anceschi, Giò Ponti, Montale, Quasimodo, Campanile, Sereni, Gatto, Porzio, Emanuelli, Tommaso Giglio. Era un nomade stanziale che viveva bene solo nella precarietà. Leggendaria la sua insonnia, che spiega l'immensa mole di lavoro con cui sfidava se stesso, ivi comprese le traduzioni di almeno duecento autori, Flaubert, Proust e l'amato Gide in testa a tutti.

Quante ne ha fatte. Giornalista, redattore di riviste, editor, consulente editoriale, fondatore e direttore di collane di successo, curatore di antologie, direttore di «Linus» con cui, insieme a Giovanni Gandini, Vittorini ed Eco aveva sdoganato i fumetti (gli adorati Peanuts in primis), allora guardati di storto perché non redenti dall'impegno. Intenditore e critico di cinema (le monografie su Billy Wilder e Fellini), televisione, pubblicità, calcio (i due libri-intervista con Gianni Rivera), satira politica, thriller e gialli, quando negli anni di piombo parlarne era quasi una provocazione. Titolare di rubriche seguitissime sull'«Europeo», «Corriere della Sera», «La Stampa», «Tuttolibri», come *Amici maestri* in cui schizzava ritratti affettuosi di scrittori, giornalisti, editori, registi, tutti maestri che non si atteggiavano a tali. «L'importante è non credersi superuomini. Perché non lo siamo», diceva ai lettori. Faceva le cose serissimamente, e si divertiva a scherzarci sopra.

Come Calvino, aveva cominciato con le surreali vignette umoristiche sul «Bertoldo» e sul «Marc'Aurelio», con cui gli italiani degli anni Quaranta, depressi e allarmati, cercavano di sorridere. Le sue si chiamavano «vignette sbarazzine» e viste oggi fanno tenerezza, acqua e sapone come sono. Gli piaceva andare controcorrente. In tempi di neorealismo, stava dalla parte di Sartre e Camus, di Svevo e Moravia; piú tardi, si farà ingolosire dal *nouveau roman* da Butor e dalla Sarraute. Non credeva che ricorrere al dialetto, al parlato quotidiano, allo slang avesse niente di rivoluzionario. Polemizzava con Pasolini, con la narrativa di genere e da salotto. Anche i beatnik gli sembravano diventati dei prevedibilissimi manieristi.

Cercava ostinatamente una salvezza nella scrittura e il non crederci sino in fondo gli faceva raddoppiare gli sforzi. Scriveva e riscriveva il romanzo dello scontento di sé (*I peggiori anni della nostra vita* è un titolo che lo rappresenta bene) paragonandosi ironicamente a Morandi che dipinge sempre le stesse bottiglie. Degno di un dadaista il gesto di non mandare in libreria un libro già stampato da Einaudi, *Un'ombra dietro al cuore*, perché – tanto per cambiare – non gli sembrava riuscito. Era un pezzo del suo teatrino anche quel gesto.

# Leonardo Sciascia, «amatore di stampe»

Quando negli anni Sessanta e Settanta Leonardo Sciascia arrivava in via Biancamano, di solito a metà mattina, per consegnare a Einaudi il dattiloscritto di un suo nuovo libro, si sedeva con l'aria di chi si tratterrà poco. Sulle labbra gli compariva un sorriso imbarazzato, accompagnato da una sorta di gorgoglío basso e continuo, con cui sembrava scusarsi preliminarmente del disturbo e delle pochissime cose che avrebbe detto. Al pari del suo amico Calvino, non amava sprecare parole parlate perché le giudicava imprecise, quasi sconvenienti. Diceva cose che sembravano piccole note, appunti a margine di un testo già scritto, che necessitava di qualche commento per risultare comprensibile. All'editore non chiedeva niente, campagne pubblicitarie, appoggi ai premi, trattamenti speciali. Si fidava. A ciascuno il suo.

I suoi libri erano dei parti rapidi e indolori. Non c'era una sola virgola da cambiare, sul dattiloscritto che batteva da solo, con due dita, su una Lettera 22. Quanto a noi, avremmo voluto dirgli quanto i suoi libri ci allargavano la testa pur conservando un margine di insondabile mistero, simile ai suoi timidi ed enigmatici sorrisi, ma sentivamo che gli apprezzamenti verbali («bellissimo!») finiscono per risultare generici e scontati. Come riuscire a dirgli il coinvolgimento, l'amaro e pensoso divertimento che procura *Il Consiglio d'Egitto*, storia di un'impostura cosí siciliana, cosí italiana?

Don Leonardo aveva già pensato anche alla copertina. Estraeva dalla sua cartella da notaio delle buste che contenevano delle riproduzioni di opere d'arte, e le offriva con discrezione. Erano le proposte per la copertina, e ogni volta si rivelavano perfette per la bisogna. Scoprimmo che aveva uno gusto grafico sicuro, era un raffinato collezionista e di arte ne capiva parecchio. Si definiva un «amatore di stampe». Confessava che la maggior parte dei suoi diritti d'autore se li era felicemente spesi in stampe. Allo stesso modo per tanti anni sceglierà con mano felice le immagini per le copertine della collana blu di Sellerio, «La Memoria», che curava con tanta passione. Se gli piaceva tanto starsene nel salottino che era l'ufficio di Elvira, a Palermo, era anche perché le pareti erano adornate da quadretti, incisioni e disegni che sentiva intonati al suo gusto. I piaceri del collezionismo stanno nella condivisione.

Il linguaggio figurativo era parte integrante del suo modo di vedere e rappresentare il mondo: il promesso sposo della scrittura, in un libero rapporto dialettico. La sua stessa firma, che sembrava dipinta da un calligrafo giapponese, aveva l'eleganza di un ideogramma. Torino era per lui soltanto una stazione del viaggio verso Parigi, la vera meta delle sue passioni di cacciatore d'immagini: un paradiso fatto di piccole gallerie, librerie antiquarie, *bouquinistes*.

Aveva un dialogo continuo con amici pittori e fotografi: Piero Guccione, Fabrizio Clerici, Bruno Caruso, Renato Guttuso, Tono Zancanaro, Enzo Sellerio, Ferdinando Scianna, Giuseppe Leone. Con il giovane Scianna nel 1965 aveva dragato la Sicilia per quello che sarebbe poi diventato *Feste religiose in Sicilia*, in cui la cultura popolare dell'isola rivelava tutta la sua sensualità.

Era stato proprio Scianna a rubargli e a fissare in una celebre foto uno dei pochi sorrisi che gli si conoscano: don Leonardo sta percorrendo la via di un paese con la solita sigaretta nelle dita. Sembra divertito, guarda in macchina con un sorriso di complicità e contentezza furtiva, come se stesse andando a rubare delle caramelle; sullo sfondo una donna e una bambina guardano il foresto con curiosità appena sospettosa da una portafinestra.

Alla fine degli anni Settanta il suo ragionare di fotografia prende la forma del saggio. Firma la prefazione al libro di Andrea Nemiz, *Capuana, Verga, De Roberto fotografi*, poi introduce una mostra di quadri di Guccione e di fotografie di Leone. Si comincia a capire che per lui la fotografia è un fare i conti con la perfezione della forma cosí come la detta l'istante, con il Tempo e con il Destino: «Nulla è piú vicino della fotografia all'abolizione del tempo e nulla ne è piú lontano». La fotografia raggiunge e sorpassa altre forme illustri di lotta contro il tempo, come la storia e il romanzo, ma le sue vittorie sono illusorie. La fotografia crea il sentimento del momentaneo, e dunque di una perdita che siamo condannati a portarci dietro. In una sola immagine stanno concentrati non solo il passato che vi è stato fissato, ma anche il futuro, il seguito della storia, il come andrà a finire. Una fotografia è una bomba a orologeria che ci scoppia ogni volta in mano, da cui non rinunciamo a farci ferire.

Lo intrigano in particolar modo i ritratti, in cui il destino di ognuno è come colto dall'intuizione che solo l'arte può fornire, anche se la fotografia non deve rivaleggiare con la pittura, e la pittura non deve avere un freddo iperrealismo documentario. La fotografia riesce a cogliere ancora meglio della pittura l'eterno conflitto tra verità e menzogna che sta cifrato nella realtà, cosí contraddittoria e inafferrabile, non solo in Sicilia. Perché la Sicilia è una metafora del mondo, ci ingolosisce perché ha i colori forti della cassata.

Del ritratto fotografico interessava a Sciascia non la verosimiglianza, ma la capacità di restituire il senso di una vita. Come ha scritto benissimo Mario Praz, l'obiettivo riesce a cogliere «un'infinità di doloroso destino chiusa nel pugno di un attimo». Non a caso Sciascia suggerisce a Daniela Palazzoli la fortunata mostra fotografica torinese del 1987, dedicata a ritratti di scrittori, da Poe a Borges, e intitolata *Ignoto a me stesso*. Lo «sconosciuto a se medesimo» è appunto lo scrittore, agitato da un'urgenza espressiva che lo supera e travolge.

A Sciascia, investigatore nato di segreti che si nascondono nei piccoli dettagli all'apparenza insignificanti, interessano soprattutto i fotografi, piú ancora della fotografia: il contesto, il set, le piccole e grandi storie che accompagnano uno scatto. Cosí Capuana che si fa ritrarre da vivo sul suo letto di morte, a futura memoria; o un ritratto di Pirandello attribuito a Franco Antonicelli, che all'epoca si trovava al confino in Lucania; o Roland Barthes che cerca l'anima della madre scomparsa in una foto di lei nel 1898, quando aveva cinque anni, e scopre «un'immagine d'innocenza assoluta».

Negli anni Cinquanta don Leonardo aveva scattato fotografie a uso domestico. Non erano ritratti: scrutava i segreti di una Sicilia solitaria, minerale, rupestre, in paesaggi aridi, fatti di sterpaglie ed erbe secche: la stessa che ritrova in certe strade deserte di grandi città spagnole. Fiutava nelle geometrie pietrificate dei paesi e della terra la bellezza che si nasconde, che si fa prendere lentamente, che chiede tempo e intelligenza, come l'interminabile scalinata di Caltagirone in cui ogni gradino è ornato da file di piastrelle tutte diverse tra loro. La sua Barcellona non è poi molto diversa da Randazzo, con quelle case arcaiche dalle finestre contornate di bianco o certi casali di campagna, rustiche cattedrali uscite fuori un po' sghembe. Aveva scritto in una bellissima poesia del 1952: «Come Chagall, vorrei cogliere questa terra | dentro l'immobile occhio del bue. | Non un lento carosello d'immagini, | una raggiera di nostalgie: soltanto | queste nuvole accagliate, i corvi che discendono lenti; | e le stoppie bruciate, i radi alberi | che s'incidono come filigrane».

Tra i tanti rimpianti di una vita, c'è quello di non essere andato a trovarlo nella villetta di contrada Noce, nel paese natale, aperta su un paesaggio sereno. Si occupava anche di viti e di ulivi, produceva qualche decina di litri di vino e di olio per gli amici, e immagino le adornasse di etichette disegnate da lui medesimo. I pranzi di casa Sciascia, riservati a pochi amici, sono stati presto avvolti da un'aura favolosa. C'era chi poteva ricordare con commozione la frittata di avannotti, gli spaghetti conditi con pomodorini freschi, salsicce, formaggio di capra e fichidindia, preparati dalla signora Maria.

Già malato, aveva intrapreso un ultimo viaggio a Milano dal suo nuovo editore, Adelphi. Ero andato a trovarlo in albergo. Lamentava sommessamente di non riuscire piú a leggere, parlava di una maculopatia. Aveva dipinto sul volto lo sgomento per l'offesa gratuita, l'ingiustizia che gli infliggeva la malattia, questa sadica stupida e ottusa, come tutti i sadici. Aveva ancora tante cose da fare, era come se ignoti vandali gli avessero devastato la casa e massacrato gli animali domestici.

Calarsi nelle penombre di misteri cifrati, indagarne i codici, cogliere i depistaggi predisposti e farne la chiave per aprire anche le porte meglio serrate. Era la condizione in cui si sentiva a proprio agio. L'illuminista che era in lui si sentiva offeso dalla trama di menzogne, frodi, inganni, falsificazioni e violenze di cui è intessuta la Storia. L'eterno doppiogiochismo degli italiani, il cui archetipo resta don Abbondio. Quelli che a Milano chiamavano «gli eroi della sesta giornata»: finita la guerriglia urbana delle Cinque giornate, se ne uscivano fuori di casa armati e addobbati della coccarda giusta.

Il suo pessimismo poteva trascolorare in scetticismo, ma non cancellava il piacere di applicare la sua lente alle smagliature, ai nodi irrisolti, alle anomalie, intoppi, refusi che si nascondono in ogni crimine. Nessun delitto è perfetto fino in fondo, nel suo Dna c'è sempre un qualche errore di sistema che non poteva sfuggire al suo talento deduttivo. Fosse vissuto in Inghilterra, gli avrebbero affidato la direzione di Scotland Yard. Studiando le microscopiche imperfezioni del crimine, si può risalire dal particolare all'intero, trovare la chiave dello smascheramento finale, arrivare a una verità, magari momentanea, parziale, ma plausibile, utile in quel preciso momento. Di quelle che portano un momentaneo sollievo, prima che sopraggiunga un'altra slavina di nefandezze.

Nelle sue indagini non c'era ombra dell'*hybris* che fatalmente accompagna ogni riuscita. Pronipote di Sherlock Holmes, discendente di Poe, fedele al culto di Borges, non amava i massimi sistemi. Ne conosceva l'inutilità cognitiva, ne disprezzava la supponenza e la retorica che li accompagnano. Lavorava sui piccoli indizi, perché sapeva che Dio e il Diavolo si rivelano proprio lí. Su quelli applicava la sua lente, e procedeva per ingrandimenti successivi, attraverso una stringente concatenazione di deduzioni logiche, in un procedimento in cui tutto finiva per tenersi.

La qualità dell'investigazione era corroborata dalla qualità delle letture storiche e letterarie di cui si è sempre nutrito. «Crediamo di vivere, di esser veri, e non siamo che la proiezione, l'ombra di cose già scritte», recita un suo aforisma. La caccia alle cose già scritte in cui siamo già scritti anche noi è uno dei piaceri cui non ha mai rinunciato.

È un indagatore pignolo, meticoloso, instancabile. Il gusto delle sue indagini è tanto piú forte quanto piú l'indizio crede di sfuggirgli nascondendosi negli anfratti dell'improbabile. A sua volta, semina i suoi «gialli» di dettagli minuti, quasi invisibili, che sfidano l'acume del lettore. Si sentiva messo alla prova anche Italo Calvino, che a ogni nuovo dattiloscritto che arrivava dalla Sicilia gli scriveva lettere che sono un capolavoro di intelligenza critica, ma anche un elenco di domande che restavano senza risposta.

Nella lettera datata Parigi, 5 ottobre 1974, Calvino scrive: «Ho letto ieri *Todo modo*, dapprima un po' insofferente per questi preti e queste messe e questa teologia, poi appassionandomici subito dal delitto in poi, sia per il giallo sia per la visione infernale dell'Italia democristiana che è quanto di piú forte sia stato scritto in materia». Calvino dichiara poi di aver seguito «con attenzione e divertimento la rete di citazioni letterarie e filosofiche» che gli sembra racchiudano le chiavi decisive, e in particolare i *Pensieri* di Pascal numerati dal 460 al 477.

Ora, la numerazione dei *Pensieri* varia a seconda delle edizioni e delle curatele, e il n. 460 citato nel romanzo non corrisponde a quello che Calvino ha trovato nelle edizioni da lui consultate, in cui peraltro c'è «un elogio delle *lunettes* che poteva andare benissimo nelle tue divagazioni sugli occhiali». Si tratta di un caso oggettivo o di una trappola voluta? Segue una puntuale, articolata e vertiginosa serie di ipotesi su chi sia l'assassino, a testimonianza di quanto i sofisticati congegni di Sciascia lo abbiano coinvolto e intrigato. Alla fine conclude: «Sono sicuro che come già l'altra volta [una puntigliosa lettura del *Contesto*, 1971] non confermerai né smentirai nessuna delle mie ipotesi». Ipotesi che si verificherà puntualmente. Don Leonardo parlava anche con i silenzi.

Non era la gratificazione di una soluzione condivisa quella che offriva. L'uomo che desiderava si dicesse di lui che contraddiceva e si contraddiceva aveva un'ambizione assai piú alta: costringere ogni lettore a giocare una partita superiore alle proprie forze. Si cresce solo cosí, giocando partite perse in partenza, imparando a giocare meglio la prossima.

## Vincenzo Consolo e la babbía di scrivere

Nel 1963 un giovane scrittore siciliano pubblica da Mondadori il suo primo libro, *La ferita dell'aprile*, un romanzo di formazione che racconta un'educazione cattolica. Ha scelto per il titolo un verso di un amico fraterno, il poeta Basilio Reale. L'aprile vuole simboleggiare la stagione dell'adolescenza, quella scontentezza di sé che i romanzi di Cesare Pavese, una delle sue letture fondative, hanno raccontato cosí bene. Ma molte sono le ferite che l'esordiente si porta dietro, dissimulate e risolte nella scrittura.

Vincenzo Consolo, Enzo, nasce a Sant'Agata di Militello, a metà strada tra Messina e Palermo, da una famiglia che gestisce un commercio di olio e granaglie. È un bambino gracile e biondiccio. Sembra un uccellino, i sette fratelli lo chiamano Zigaga, che vuol dire zirlo, il verso che fa il tordo. Molti anni dopo, a Milano, in presenza della gran mole di Riccardo Bacchelli pensa che lui, cosí piccolo, non potrà mai diventare uno scrittore, gli manca il *physique du rôle*. Il padre ripeteva scherzosamente che, diverso com'era dagli altri figli, era un trovatello. Aggiungeva di averlo ritrovato sulla vicina strada per San Fratello, antica colonia d'origine lombarda, in cui si parlava un dialetto incomprensibile, che per i siciliani della zona, raccontava Enzo, era diventato la cifra stessa della diversità, dunque motivo di scherno, di dileggio. Lui invece si sentiva a proprio agio, in quell'identità di sanfratellano. Lo faceva sentire in battaglia contro ogni autorità costituita, contro il codice linguistico dominante. Ma trovatello ha continuato a sentirsi.

Cresce in una casa senza libri, ma a scuola è bravissimo. Quando dopo la licenza liceale si lascia scappare che vorrebbe fare lettere classiche, i suoi gli dicono che, per carità, quella è materia da femmine. Per compiacerli, si laurea in Legge e si adatta persino a fare l'apprendista nello studio notarile di un cognato, a Lipari. Poi insegna diritto in un istituto superiore, ma si sente mancare l'aria.

È afflitto da una timidezza patologica. Scrivere per lui è una ragione di vita, ma si chiede se rifugiarsi nella letteratura non sia un «segno di babbía», di sciocca ingenuità, un modo per evadere dalla realtà. Ama la sua terra, tra le colline e il mare, con un'adesione panica, e tuttavia avverte l'isola come una gabbia. Si chiede se «uscendo da questo pozzo scuro di Sicilia, riuscirei a sbloccare ogni cosa». *La ferita dell'aprile* passa quasi inosservato, apre una stagione di crisi e dubbi crescenti. Cerca e trova maestri, come Leonardo Sciascia, avvolto nel fumo delle sue Chesterfield, e il poeta Lucio Piccolo, cugino di Tomasi di Lampedusa, «il barone magico» che lo invita spesso nella sua villa di Capo d'Orlando, dove lo gratifica di monologhi ammalianti. Intanto matura una coscienza politica che resterà sempre vigile e risentita perché offesa. Ha sperimentato le prepotenze mafiose, assistito alle lotte contadine e alle repressioni poliziesche, è rimasto sconvolto dalla strage di Portella della Ginestra.

Nel 1967 la grande occasione: vince un affollatissimo concorso in Rai. Viene assunto come funzionario addetto ai programmi culturali e si trasferisce a Milano. Non è un'esperienza felice. Non sopporta le regole troppo rigide, le gabbie burocratiche, le imposizioni dall'alto. Ha duri scontri con la Direzione centrale, sperimenta sulla sua pelle quello che oggi si chiama mobbing.

Lo salva il giornalismo. Vittorio Nisticò lo invita a collaborare al battagliero quotidiano palermitano che dirige,

«L'Ora», che ha già al suo attivo tante battaglie civili, in primis contro la mafia trionfante di quegli anni. Nel 1975 Enzo si trasferisce a Palermo, fa il cronista con umiltà, convinto che quello sarà il suo vero mestiere. Ma è anche una calata negli inferi, nelle piaghe purulente dell'isola, dell'Italia. Tocca con mano, come scriverà nell'*Olivo e l'olivastro*, «la trista, alienata, feroce nuova Italia del massacro della memoria, dell'identità, della decenza e della civiltà, l'Italia corrotta, imbarbarita, del saccheggio, delle speculazioni, della mafia, delle stragi, della droga, delle macchine, del calcio, della televisione e delle lotterie, del chiasso e dei veleni».

Intanto fermenta, lentamente e tortuosamente, il progetto di romanzo che diventerà *Il sorriso dell'ignoto marinaio*: una rilettura delle vicende risorgimentali in una Sicilia squassata da tentativi rivoluzionari e rivolte contadine, molto lontana dall'agiografia tradizionale, che si interroga sull'uso mistificatorio della Storia, scritta troppo spesso dalle classi dominanti. «Tutto un imbroglio, un'impostura», come sosteneva convinto l'abate Vella, il dotto falsario del *Consiglio d'Egitto*.

Ne è protagonista Enrico Pirajno, barone di Mandralisca, liberale illuminato, erudito, collezionista, appassionato studioso di scienze naturali, cultore di chiocciole e molluschi, che ha reso pubbliche le sue raccolte trasformando la sua casa di Cefalú in museo, quello stesso dove ancora oggi si conserva il meraviglioso ritratto di ignoto di Antonello da Messina, da lui acquistato a Lipari.

A superare le incertezze di una stesura tanto travagliata è la moglie di Enzo, Caterina, che di nascosto da lui porta al libraio-editore Gaetano Manusé i primi due capitoli del romanzo, per una edizione d'arte arricchita da un'acquaforte di Renato Guttuso. Corrado Stajano ne scrive entusiasta sul «Giorno»: è piú sottile e intenso del *Gattopardo*, è uno Sciascia poetico. Mi precipito a scrivere a Consolo che interessa molto a Einaudi. Solo molti anni dopo scoprirò che anche lui era stato un fedele cliente rateale dello Struzzo. Compilava lunghi elenchi di libri vagheggiati, da acquistare a mille lire al mese.

A questo punto l'uomo dei dubbi è obbligato a vincere le sue titubanze. In tre mesi finisce il lavoro, di getto. Stajano aveva visto giusto. *Il sorriso dell'ignoto marinaio* si rivela un romanzo stupefacente, un poema in prosa sostenuto da una scrittura potente, musicale, fortemente ritmata, che fonde in una polifonia di voci un italiano «alto» e i dialetti, tradizione colta e materiali popolari. Lavora su una vertiginosa pluralità di lessici, registri e toni, dove la parola è spinta verso un massimo di sonorità e splendore. Ha lo stesso vorace enciclopedismo del suo amato Gadda, incrocia invenzione e documenti autentici, si abbandona alla vertigine della lista. Gode nel nominare le cose, la natura di casa che conosce cosí bene, in un rapporto quasi carnale. Cosí avverrà negli altri suoi libri, come la malinconica favola teatrale *Lunaria*, in cui la Luna cade su una contrada di una Palermo settecentesca, a simboleggiare la fine di tante cose. O in un altro romanzo corale e musicale, *Nottetempo, casa per casa*, che vince il Premio Strega 1992. Qui l'avvento del fascismo in Sicilia è colto attraverso l'arrivo a Cefalú di una stravagante comunità di cultori di riti esoterici, capeggiata da un moderno superuomo, l'inglese Aleister Crowley, profeta di una religione satanica, tra sesso e droga.

L'uomo che nel 1976 arriva nella redazione di Einaudi ha lo stesso mezzo sorriso dell'ignoto di Antonello: «ironico, pungente e nello stesso tempo amaro, di uno che molto sa e molto ha visto, sa del presente e intuisce del futuro; di uno che si difende dal dolore della conoscenza e da un moto continuo di pietà». Lo scrittore che vuole dare voce agli oppressi e ai diseredati non ha nulla del tribuno, non è uomo di invettive. Al contrario, racconta a bassa voce, senza scatti o soprassalti, senza aiutarsi con i gesti, con una sorta di doloroso stupore di fronte alle infamie del mondo, tra orgoglio e lampi di sarcasmo, come se raccogliesse le conferme di qualcosa che ha sempre saputo. Parla di sé solo per quello che può coincidere con il «noi» di una collettività offesa e in cerca di riscatto. La sua mitezza nasconde la tensione di un continuo sospetto. Sta sempre sulla difensiva, come i suoi contadini e i suoi pescatori. Bisogna quasi insistere per cavargli qualche avara notizia sul suo privato. Non ama gli aneddoti personali. Gli sembrano futili.

Con gli anni, lo scetticismo che divideva con il suo maestro Sciascia s'era fatto, come per lui, immedicabile pessimismo. Si guardava indietro, riassumeva il proprio percorso in poche battute: «Il mondo che volevo descrivere, il mondo contadino, si stava frantumando. Era in atto un esodo di braccianti che partivano per il Nord e diventavano operai. Si pensava ancora che Milano fosse diversa e opposta alla realtà siciliana. Questa mitologia era stata alimentata da Vittorini. Lí ho lavorato in quella che definisco una fabbrica di armi, ossia la televisione, la Rai. Progressivamente il mito di Milano mi si è infranto, stagione dopo stagione, prima con gli anni di piombo, poi col riflusso craxiano, infine con l'era di Berlusconi. Questa è la mia storia».

Tuttavia non si voleva arrendere allo sconforto e al pianto: «Solamente i poeti, ancora, posseggono l'oscuro segreto delle parole per dire, con la piú alta dignità e piú alta bellezza, della grande avventura dell'esistere, della vita; dei suoi dolori, delle malattie, della morte; dire delle sue consolazioni; dell'amore, dell'arte, di un fiore (sia pure una ginestra), del sorgere del sole, del tramonto della luna, della grazia di una donna».

# Gianni Celati, jogger delle pianure

Per tutta la sua lunga vita Gianni Celati ha sempre corso, metaforicamente e no, con il passo spedito del jogger, con la grazia leggera ed elegante degli elfi. Come l'amato Céline, avrebbe voluto essere dappertutto. Magro, sottile, bellissime mani, voce profonda con cui enunciava con fervida compostezza progetti ammalianti, utopie a portata di mano, persino le delusioni che gli accendevano la voglia a rimettersi in gioco, avrebbe potuto essere un attore del cinema francese o inglese, tipi introversi alla Trintignant o alla Dirk Bogarde. Adorava i grandi comici del cinema americano, Buster Keaton, Harry Langdon, Stan Laurel, con le loro maschere malinconiche e metafisiche di personaggi alla Beckett.

Non a caso, esordendo presso Einaudi nel 1971 con *Comiche*, aveva confessato all'amico Calvino, fratello maggiore e complice per lungo tratto di imprese poi rimaste incompiute, che avrebbe voluto produrre per iscritto l'effetto di una smorfia di Stanlio, dove il gesto linguistico diventa gesto fisico. La sola cosa che gli interessava, aggiungeva, era la bagarre, «quando tutti si picchiano, tutto scoppia, crolla, i ruoli si confondono, il mondo si mostra per quello che è, cioè isterico e paranoico, e insomma si ha un impazzimento generale». Allora l'unico modo per renderlo era inventarsi un linguaggio che riproducesse proprio quegli scarti, quelle bizzarrie, attraverso il falsetto delle libere associazioni, i giochi di parole, i balbettii, gli anacoluti.

Come se solo deformando il linguaggio si potesse arrivare a un senso nascosto.

L'erranza, il nomadismo, il gusto del movimento e del viaggio erano inscritti nel codice genetico della sua famiglia ferrarese. Il padre, dipendente della Banca d'Italia, aveva girato mezza penisola, da Sondrio (dove Gianni era nato nel 1937) a Trapani, da Belluno a Bologna. È lí che il giovane Celati aveva compiuto i suoi studi, intrecciando letteratura (una laurea su Joyce), linguistica, logica (dichiarandosene poi incompetente, ma continuando a frequentare Wittgenstein), strutturalismo, psichiatria (da lí, appunto, l'interesse per il linguaggio della follia, tutto da decifrare e interpretare, come quello dei sogni). Poi tanti viaggi, incursioni, dialoghi febbrili, curiosità onnivore.

Aveva studiato, vissuto e insegnato un po' dappertutto, a Londra e negli Stati Uniti (alla Cornell University ma anche in California), in Francia (dove aveva scoperto la Normandia, di cui adorava l'aria campagnola), l'Africa del Senegal e del Mali. Alla fine aveva trovato casa a Brighton. Il mare, anche quello cosí deliziosamente démodé, quasi un mare letterario, gli dava pace, ma senza mai dimenticare la cattedra bolognese e la Padania, fedele com'era alle radici e alle amicizie. Sempre bravissimo nell'esserci senza mai apparire, nemico della tuttologia, dell'esibizionismo, delle rigidezze del razionalismo e dello storicismo, dell'attitudine consolatoria della narrativa tradizionale e di genere, dell'attualità che è solo un rumore di fondo. I suoi punti di riferimento erano classici come Rabelais, i maccheronici, Ariosto, Swift, Lewis Carroll: spacciatori di visioni, capaci di aprirsi alla potenza del fantastico e dell'immaginario. Viveva, sempre con una valigia alla mano, nel mondo atemporale della fabula. Cosí negli anni Settanta aveva prodotto una sorta di quadrilogia dell'infanzia, che da *Comiche* e *Le avventure di Guizzardi* arriva alla *Banda dei sospiri* e a *Lunario del paradiso*: la famiglia come tornado in miniatura che si alimenta di fallimenti. Uno stralunato concertino di voci dissonanti, forse fatte per essere recitate o interpretate in senso musicale, piú che lette, stante la sua passione per il teatro e la teatralità.

Negli anni Ottanta, poi, la soggettività esasperata e deformante s'era trasformata nell'osservazione accurata del viaggiatore romantico che guarda la sua stessa terra con gli occhi del favolista, piú ancora che dell'antropologo. Con una prosa asciutta, attenta al dettaglio, mescolava aneddoti, finzioni, osservazioni realistiche che si aprono al simbolo, alla metafora, alle riflessioni sulla vita, il tempo, la morte. Nascono i *Narratori delle pianure*, *Quattro novelle sulle apparenze*, *Verso la foce*. La tenera malinconia che è un loro tratto distintivo può diventare depressione e spiegare i taccuini di viaggio degli anni Novanta poi raccolti in *Avventure in Africa*, dove Gianni si dipinge come un signore dalla faccia anni Sessanta che fuma troppo e dorme male, un curioso che viaggia senza sapere bene perché, ma si fermerebbe volentieri a guardare lo scorrere del Niger, come per abbandonarsi al fluire lento e maestoso del grande fiume della vita. Ma sempre consapevole che il mondo esiste solo se raccontato, e che bisogna chiamare le cose «perché restino con te sino all'ultimo».

Nel tentativo di trovare questo passaggio a nord-ovest, di creare collegamenti tra generi espressivi, Celati si è misurato anche con la fotografia (attraverso l'amicizia con un grande innovatore come Luigi Ghirri) e il cinema (il bellissimo *Diol Kadd*, 2010, sulla vita di un villaggio senegalese) e soprattutto con l'arte della traduzione, amoroso corpo a corpo con altri vertiginosi sistemi linguistici. Imprese eroiche, come le versioni da Céline (*Il ponte di Londra* e *Guignol's Band*) e l'*Ulisse* di Joyce (sette anni di lavoro, 2013), ritorno agli amori giovanili, sfida estrema alle possibilità della parola. Continuava a correre nei boschi letterari, sembrava che non facesse nemmeno fatica.

# Compagni di banco

*La scolaresca è variopinta, come ha da essere, e come l'editore vuole. A Einaudi interessa tener viva la dialettica tra diversi, perché solo da lí può nascere qualcosa: anche dallo scontro, dal conflitto, che ha da essere duro e leale. Ci sono quelli che sono partiti dalla gavetta e della gavetta hanno conservato l'umiltà e la disponibilità, come Roberto Cerati, la cui giacchetta nera assomiglia a un saio, e da buon frate laico ha una cura maniacale dell'orto librario, dove predilige le piante aromatiche. Altri vengono dall'università, già spogli di ogni rigidezza accademica, e anzi vogliosi di ibridare discipline diverse, come Paolo Fossati. Altri ancora, come Nico Orengo, devono la loro vera formazione ai giardini Hanbury e alle barche dei pescatori della Mortola, al confine di Mentone. Per tutti loro i libri sono un mezzo per arrivare agli uomini.*

# Roberto Cerati, san Francesco del libro

«Esserci sempre, apparire mai», era il motto di Roberto Cerati, il san Francesco dei libri, come lo aveva definito Guido Davico Bonino. «La mia – diceva – è stata, come tante, una vita di servizio». Come tante, proprio no. Questo maestro di discrezione e di riserbo, zazzera corta, volto romanico, un vestito per l'estate e un altro per l'inverno, una vita passata sui treni a portare ovunque la buona novella del libro che ti aiuta a crescere, che manda a decine di amici e sodali bigliettini di suo pugno per l'onomastico o il compleanno, ha servito in totale dedizione e letizia non soltanto il suo editore, Giulio Einaudi, di cui è stato l'interprete e il complice piú fidato, ma generazioni di autori, librai, lettori, quanti si ostinano a considerare il libro lo strumento principe per la crescita civile degli italiani. Uno degli uomini che hanno fatto grande la civiltà italiana del libro.

Frate Roberto era un Gandhi padano, un prete operaio, un volontario tuttofare, un giudice di pace, un samaritano, un mandarino che sa tutto dei meccanismi che regolano la vita del Celeste impero di via Biancamano e sacrifica se stesso per il bene dell'istituzione. Quando diventa presidente della casa editrice non muta di una virgola le sue abitudini parsimoniose, il suo esserci per tutti, sempre. Niente macchine blu, segreterie sfarzose. Continuava a fare tutto da solo.

Viene dall'alto novarese e ama ricorrere alle metafore contadine. Di suo vero nome fa Ceratti, ma si è tolto una «t» per ragioni di eufonia. Nel 1945 ha in tasca una laurea su Pirandello (come molti timidi adora il teatro). Un giorno va da Pavese e gli suggerisce sommessamente di pubblicare le commedie di Eduardo (l'altro alza le spalle infastidito, preso com'è dai suoi tormenti). Amico di Vittorini, Albe Steiner e Max Huber, ha «strillato» il «Politecnico» in piazza Duomo. Insieme a Elio arriva per caso in viale Tunisia, a Milano, dove l'editore per breve tempo tiene casa e bottega. Einaudi capisce al volo le qualità dell'uomo che dice di non saper far niente, e lo incarica di curare le vendite in Lombardia. Cerati va a Pavia, prende un elenco del telefono, e si annota le librerie da visitare. Da allora i due diventano inseparabili.

Il prete operaio diventa presto cardinale senza smettere la giacchetta nera. Considera il libraio il piú caro dei fratelli. Non forza mai la vendita, conosce bene quello che vende. I librai si fidano ciecamente di lui, gli affidano i rifornimenti, lo chiamano persino a dirimere questioni di famiglia. Come un corrispondente di guerra, ha l'abitudine di scriversi da solo lettere, relazioni e omelie, con una vecchia Olivetti portatile. Risponde personalmente alle telefonate. Si fa carico di quegli esseri ansiosi e insicuri che sono gli autori, i collaboratori, i colleghi. Li invita a pranzo, li confessa, li conforta, li sprona. In ufficio tiene due quadretti che portano un detto di Di Vittorio (l'operaio sa cento parole, il padrone mille: per questo vince sempre lui) e un altro di Luigi Einaudi in lode della naturale operosità di migliaia e milioni di individui, del loro orgoglio creativo piú forte di tutto quello che si fa per scoraggiarli o incepparli. È dappertutto, ma sempre nelle ultime file, discreto, silenzioso. Non va a feste e cerimonie, non parla in pubblico, non ama rilasciare interviste. La sua diplomazia sotterranea restaura senza posa la tela delle relazioni che fanno un gruppo, un'azienda, una comunità. Ben oltre ogni possibile scacco o delusione, continua a credere in quello che fa, a pensare che i buoni libri possono rendere un po' migliori gli uomini. Esserci sempre vuol dire sperare ancora in loro.

## Paolo Fossati, perfetto einaudiano

Era il prototipo dell'einaudiano perfetto. Eravamo stati compagni di scuola sui banchi del liceo, già allora era avanti anni luce rispetto a noi, normalissimi, disciplinati bamboccioni della buona borghesia cittadina. Aveva preso la tessera del Pci, faceva politica militante e letture extrascolastiche che non potevamo nemmeno immaginare, Saba e Montale, mentre noi ci fermavamo a Pascoli e Carducci senza avere nemmeno la curiosità di andare oltre. La sua alterità cominciava proprio con quelle letture adulte. Correva da solo, non provavamo neppure a tenergli dietro. Per questo mi è sembrato del tutto naturale ritrovarlo nell'ufficio di Giulio Bollati per il colloquio cui sarebbe poi seguita la sua assunzione alla segreteria editoriale, con Guido Davico Bonino.

Detto che era un einaudiano perfetto, resterebbe da chiarire che cosa definisce un einaudiano, o meglio, che cosa l'editore voleva dai suoi collaboratori. Com'è noto amava gli eretici, gli irregolari, i borderline culturali, gli esploratori di mondi incogniti, quelli che ti spiazzano perché non assomigliano a nessuno, gli ibridi che mettono in crisi le categorie prefissate. Diffidava dello specialismo fine a se stesso, quando si limita a produrre grigie carriere accademiche, quando è quasi compiaciuto della propria separatezza, del proprio elitarismo un po' avulso dalla vita. L'insulto tombale che poteva rivolgere era «erudito». Diceva: «Oggi di matti ce ne sono pochi, se ne sente la mancanza». La «benemerita serietà» della casa editrice non gli bastava, non amava la manualistica per adozioni universitarie. Tutto quello che l'università poteva fare era accorgersi, dopo un po', che i libri pionieristici di via Biancamano avevano una ricaduta didattica per i loro specialissimi pregi in fatto di una novità mètodologica che sconfinava nella provocazione. Come ha scritto Walter Barberis, il metodo einaudiano coniugava l'impazienza emotiva e la probità artigianale.

Fossati non era né matto né capriccioso. Emotivo sí. Sembrava agitato da una sorta di fuoco di Sant'Antonio culturale, di cui era spia anche la voce rauca, rotta, sempre sul punto di spezzarsi; e certi aggrovigliamenti di scrittura. Finiva per risultare piú chiaro a voce che sulla pagina. Partiva da una solida base filologica (si era laureato con D'Arco Silvio Avalle), apparteneva alla specie rara dei filologi creativi, come Contini e Isella. Al pari di Calvino, era un costruttore di reti, un creatore di sinapsi culturali, un insoddisfatto che lavorava a creare connessioni mai viste prima. Di lui piaceva a Einaudi proprio la non classificabilità, la non prevedibilità dei collegamenti, il rifiuto delle ingessature istituzionali.

Nel programma Einaudi nessun libro correva da solo. Il programma veniva scritto come una sinfonia, qui gli archi, là i fiati, il piano, i tamburi, l'arpa. Ogni libro era la voce di un coro. Per questo tipo di scrittura musicale Fossati era perfetto: incarnava come pochi le tensioni sperimentali, i rovelli di un secolo. Della pattuglia che ha costruito la gloria del catalogo dello Struzzo, Fossati, come diceva Calvino, era l'intelligenza piú acuminata, spesso provocatoria, preziosa sempre, con le sue intuizioni, le aperture, gli scatti e gli affondi. Letteratura, arte, storia, politica, filosofia, scienze umane, musica, cinema, fotografia, insieme nello stesso discorso. Era un lettore insonne. Posso dirlo perché, quando negli anni Settanta andavamo alla Fiera di Francoforte e dividevamo la camera per risparmiare, per non disturbare passava la notte a leggere nella vasca da bagno. Si lanciava nelle sue esplorazioni con il senso d'assoluto che è tipico dell'adolescenza.

Questo burbero incazzoso ma tenerissimo, capace di ire e furori che lo facevano tremare, di invettive gaddiane, usava maieuticamente le armi della polemica piú acre per predicare la decenza intellettuale, l'esattezza del gesto, il senso di una storia da riscrivere continuamente, la complessità dei contesti.

Nel lungo colloquio con Severino Cesari, Einaudi rende a Fossati un merito speciale e piuttosto inusuale per lui, che non amava dichiarare ammirazione o gratitudine (non si è mai visto un sovrano ringraziare un sottoposto). Sapeva troppo bene che nel gioco di squadra Fossati era un protagonista ideale.

Ci sono due diversi modi di fare critica d'arte e critica letteraria, rifletteva: «L'uno privilegia il momento creativo e originale dell'opera, l'altro invece warburghiano, che cerca di disseppellire e interpretare i molteplici strati di significato, i modelli e i materiali sedimentati e rielaborati in una immagine». Le collane einaudiane corrispondono a quel doppio registro: da una parte i «grandi fiumi», che fanno riferimento a «un sapere in continuo approfondimento e a un catalogo in continua crescita enciclopedica e pedagogica perfino. Dall'altra le collane molto caratterizzate, d'avanguardia, sperimentali, dove ogni singolo libro si rivolge direttamente alla sensibilità del lettore». E tuttavia non si tratta di posizioni antagonistiche, ma complementari. Einaudi dichiara le sue preferenze per queste ultime, le collane a ciclo chiuso: i «Gettoni» di Vittorini, i «Centopagine» di Calvino e «Einaudi Letteratura», legata a Paolo Fossati. Naturalmente «Letteratura» va inteso nel senso piú ampio, come il luogo delle creatività in cui si incrociano esperienze e linguaggi diversi: la pluralità, insomma. Dice dunque Einaudi:

È proprio in «Einaudi Letteratura» che il nesso tra immagine e scrittura, tra arti e letteratura diventa intrinseco; un rapporto che si colloca nel gesto creativo da cui esse nascono. Una collana che deve molto all'intelligenza di Paolo Fossati. È la «sua» collana, dove trovi un Calvino che presenta la pittura di Giulio Paolini; Beckett e Bataille… Dove trovi i *Concetti spaziali* di Fontana tra un Ferlinghetti e un Sanguineti. *Dinamismo futurista* di Bragaglia insieme a Mandel′štam. Lo splendido *Oggetti d'affezione* di Man Ray, tra Bragaglia e Breton. Poi Fausto Melotti, *Lo spazio inquieto*, ancora con un saggio di Calvino, tra Céline e Cortázar. Spazia senza limiti. Ed è bellissima anche graficamente, con ogni copertina unica, dentro un modulo di fondo, sempre riconoscibile. È durata una quindicina d'anni: iniziata nel '69 e finita nell'83. Forse non la piú importante, ma certamente una delle piú belle collane Einaudi.

Nel suo lavoro a tutto campo, Fossati non faceva certo mancare i suoi stimoli a un periodico come «Libri nuovi», che dal 1969 al 1978 usciva due o tre volte all'anno. Le novità della casa venivano discusse e approfondite con saggi e interventi ponderosi, ad alta densità specifica. Vere, micidiali paginate di piombo che tuttavia i lettori dell'epoca erano in grado di sorbire tranquillamente. Ebbene, negli articoli che Paolo ha scritto per «Libri nuovi» ho ritrovato temi e spunti che gli erano cari.

Nel dicembre 1968 si occupa delle fotografie del conte Primoli, cronista figurativo dell'età umbertina, tra scapigliature e liberty, a cura di Lamberto Vitali. Fossati non nasconde il suo disappunto per quella che lui giudica una riscoperta tardiva, legata alla vecchia idea che la fotografia sia un'arte minore. Del lavoro di Vitali sottolinea proprio la meritoria contestualizzazione di Primoli tra letteratura, storia della fotografia e arti plastiche. Avrebbe voluto arrivare al romanzo, Primoli, ma la macchinosità del genere lo bloccava ogni volta. Preferiva l'osservazione rapida, stilizzata: in questo era già moderno. Cercando di ridurre il tempo di posa, Primoli vuole stare sui fatti, sull'interpretazione a caldo, coglie dettagli rivelatori al volo, non ama la staticità, non vuol fare pittura. Primoli non ritrae l'avvenimento, ma le impressioni che desta in chi le vive: tratto che è al centro del lavoro di Fossati, per il quale in ogni caso i movimenti come il divisionismo, il simbolismo o il prefuturismo non sono una faccenda di arte figurativa e basta. Sono un'espressione creativa che investe un'intera società, un'intera cultura. È su quel contesto esteso e ramificato e complesso che lui ha lavorato.

Pochi mesi prima s'era occupato della *Crestomazia italiana* di Giacomo Leopardi, in due tomi: il primo dedicato alla poesia, il secondo alla prosa. Leopardi aveva antologizzato da par suo la letteratura italiana, facendo diventare la sua scelta un manifesto non solo poetico, ma civile e culturale. Fossati dichiara il suo accordo con Leopardi nell'intendere la prosa come un'attività non solitaria, isolata o marginale, ma strettamente connessa con la vita civile, come un impegno di rigenerazione collettiva. Per lui «prosa» è una forma di operosità globale, un modo di fare confluire l'esperienza individuale in un ragionamento collettivo.

Quando agli inizi degli anni Settanta si occupa della storia del design italiano, lo intriga per negativo la situazione paradossale per cui in Italia ci sono dei designer, ma siccome non esiste praticamente la committenza, come invece accadeva in Germania, di fatto e in pratica si era fatto poco design attuativo. Nel 1974 si occupa di un volume che raccoglie i saggi di Tomás Maldonado, *Avanguardia e razionalità*. In che modo le spinte dell'avanguardia trapassano nella ratio di una progettualità legata alla serialità industriale, che è tipica del design? Anche qui Fossati apre un discorso globale, in cui la pluralità di approcci e di linguaggi vuole approdare a un confronto diretto della realtà. Tutto può e deve tornare utile per misurarsi con la realtà delle cose, per modificarla in concreto. Quello che lo appassiona degli artisti è proprio la concretezza del fare, il rapporto diretto con la materia che maneggiano: la loro confidenza carnale, quasi sensuale con la tela, con i colori, l'atto creativo come un momento di congiungimento amoroso, di *amour fou*. Lo ricordo cosí, tutto preso da una specie di trance demiurgica, dall'emozione del gesto creativo che si rinnova continuamente. Le arrabbiature e le delusioni non hanno mai offuscato in lui quel piacere primigenio, irrinunciabile.

## Nico Orengo, Tom Sawyer in Riviera

Del suo ingresso in via Biancamano nel 1964 conservo un'immagine nitida: un ragazzo alto, occhialuto e molto *racé*, fronte ampia e capelli lunghi, che si staglia nel vano della porta dell'ufficio stampa, timidamente, chiamandomi rispettosamente «dottore», stringendo nella mano la plaquette di poesie che aveva appena pubblicato, e portava una presentazione autorevole, quella di Franco Antonicelli.

Per anni abbiamo lavorato uno di fronte all'altro, nel pittoresco disordine della redazione einaudiana: magari non proprio un modello di organizzazione, ma certo un teatrino di straordinario divertimento. Correvamo a perdifiato dietro alle invenzioni imprevedibili di uno chef geniale come Giulio Einaudi, per il quale ogni piatto librario doveva essere cucinato espresso. Magari a cinque minuti dal presentarlo in tavola bisognava buttare via tutto, perché lui s'era messo a inseguire un altro estro improvviso e migliore.

Il giovin signore utilizzò subito il suo charme personale nella non facile gestione del parco autori della casa, che andava dai nomi venerati dei senatori a vita, Vittorini, Calvino, Natalia Ginzburg, Bobbio, Mila, ai giovani esordienti delle collane sperimentali. Con il suo intuito di scopritore di talenti, Einaudi lo arruolò subito tra i prediletti e ve lo tenne ininterrottamente, lui cosí facile agli abbandoni e a nuovi innamoramenti. Nico era il contrario dei «noiosi» che evitava accuratamente.

Einaudi voleva che ogni giorno restasse memorabile per incontri e scoperte. Voleva stupirsi per nuovi scrittori, filosofi, registi, pittori che passavano da Torino o vivevano lí, ma ancora incogniti. Chiusa a tarda ora la bottega di via Biancamano, le serate erano la parte non meno importante di un lavoro che continuava in altri modi. Nico era bravissimo nell'intuire, assecondare e gestire le curiosità del sovrano, che poi erano le sue, sempre dandogli rispettosamente del «lei» fino alla fine. I due si intendevano alla perfezione e si divertivano un mondo scambiando battute in codice, allusioni, giochi di parole, ghiotti pettegolezzi che poi sarebbero tornati buoni.

Nico raccontava che la sua vera formazione s'era svolta nello scenario incantato dei giardini Hanbury, tutto intorno alla villa che gli Orengo avevano posseduto prima di venderla agli inglesi nel 1867 e che lui continuava a guardare con antico orgoglio signoriale, come se gliela avessero appena portata via quei predoni colonialisti di buone maniere che erano. E sulle barche da pesca che di notte andavano per il mare dei Balzi Rossi. Inseguiva odori, sapori, luci, apparizioni a metà tra la magia del fiabesco e l'esattezza della tavola naturalistica. La Mortola, al confine tra Italia e Francia, tra terra e mare, mobile «dogana d'amore», divenne un suo personale ducato poetico, esatto e insieme teneramente trasfigurato, nel segno di Cézanne e di Montale: «Sulla piana di Latte, oltre l'uliveto e le grandi palme, fiorivano alberi di giuggiole e melograni, siepi di gelsomino e glicine, oleandri rosa e camelie. Un po' piú appartati, oltre la seconda fila delle palme, crescevano nella sabbia piccoli fazzoletti di asparagi bianchi, e, in un terreno ferroso, carciofi, finocchi e gli zucchini belurini o trombetta, che sgusciavano come anguille oltre le reti, verso i sassi bollenti della spiaggia».

Voleva mettere sotto la tutela della poesia un paesaggio sconvolto dalla speculazione: l'uliveto piantato dai benedettini settecento anni prima, la casa colonica con le bougainvillee, che profuma di rosmarino e basilico.

Aveva acquisito una fraternità vera con piante e animali, di cui sembrava conoscere ogni abitudine e moto di quell'anima che sicuramente possiedono: le dorine, le ofiure che ingannano l'anemone marino, la trota errabonda del Roia, l'anguilla «che lega il fiume | al mare in nodo di mistero», i ricci di febbraio «carichi di rossa vita», le acciughe gregarie, ma anche la jacaranda, il celacanto, il pepe e il carrubo. Il suo sapere non l'aveva trovato nei libri, ma se l'era costruito nelle sue scorribande di Tom Sawyer rivierasco, giardiniere e pescatore. Sui libri l'aveva ritrovato dopo, a conferma. Sui libri degli altri, oltreché sui propri, ha poi lungamente lavorato, ma sempre con la freschezza di quegli incontri tra mare e terra, che l'avevano segnato della loro grazia speciale.

In mezzo a orti, giardini, ville e grand hotel scopriva microstorie incantate. Da lí era passata la sfolgorante bellezza mediterranea di Ava Gardner, che girava a Sanremo *La contessa scalza*. Da Apricale era partito Giovan Battista Martini, emigrato in America a fare il trombettiere di Custer con il nuovo nome di John Martin, unico sopravvissuto alla strage di Little Bighorn. Stanlio e Ollio, tristi e acciaccati, avevano girato sulla costa il loro ultimo film, *Atollo K*, sgangherata pellicola pacifista.

«La vita è storta», dice un suo personaggio. Ma la vita ti dà anche le acciughe, il vermentino, le mimose, gli zucchini belurini e il coniglio alla cacciatora, che come lo fanno a Dolceacqua non lo fanno da nessuna altra parte.

# Mattatori

*I mattatori si muovono sul palcoscenico come ci fossero nati. Hanno con il loro pubblico una confidenza quasi carnale, ne intuiscono la sensibilità e le emozioni, lo blandiscono e lo provocano, lo tengono in pugno. La loro vitalità va ben oltre la pagina scritta, diventa performance, happening. Il gesto fisico è importante quanto l'astrazione della parola.*

*I mattatori sono fuori misura in tutto, per questo ne abbiamo bisogno.*

# Renato Guttuso, le piovre e i rinoceronti

Qualche bello spirito romano specialista in calembour aveva ribattezzato i suoi quadri «picassate alla siciliana». Per anni il segno grafico di Renato Guttuso, le sue chine schizzate con furiosa sicurezza, i colori accesi, da cartellonista che conosce bene i gusti del pubblico, hanno rappresentato per il popolo della sinistra italiana una delle icone che non si potevano discutere, ma soltanto amare, come la colomba di Picasso. Difficile pensare che quell'arte cosí efficacemente mediatica e populista nasceva dalla mano di un signore dal profilo aristocratico, dai completi elegantissimi e dal tratto affabile, insuperato *charmeur*.

È probabile che sia stata proprio l'efficacia del segno a portare sulle sue tracce Giulio Einaudi, che in piena guerra apriva la casa editrice alla narrativa. Per illustrare le sopracoperte dei nuovi talenti, il giovane editore commissionava opere originali a pittori congeniali. Era un modo anche quello di sperimentare, innovare, lasciandosi alle spalle l'aria quaresimale delle meste copertine degli anni Venti e Trenta. Cosí accadde che Francesco Menzio gli avesse dato il delicato acquarello che accompagna *Paesi tuoi* di Pavese, e che a Milano lavorassero per lui Giuseppe Ajmone e Cesare Peverelli.

A Guttuso fu richiesta la copertina dei *Proscritti* di Von Salomon, truce storia di guerre e di stragi. Guttuso immaginò una fucilazione di massa, nei cui gesti esasperati e didascalici si poteva cogliere la lezione di *Guernica*.

A Torino l'illustrazione piacque: «Mi pare faccia meraviglie, – gli scrisse Einaudi. – Tale è il parere di tutti». E sulle ali dell'entusiasmo gli aveva proposto di tradurre i *Pensieri* di Ingres, magari da mettere accanto ai *Diari* di Delacroix affidati alle cure di Lalla Romano.

Il Maestro, che non sapeva – almeno per breve tempo – resistere alla pressione degli affetti amicali, si mise perfino al lavoro, ma dovette abbandonarlo presto visto che da Torino cominciarono a piovere solleciti che restarono inevasi. Incombeva ben altro: la caduta del fascismo, la Resistenza, la clandestinità.

Ma nel 1945 è a Guttuso che Einaudi pensa immediatamente quando si tratta di avere un bel disegno emblematico che apra la neonata rivista «Risorgimento» (tra i collaboratori, Moravia, Sapegno, Salinari, Manacorda), che sotto quella testata un po' rétro nutre l'ambizione di dar voce alla cultura della nuova Italia. La redazione chiede a Guttuso anche un articolo, ma la rivista chiude all'improvviso. L'editore è tutto preso da un nuovo amore, il progetto del «Politecnico» di Vittorini, che ha la sua direzione a Milano.

A Milano di Guttuso non si dimenticano: gli scrivono anzi d'ufficio che – bontà loro – il suo nome è previsto nell'elenco dei collaboratori romani. Anzi, Vittorini avrebbe gradito un suo articolo sul «problema dei cartelloni, dei manifesti, delle copertine». L'articolo non viene scritto o non esce, ma Guttuso si distingue per i disegni che accompagnano un pezzo del direttore sulla guerra civile spagnola, e articoli su Faulkner e sull'Hemingway di *Addio alle armi*. È lo stesso Vittorini a spiegare in un altro articolo quali sono le qualità del Guttuso illustratore: «Esistono due buoni modi di illustrare un libro, corrispondere al suo linguaggio, al suo stile, o interpretare il fondo con un istinto di rabdomante che trova ciò che lo scrittore stesso non poteva sapere d'aver detto. Renato Guttuso ha seguito questo secondo modo e il risultato ci è sembrato bellissimo». Da Torino gli commissionano altre copertine hemingwayane, e per i libri di Pavese. Lui rilutta, «non avrei voglia, ma a Einaudi e a te non so dire di no».

Guttuso scorcia e condensa emozioni, coglie il nucleo dell'azione, il suo senso profondo, e consegnandolo a chi guarda sembra voler fare di lui un uomo migliore. Arriva anche un momento epico quando Pablo Neruda, fuggito dal Cile, si rifugia in Italia e nel 1952 viene espulso dal governo italiano con un provvedimento che scatena tafferugli di piazza.

Nei ricordi del poeta, Guttuso «aveva l'aspetto di un guerrigliero», ed Elsa Morante s'era distinta per avere preso a ombrellate un poliziotto. I dieci disegni che Guttuso dedica all'edizione delle poesie di Neruda sono a loro modo esemplari: prigionieri in ceppi che guardano le stelle, possenti braccia operaie che a Stalingrado uccidono con falce e martello l'idra nazista, una coppia scosciata di borghesi che ballano sotto la Tour Eiffel.

Ormai le opere di Guttuso, originali o riprodotte, fanno parte stabile della grafica einaudiana degli anni Cinquanta (le copertine di Sciascia, Dolci, Daví). Einaudi, spesso ospite nella villa di Velate, attesta all'amico «la grande emozione» che gli danno i suoi quadri, «sempre impegnati e ricchi di contenuto». Ma i tempi cambiano, l'astrattismo avanza. Poteva Einaudi, innamorato cronico d'ogni novità, ignorarlo? Guttuso ci soffre, ammonisce l'editore a non confondere la cultura con la moda, a essere controcorrente quando è il caso, a non offrire «alla piovra un appoggio in piú».

Ma chi sarà la piovra? Einaudi precisa che per lui la qualità artistica significa ricerca, rovello. Per lui «piovra» è l'astrattismo quando è vuoto e non rappresenta nulla, o l'informale quando è solo un gioco, ma anche il realismo quando è solo naturalistico. Ad esempio «Hartung, Klein e oserei dire lo stesso Burri hanno peso, sento che c'è dentro qualcosa, cosí come hanno peso, e che peso, Guttuso o Picasso». E insiste: «Un editore serio, un editore progressivo deve rappresentare una realtà culturale e artistica nella complessità delle sue diverse espressioni, accompagnandola con un discorso critico coerente, non vantarsi mai, e tanto meno cercare di imporre nulla». È la teoria einaudiana dello scontro dialettico.

Guttuso si spiega. Non ce l'ha con gli astrattisti, che ha difeso, ma con Giulio Carlo Argan e i vescovi dell'arte astratta, «che se pensassero come te non parlerei di piovra. A me un cattivo realista fa piú schifo che a te». E qui Guttuso tira in ballo un altro animale, il rinoceronte: «Se non tutti gli astrattisti sono rinoceronti, oggi i rinoceronti sono tutti astrattisti».

L'ultima grande impresa di Guttuso per Einaudi sono le tavole che accompagnano l'edizione dei *Promessi sposi* introdotta da Moravia. L'editore spedisce a Velate il fido Cerati, che non se ne andrà fin quando il Maestro abbia finito il lavoro. E il Maestro, al solito controvoglia, si mette al lavoro, sorretto da whisky e caffè forniti dalla signora Mimise, lavorando di china e di gouache. La sua è una Lombardia lavica, siciliana, nera, grigia, con macchie ricciute di verdi e di rossi, profili adunchi e stilizzati e scene di massa. La semplificazione di Guttuso arriva un'altra volta a bersaglio.

# Pier Paolo Pasolini e il Lager di Francoforte

Era arrivato a Francoforte nella divisa d'ordinanza, giubbetto di pelle, jeans che sembravano cuciti addosso. Il fisico prosciugato dall'agonismo, dalla febbre di vita che lo consumava: a cinquant'anni era un fascio di nervi e di tendini. Si autodefiniva «sano come un pesce e completo come un albero». Poteva anche essere un operaio, un artigiano politicizzato, uno di quei militanti in odore di eresia che i politici professionali cercano di strumentalizzare e alla fine cacciano (era successo anche a lui con il Pci). La sua maschera era già diventata un brand: gli zigomi puntuti, le ossa del cranio prominenti, la montatura nera degli occhiali, la voce un po' in falsetto. Sembrava l'avesse dipinta un qualche pittore medioevale, tipo Barna da Siena, uno specialista in diavoli e tormenti, in sarabande di dannati pietrificati nelle loro colpe.

Era l'ottobre del 1975. Giulio Einaudi lo aveva invitato alla Buchmesse per presentare una iniziativa editoriale che era stata ideata da Giulio Bollati, suo braccio destro: la «Biblioteca Giovani», cinquanta volumi divisi in scatole da dieci, prendere o lasciare, in cui la storia veniva raccontata da grandi scrittori o da grandi storici che avevano anche talento di narratore, come Gibbon. La presentazione avvenne, non ricordo perché, in un ristorante-birreria dall'arredamento in legno massiccio, un po' greve, da baita, con alti schienali. Nell'aria aleggiavano sentori aciduli di carni arrostite, di crauti.

Era la prima volta che lo vedevo. Parlava con la convinzione intenta e sommessa di un cospiratore, di un teologo della liberazione, come se si trovasse nel chiostro di un remoto monastero umbro. Stabiliva collegamenti fulminei e abissali tra epoche, autori, generi. Lasciava cadere come ovvie e naturali intuizioni lampeggianti che poteva produrre solo lui. Era uno sciamano talmente conscio dei suoi doni speciali da risultare freddo come un intagliatore di pietre dure. Questo un po' lo sapevo. Ogni settimana pubblicava sul «Tempo» recensioni scritte in Medio oriente o in un remoto Paese africano, sul set di un qualche suo film del periodo orientale (inseguiva la grazia innocente delle società primitive). Erano fulminanti, intuitive, geniali anche quelle. Cosí belle e cosí tante che finirono per riempire un libro di cinquecento pagine, *Descrizioni di descrizioni*. Dove trovasse il tempo di leggere e scrivere nelle sue giornate convulse, era un mistero.

Trasmetteva un'ansia di conoscenza, di rapidità, che era un invito a spingersi oltre i propri limiti. Come se avesse fretta di partire per un altrove tanto piú appetibile quanto piú carico di pericoli mortali. Si capiva che poteva essere al tempo stesso fraterno e irraggiungibile, timido e aggressivo, umile ed egolatrico. Era un marxista segnato dall'educazione cattolica, un mistico sconfitto ogni giorno dalla propria sensualità, un letterato ipercolto e iperdotto cui la letteratura non bastava. Scriveva con i pennelli, con la macchina da presa, con il proprio corpo. Era il piú potente degli ossimori di cui si è nutrita la nostra letteratura del Novecento.

In Einaudi era arrivato un anno prima, su «soffiata» di Nico Naldini, suo cugino: Pier Paolo non voleva restare con il suo editore storico, Garzanti, che aveva pubblicato un autore per lui insopportabile, bisognava muoversi in fretta. Guido Davico Bonino, che reggeva la segreteria con grande efficienza, si era precipitato nella campagna romana, dalle parti di Orte, sede del suo buen retiro:

una casa appoggiata a un antico rudere pisano, con grandi vetrate, e accanto un padiglione in legno che era il suo studio. Lí scriveva e dipingeva, si trasfigurava, diventava felice. Il nuovo contratto gli sarebbe servito soprattutto per acquistare e abbattere l'orribile capannone industriale che si ergeva poco lontano, un mostro di bruttezza che lo angustiava.

Accanto alle case, c'era anche un campetto di calcio. È lí che a mezzogiorno si allenava una quindicina di ragazzi. Lo sapevano tutti che Pasolini era il patron, l'allenatore, il capitano, il bomber di una squadra. Sin da quando giocava sugli sterrati del Friuli, per il suo furore agonistico lo chiamavano Stukas, come il temibile caccia tedesco. Lui era davvero un predatore, che affonda rostro e artigli nella polpa della vita, e nelle sue stesse carni.

Soltanto il giorno dopo ho capito perché Pasolini era venuto a Francoforte. Per compiacere il suo nuovo editore, magari. Non per visitare la celebre Fiera. Si era lasciato trascinare di malavoglia nella Halle Fünf, il padiglione che ospitava gli editori italiani. Era una enorme, disadorna scatola di cemento che a lui probabilmente ricordava l'odiato fabbricone di Orte. Scappò via quasi subito, mormorando sgomento: «È un Lager, è un Lager». Quella che doveva essere un'allegra vetrina di libri aveva le sembianze di un triste opificio di morte.

Gli avevamo prenotato un dignitoso albergo nella city. Declinò cortesemente, conosceva lui un posto dalle parti della stazione, che poi erano i quartieri degli immigrati e dei bordelli. La mattina partí tutto allegro per la sua vera missione. Sapeva che a Francoforte c'era un formidabile negozio della Adidas, con ogni bendidio in fatto di magliette, calzoncini e scarpette. Riempí valigie, pensando al meravigliato stupore della sua squadretta. Quindici giorni dopo lo ammazzarono su uno sterrato di Ostia dove non si potevano nemmeno tirare due calci alla buona.

## Cesare Garboli o della seduzione

La sua nascita era stata salutata da cento colpi di fucile, come fosse un erede al trono. In un certo senso lo era, la sua famiglia di potenti imprenditori del ramo costruzioni aveva una certa considerazione di sé. Era cresciuto con i segni del predestinato. Bello come un attore del cinema degli anni Trenta, allievo prediletto di Natalino Sapegno, non aveva voluto rinchiudersi in una carriera accademica. Per molti anni *enfant chéri* del mondo letterario romano, portava con una specie di divertita sprezzatura la sua eleganza altoborghese che guardava alla Francia e all'Inghilterra. Aveva un'intelligenza onnicomprensiva, nemica d'ogni burocratismo specialistico, aperta al discorso civile, al ragionamento sugli inguaribili vizi degli italiani. Quando parlava in pubblico non si sapeva se ammirare di piú la sorpresa delle intuizioni critiche, o il modo sapiente in cui le porgeva, modulando ipnoticamente pause e toni gravi della voce.

Letteratissimo, diceva che piú della letteratura gli interessavano le persone, tutto quello che la letteratura nasconde e rivela. I libri erano solo un mezzo per arrivare all'autore, orientarlo, guidarlo, ridurlo in suo potere, diventare lui. Non si rassegnava a cedergli la parola, voleva spiegarlo a se stesso. Introducendo gli *Scritti servili* (cioè di servizio, su commissione) aveva fatto outing: ognuna delle prefazioni raccolte nel volume «racconta una storia, o un evento, di seduzione». Nulla dunque lo affascinava come il sedurre e l'essere sedotti, nelle loro infinite varianti.

Si era occupato solo di scrittori che aveva conosciuto e frequentato da vicino per individuare non i segni della gioia di esprimersi ma le tracce lasciate da un'infezione misteriosa, da un male inspiegabile che trova nella creatività letteraria la sola possibilità di cura e di guarigione. Amava le nature un po' infantili: la Morante seduttrice bambina, la Ginzburg ostinata difensora delle proprie certezze, Delfini fanciullo in cerca di aiuto. Con i «suoi» autori aveva bisogno di stringere rapporti ravvicinati, che non escludevano le incomprensioni o addirittura lo scontro, e alla fine si rovesciavano in riconciliazioni e riscoperte. Perché è importante leggere anche «da una riva opposta e lontana». I libri per lui erano una macchina della verità.

Si scrive – argomentava – quando la gioia e il desiderio di vivere non bastano. Si scrive quando e perché si è malati. E se la letteratura nasce dal bisogno di liberarsi dalle passioni, se nasce dall'angoscia, dall'ossessione, dall'incubo, dalla frustrazione, dal rimorso, il modo migliore di fare delle diagnosi è proprio occuparsi delle patologie di chi ci sta piú vicino.

Non si voleva né critico né narratore. Si sentiva un lettore. Del romanziere gli mancava la fiducia indiscussa nella creatività della propria fantasia, in definitiva la presunzione. Al massimo poteva definirsi un «narratore di frodo». Ci sono due modi per esprimere una vocazione: uno è arrendersi senza troppe domande; l'altro è contraddirla, combatterla, erigerle intorno fossati, servitú e divieti.

In fuga da se stesso, rinnegava il cliché del talento precoce, del giovane genio. Incomincia a pubblicare tardi, e mai opere organiche, ma raccolte di scritti con l'aria di chi ha fatto in fretta e furia una valigia partendo per una destinazione che non è nota nemmeno a lui. Diceva: «Quello che eterneggia mi è poco congeniale. Piú volentieri, entro nell'ordine di idee che niente è piú sacro di ciò che non è stato ancora redento dallo stile, non ancora raggiunto dall'intelligenza». Lo intrigava ciò che è difettivo, dunque emendabile, dunque migliorabile, gestibile come un testo da mettere a punto. Praticava l'arte di un restauratore di gran gusto, che scopre in qualche remota soffitta pezzi pregiatissimi e li riporta alla bellezza dello splendore originale.

Delle sue molte nature, la piú manifesta era la passione teatrale. Non è solo per il fatto di aver abitato per tanti anni nell'opera di Molière, in un ininterrotto work in progress fatto di traduzioni e riflessioni mai soddisfatte; o in Shakespeare, sfida degli ultimi anni. Si sentiva contemporaneamente autore, capocomico, attore, storico, critico, spettatore disinteressato. Aveva un orecchio musicale che gli faceva percepire ogni minima vibrazione di un testo; di qui, anche, le sue magistrali riuscite di traduttore. Dell'uomo che vive il teatro in ogni suo aspetto aveva il nomadismo, l'inquietudine motoria, la ricerca di nuove sfide. Al di là di tutto questo, percepiva il mondo come una gigantesca rappresentazione in cui si muovevano personaggi e maschere che, pur nell'infinita varietà dei caratteri umani, per lui sembravano non avere segreti. Un serbatoio di storie che lo affascinavano, anche perché potevano spiegare l'oggi. Tartufo, impostore principe, era perfetto per riflettere sulle cose italiane, popolate di ladri e assassini.

Del capocomico aveva le capacità anche organizzative. Uomo di tutte le finezze e sottigliezze intellettuali, psicologiche, diplomatiche, l'ho spesso immaginato alla corte di Francia, nei panni di un Richelieu, di un Mazzarino. Lí avrebbe potuto dispiegare al meglio la sua immaginazione progettuale, né lo avrebbero scoraggiato le relazioni umane difficili e persino maligne con cui avrebbe dovuto fare i conti. Erano proprio gli organismi complessi a offrirgli un campo d'osservazione in cui poteva esercitare l'eleganza del suo acume.

I rapporti che teneva con alcuni dei principali editori italiani (la breve esperienza del Saggiatore di Alberto Mondadori, il saturnino Giangiacomo Feltrinelli, poi Einaudi, Adelphi, Garzanti) portavano sí il tratto cardinalizio del politico d'alto rango, ma erano insieme sofisticati e candidi, calcolati e generosamente arrischiati, puntuali e distratti. Si capiva che avrebbe voluto modellare a sua immagine e somiglianza quelle case prestigiose per intero, ben al di là di una serie, di una collana, di singole proposte. Poi al piacere di disegnare vasti progetti subentrava il piacere di singole curatele: le edizioni di Pascoli (per lui il poeta di un «eterno, lugubre piagnisteo» era invece molto divertente), le perle rare della serie che dirigeva per Adelphi, in cui era comparso tra l'altro lo straziante memoriale di Matilde Manzoni, che aveva patito la sventura di genitori anaffettivi. Testi brevi, cui lui incollava centinaia di pagine critiche, equipaggiate di tutto punto. Diceva: «Mi piace smontare i testi, rivoltarli, aggirarmeli tra le mani, sentire il loro polso che ancora batte, il loro fiato di organismi ancora vivi e carnali, ma solo per vedere come si articolano, come respirano, e se sono prodotti originali o d'imitazione».

La vocazione del narratore non si decideva a venire allo scoperto, a farsi pienamente accettare da se medesimo. Sia che scrivesse un «risvolto» editoriale, un saggio o un elzeviro, l'estro narrativo balzava fuori evidente. Finiva sempre per fare dell'autobiografia appena travestita negli autori amati, in cui era installato per rivelarli a se medesimi: Longhi, Delfini, Penna, Soldati, Parise. Ma era con le scrittrici che la simbiosi, il transfert, il lucido invasamento dava il meglio di sé, da Susanna Agnelli a Natalia Ginzburg, da Elsa Morante a Rosetta Loy.

Apparteneva alla schiera di saggisti-scrittori che sono una delle felici singolarità della cultura italiana: dal Leopardi dello *Zibaldone* a Croce, da Longhi a Macchia, sino a Magris e a Calasso. Il «suo» autore era Chateaubriand: l'uomo che faceva uso di tutte le tecniche del giornalismo moderno senza che nessuno gliele avesse insegnate. Lo aveva inseguito sin nel Limosino, nel castello di famiglia a Combourg, sino a Saint-Malo. Anche lui quando viaggiava poteva sembrare uno snob, ma non un dandy: «Non è uno che guarda e contempla il mondo, è uno che studia e si impiccia di governarlo». Un altro outing: anche lui si sarebbe impicciato di governare il mondo, non fosse che poi c'erano tante cose piú divertenti da fare.

Nel 1979, inorridito dal delitto Moro, aveva lasciato Roma, città sempre piú «infetta, sinistra e spettrale». Gli era diventato difficile sentirsi cittadino del suo paese, e insopportabile incontrare tutti giorni i politici e gli intellettuali che erano la reincarnazione di Tartufo (un disgusto che divideva con Sciascia). Si era ritirato nella casa famigliare di Vado di Camaiore, isolata in un bosco, accanto a una ruota che faceva girare il frantoio, ombrosa, umida e massiccia come una fortezza. Da tempo si era svuotata delle tante presenze che l'avevano affollata, ma questo non gli dava malinconia: la sentiva ancora calda di una vita trapassata, ma non defunta. Gli armadi ospitavano ancora legioni di tazze, tazzine e piatti spaiati, pentole gigantesche, una mastodontica affettatrice rosa dalla ruggine. In salotto un quadro enorme, pensabile solo in una reggia, effigiava la famiglia all'epoca del suo massimo splendore: padre e madre in alto, come santi protettivi, all'ombra di un ulivo, le cinque sorelle in gonna blu e camicia bianca, Cesare in piedi appoggiato a un albero, in pantaloni corti, che cerca di frenare le effusioni di un cane.

Lavorava a un tavolo largo come una piazza, ingombro di cartelle, progetti, ritagli. Le farfalle gialle dei post-it erano posate dappertutto. Aveva la civetteria di coltivare mele bio, racconta Rosetta Loy: alla fine ne aveva ricavato due cassette vendute a un fruttivendolo di Viareggio con autentica euforia.

Da lí, viaggiava spesso, come Chateaubriand: l'altopiano metafisico di Sils-Maria, con i suoi laghi e le nevi, affacciato sull'infinito, come la siepe di Leopardi; Parigi, dove aveva trovato casa in rue Mazarine, un piccolo appartamento che era stato del sarto di Louis Jouvet: lí continuava a parlare con Molière, a stupirsi di quante cose avessero in comune: scetticismo e curiosità vitale, misantropia e necessità di innamorarsi, generosità e possessività, malinconia e mondanità.

# Umberto Eco, ritratto dell'artista da giovane

Uno dei piaceri di guardare le vecchie fotografie consiste nel gioco di indovinare la persona adulta che conosciamo nei tratti in progress della giovinezza. In una postura, un gesto, un tic stanno già cifrate molte cose.

L'Umberto Eco che ci è diventato indispensabile sta già negli anni di formazione passati in una Torino che sembrava l'America: l'El Dorado dell'innovazione, la città delle opportunità da cogliere a volo, il luogo in cui realizzarsi. Umberto ci arriva dalla natia Alessandria nel 1950 per iscriversi a Lettere. Alla maturità ha scelto come tema *Orientamenti del pensiero politico italiano nella prima metà del secolo* XIX, ma ci ricava solo un «Discreto». Al liceo Plana è stato il piú brillante, anche se non il primo della classe. Non pratica sport, non si interessa al calcio, non balla, non fuma perché è ligio al codice di Azione cattolica, della cui sezione giovanile diventa presto un dirigente nazionale. In compenso suona il flauto con il suo grande amico Gianni Coscia, fisarmonicista jazz, e ha talento di vignettista. Mentre ascolta le lezioni di storia traduce i grandi eventi (da Edipo al Congresso di Vienna) in fumetti stile Jacovitti, le cui strisce furoreggiano sul settimanale cattolico per ragazzi «Il Vittorioso». Il futuro maestro di pirotecnie verbali, giochi di parole, nonsense, calembour, motti e frizzi è già lí.

A Torino è ospite del collegio Einaudi di via Galliari con il compagno di banco Mario Garavelli, mandrogno anche lui e futuro magistrato. Ci passeranno anche Gian Luigi Beccaria, Massimo L. Salvadori, Claudio Magris. Ci si entra per concorso, e c'è un bel clima. Incontri, discussioni con studenti di altre facoltà, concerti, un po' di teatro dove si entra gratis per fare la claque. A Palazzo Campana, sede della facoltà, Umberto svetta: tutti trenta e trenta e lode, tranne un ventinove e due ventisette, di cui uno – guarda caso – proprio in Letteratura italiana. Che ha una marcia in piú lo capiscono anche nella redazione del giornale degli studenti, «Ateneo», dove lui è cosí bravo da suscitare qualche gelosia.

La facoltà abbonda di docenti d'eccezione, lui sceglie Luigi Pareyson, carismatico professore di Estetica. È un filosofo di vasti interessi, che spaziano dalla cultura classica a quella contemporanea, e l'allievo prende da lui l'attitudine a guardare a tutto campo. L'altro cocco del Maestro è Gianni Vattimo. Pareyson dirotta Vattimo su Aristotele ed Eco sull'estetica di Tommaso d'Aquino, su cui scriverà la celebre tesi. Durante le sue ricerche smette anche di credere in Dio. Commenterà ironicamente: «Si può dire che Tommaso mi abbia miracolosamente curato dalla fede». Però alla fine Pareyson mette in cattedra Vattimo, non lui. Era un po' suscettibile, ha spiegato Vattimo, e «Umberto era una linguaccia, non rinunciava alla battuta, e anche se a Natale gli mandava puntualmente gli auguri, a Milano lo aveva "tradito" filosoficamente con il collega Enzo Paci. Però Pareyson sapeva che era in gamba, magari perfino piú bravo di me», scherzerà poi Gianni. Alla fine Umberto si è accorto che in fondo i suoi sono tutti romanzi di formazione, in cui c'è un giovane che apprende e cresce nel forte legame formativo con un maestro piú anziano. Per questo ha voluto fare il professore: per restituire il molto che aveva ricevuto.

Il futuro prossimo del neolaureato non è l'Università, ma la neonata Rai, fucina d'iniziative e di nuovi talenti grazie all'amministratore delegato Filiberto Guala, democristiano d.o.c. di larghe vedute, che con Fanfani s'era inventato il piano «Ina-Casa». Guala fa entrare per concorso trecento neolaureati selezionati su trentamila concorrenti. Sono le infornate che portano in Rai Fabiano Fabiani, Angelo Guglielmi, Piero Angela, Ugo Gregoretti, Folco Portinari. Guala (che nel 1960 lascerà la vita attiva per farsi frate trappista) va anche a pescare nella giovane sinistra cattolica tre pezzi forti, Eco, Vattimo e Furio Colombo e li assume come borsisti a sessantacinquemila lire al mese.

Prima di essere rispediti negli studi di via Montebello, i tre seguono un corso di formazione a Milano dove diventeranno amici per la vita. I «corsari», come li chiamano, fanno un settimanale che si intitola *Orizzonte*: va in onda dalle 18 alle 19 ed è pensato per i giovani. Presenta Vattimo che è uno dei belli del gruppo. Oltre alle interviste in studio, si cimentano anche in complicate riprese in esterni con enormi pullman. Eco è il piú lesto a capire le potenzialità e le dinamiche sociali del nuovo linguaggio. Osservando il signor Mike, che si aggira amabilmente negli studios con l'aria del veterano, prende appunti mentali per scrivere il leggendario saggio *Fenomenologia di Mike Bongiorno*. La Rai è il laboratorio ideale in cui sperimentare gli incroci tra cultura alta e cultura popolare che lo renderanno famoso.

Eco è già Eco. Mostro di erudizione senza darlo a vedere, nemmeno consapevole della sua superiorità, empatico, giocherellone, curioso di tutto, a suo agio nel gioco di squadra, non disdegna il gossip e semina battute memorabili. Una miniera di barzellette (per questo, dice Vattimo, ancora adesso ne so piú io di Berlusconi). Diverte e si diverte. Mentre fa il servizio militare, il barbuto filosofo televisivo si fidanza con Enza Sampò, che è già una star del piccolo schermo. Umberto le consiglia cosa leggere: *La noia* di Moravia e *Lolita* di Nabokov. La madre di Enza teme che quei libri scandalosi possano traviare la ragazza. Lui le scrive una bella lettera, in cui spiega che per farsi una formazione completa occorre leggere di tutto.

Firma i suoi primi articoli e saggi «Dedalus», omaggio all'amato Joyce. Cosí si nasconde e si svela per quello che è, un costruttore e un esploratore di labirinti che vuole divertirsi qualsiasi cosa faccia. Con lui il sapere ha perso il suo grigio abito quaresimale e penitenziale, le sue catene ideologiche, il suo sussiego padronale. È diventato effervescente come la vita, ha imparato a sorridere, in primo luogo di se stesso.

# Congedo

# Finestre illuminate nella sera

Virginia Woolf avvicinava i libri di memorie a certe case verso sera, quando si accendono le prime luci ma le tende delle finestre restano aperte, e noi possiamo cogliere da fuori l'ordinato svolgersi delle esistenze quotidiane: le domestiche spettegolano, i signori cenano, una ragazza si sta vestendo per un party, un'anziana signora se ne sta ancora alla finestra a tricottare. Ci fa piacere guardare, aggiungo io, non per un voyeurismo un po' malevolo (anche le famiglie privilegiate non sfuggono a miserie piccole e grandi) ma per vedere come sono certe vite al naturale, quando possono essere semplicemente se stesse, e non ci sono presenze estranee che possano modificarne i comportamenti spontanei. Quando insomma non si recita il copione che ci siamo assegnati.

A quelle sere vorrei somigliasse questo album che si chiude, lasciando riquadri di finestre inesplorate. Avevo perfino pensato, dopo aver scritto tanti «coccodrilli», che avrei potuto chiudere l'album con un necrologio di me medesimo, un selfie in forma di «autococcodrillo», come in un gioco apotropaico. Ci ho provato, ma il risultato mi ha lasciato insoddisfatto. Mettersi accanto a tanti protagonisti del miglior Novecento sarebbe stato un gesto di immodestia. E poi lo speciale statuto dei «coccodrilli» impone di sottolineare adeguatamente le molte virtú di chi ci ha appena lasciato, senza enfatizzare debolezze grandi o piccole, gli aspetti inquietanti o addirittura perturbanti, anche se lo scandaglio dell'ombra è il compito specifico della letteratura. L'abilità di sapersi eviscerare in pubblico evitando l'esibizionismo e trasformando il proprio imbarazzante privato in racconto, in una forma superiore di conoscenza, è di pochi, e non è la mia. Come dice Valerio Magrelli, «Mi sento mezzo, | certe volte, doppio, | mai uno, invece, | mai lo stesso».

L'autobiografia è il piú delle volte fiction, o autofiction, come si dice adesso. Penso, come Carlo Fruttero, che presupponga un'idea statuaria di se stessi o l'ambizione di lasciare una traccia, anche se dopo Manzoni è difficile pensarsi in termini monumentali. La vera autobiografia di uno scrittore, il suo profilo piú autentico, va cercato nella scrittura. Lí non può nascondersi, anzi, si rivela per intero. La scrittura, come lo stile, è l'uomo. Non è un abbellimento posticcio, è sostanza, è quello che fa la differenza con la comunicazione. È anche fatica, conquista, rovello.

La mia vera avventura è stata ed è la scrittura, il colore delle parole, le infinite potenzialità che contengono. Mi addolora che sia oggi cosí poco considerata, che non sia ritenuta l'elemento decisivo per valutare la qualità di un'opera. Il «come» si racconta resta ai miei occhi infinitamente piú importante di quello che si racconta. Valga per tutti il *Tristram Shandy* di Lawrence Sterne. Gli autori di cui ho raccontato in questo libro hanno dedicato alla scrittura un impegno assoluto, totalizzante. Forse questo album è proprio un romanzo della scrittura, di tante scritture, del loro farsi, e incrociarsi e nutrirsi reciprocamente.

Che cosa raccontare, d'altra parte? Non ho cacciato leoni come Hemingway, non ho fatto la guerra partigiana come Fenoglio, né il cercatore d'oro come Jack London, né il musicista rock, il medico dei poveri come Céline. Purtroppo non ho potuto fare nemmeno il marinaio come Conrad né ho cacciato balene come Melville. Solo saltuariamente ho potuto soddisfare la passione per la vela, uno degli esercizi spirituali piú gratificanti che si possano dare, comunione perfetta con il senso del tutto che si nasconde nel mare, via ideale al numinoso: il «senso oceanico» di cui parlava Primo Levi a chi gli chiedeva se fosse credente. Al massimo, prima di entrare in editoria ho lavorato in una compagnia d'assicurazioni, ramo sinistri. Come Kafka, modestamente (però non ho avuto alcun conflitto con mio padre).

Se autobiografia avesse da essere, preferirei parlare degli aspetti meno conosciuti del lavoro editoriale, come lo scrivere «risvolti» e «quarte» di copertina, quelli che si chiamano paratesti; o leggere manoscritti, o tradurre. Sulla sottile arte del «risvolto», che è «come presentare un amico a un amico», Roberto Calasso ha scritto pagine deliziose («l'arte della lode precisa non è meno difficile di quella della critica devastante», anche perché «il numero degli aggettivi adatti per lodare gli scrittori è infinitamente minore di quello degli aggettivi disponibili per lodare Allah»). Dal canto mio, posso vantarmi di essere uno degli autori (ignoti) piú letti d'Italia, avendo scritto centinaia di «risvolti», per il buon motivo che un «risvolto» lo leggono tutti, anche chi dopo averlo letto non comprerà il libro o chi, avendolo comprato, magari non lo leggerà mai. La vera insidia del «risvolto» è che deve trovare un punto di equilibrio tra la promozione commerciale, l'invito all'acquisto, e la chiave di lettura capace di offrire un orientamento. Quanto alla valutazione dei manoscritti, non è troppo lontana dai tristi doveri degli oncologi. Per un annuncio gioioso di prossima pubblicazione, ce ne sono mille che comunicano una diagnosi infausta, e affondano le legittime speranze dell'aspirante autore. Impossibile non sentirsi rattristati dalla sua frustrazione.

Al dovere di un uso etico della parola ci richiama il lavoro di traduttore, che mi è molto caro. La traduzione non è una modesta attività di servizio, che riguarda soltanto una specifica corporazione: investe una questione centrale, la comparazione e il confronto tra sistemi linguistici e culturali, cioè il cuore delle civiltà. È «un lavoro che va a fondo della conoscenza», come ha scritto Renata Colorni. Il traduttore è un co-autore a tutti gli effetti, ma senza l'egoismo narcisistico e un po' predatorio dell'autore. Semmai la sua natura è «oblativa», materna, quella che tutto dà senza nulla chiedere, come ha detto splendidamente la stessa Colorni.

Preferirei parlare della biografia delle parole, di come nelle parole stiano miniaturizzati interi mondi, storie, congiunture storiche. Per esempio, la parola «furbo», che nel gergo degli studenti padovani di fine Quattrocento indicava il ladro, il *fur* dei latini, è presto entrata nella *koinè* nazionale sino a diventare il simbolo stesso della scarsa o nulla vocazione civile di un Paese.

Sono autentiche delizie quelle che stanno nascoste nei dizionari etimologici e in quelli dialettali, formidabili specchi di culture e civiltà ricchissime, che siamo soliti liquidare come arcaiche, obsolete, remote anni luce dal globalismo imperante. Il meraviglioso dizionario milanese-italiano del Cherubini, che Manzoni teneva sul tavolo, elenca quarantasette tipi diversi di sorbetto. Al confronto della Milano dei primi decenni dell'Ottocento, il nostro mondo linguistico è una discarica di plastica e cemento.

L'album è finito, e vi ritrovo tutto quello che la famiglia allargata mi ha dato. Provo gratitudine, tenerezza e l'orgoglio di averne fatto parte. Insieme, abbiamo condiviso l'illusione, mai dichiarata eppure reale, di cambiare un po' in meglio il mondo con i buoni libri. Forse non ci siamo riusciti, ma ci siamo divertiti moltissimo.

Con questi famigliari elettivi parlo tutti i giorni, mi chiedo cosa penserebbero, come si comporterebbero loro. Ci sono morti che stanno con noi con un'evidenza anche maggiore di quando erano vivi. Non è la sterile nostalgia a muoverci verso di loro, il rimpianto di età dell'oro che esistono solo nella pietosa immaginazione con cui ci reinventiamo il passato, depurandolo delle negatività. È la stessa necessità di rivisitare i «classici», di darne letture sempre nuove. L'ammirazione che proviamo per loro è inversamente proporzionale alla deprimente pochezza dei nostri giorni. Sono contento che non possano vedere questo interminabile tramonto d'Occidente, una crisi di civiltà fatta di ignoranza, appiattimento verso il basso, arroganza, conformismo di massa, frustrazione che diventa violenza verbale e fisica, uso sempre piú sciatto e truffaldino del linguaggio. Mi solleva sapere che non debbano rammaricarsi che ancora una volta, come sempre, la Storia non insegna mai niente e nei millenni si ripetono gli stessi tragici errori, le stesse insensate violenze. Ha scritto Primo Levi: «Tu, uomo, sei stato capace di questo; la civiltà di cui ti vanti è una patina, una veste: viene un falso profeta, te la strappa di dosso, e tu nudo sei un mostro, il piú crudele degli animali». Se non mi vergogno di appartenere alle specie umana, metastasi che sta divorando il mondo naturale, lo devo anche a questi maestri e amici, a tutti coloro che vivono di libri, a critici, studiosi, traduttori, redattori, librai, bibliotecari, giornalisti, lettrici e lettori. È stato bellissimo fare un lungo pezzo di strada insieme a loro. Mi hanno accompagnato nei territori in cui cresce l'albero raro della Felicità.

*Nota*

Questa bibliografia parziale e sommaria riguarda principalmente testi biografici e autobiografici, capaci di illuminare il rapporto tra vita e opera degli autori rappresentati.

Sul lavoro di Italo Calvino in Einaudi si vedano *I libri degli altri. Lettere 1947-1981*, a cura di Giovanni Tesio (Einaudi 1991), e le *Lettere 1940-1985*, a cura di Luca Baranelli («Meridiani» Mondadori 2000). Scritti autobiografici poco noti si trovano nell'*Album Calvino*, biografia per immagini a cura di Luca Baranelli ed Ernesto Ferrero (Mondadori 1995 e 2003). Il saggio *Sono stato stalinista anch'io?* è compreso nel volume *Saggi* dei «Meridiani» (a cura di Mario Barenghi, Mondadori 1995). I mesi movimentati dei fatti d'Ungheria e dei travagli del Pci sono raccontati nei diari 1956-58 di Daniele Ponchiroli (*La parabola dello Sputnik*, Edizioni della Normale 2017). Le corrispondenze del viaggio americano del 1959-60, *Un ottimista in America*, sono state pubblicate da Mondadori nel 2014.

Nella sterminata bibliografia degli studi su Primo Levi segnalo almeno la poderosa summa di Marco Belpoliti, *Primo Levi di fronte e di profilo* (Guanda 2019), il numero speciale di «Riga» (n. 38, a cura di Mario Barenghi, Marco Belpoliti e Anna Stefi, Marcos y Marcos 2018), la biografia per immagini *Album Primo Levi* (a cura di Roberta Mori e Domenico Scarpa, Einaudi 2017), e la sintesi introduttiva di Ernesto Ferrero *Primo Levi. La vita e le opere* (Einaudi 2007). Il terzo volume delle *Opere complete*, a cura di Marco Belpoliti, raccoglie conversazioni, interviste e dichiarazioni, comprese due diverse stesure dell'importante intervista di Philip Roth in visita a Torino nel settembre 1986, poi uscita su «The New York Times Book Review» e in traduzione italiana su «La Stampa», in due puntate. Indispensabile strumento di lavoro è la recente *Bibliografia di Primo Levi* a cura di Domenico Scarpa (Einaudi 2022).

Il *Colloquio con Giulio Einaudi* di Severino Cesari, la cui edizione piú recente è presso Einaudi (2018), è l'intervista piú ampia che l'editore abbia rilasciato. La integrano le conversazioni con Paolo Di

Stefano in *Tutti i nostri mercoledí* (Casagrande 2001). Ricco di indagini su singole vicende è *Libri e scrittori di Via Biancamano. Casi editoriali in 75 anni di Einaudi*, a cura di Roberto Cicala e Velania La Mendola (EDUCatt 2009). Si veda anche *Giulio Einaudi. Un ritratto* di Walter Barberis (Einaudi 2011, edizione fuori commercio per gli amici della casa editrice).

Brevi scritti autobiografici di Giulio Bollati sono raccolti in *Memorie minime* (introduzione di Claudio Magris, Archinto 2001). Si intitola *Le intermittenze del ricordo. Immagini di cultura italiana* il catalogo della mostra delle sue fotografie (a cura di Albertina Bollati, Carlo Bertelli *et al.*, Fondazione Torino Musei 2006).

La storia di Paolo Boringhieri e della sua casa editrice è puntualmente ricostruita dalla figlia Giulia in *Per un umanesimo scientifico* (Einaudi 2010).

Di Luciano Foà ha lasciato un affettuoso ritratto Manuela La Ferla nel catalogo della mostra *L'editore con la matita. La biblioteca di Luciano Foà* (Fondazione Mondadori 2018).

Erich Linder ha trovato un biografo accurato in Dario Biagi (*Il dio di carta*, Avagliano 2007). Carlo Feltrinelli ha ricostruito la vicenda del padre Giangiacomo in *Senior Service* (Feltrinelli 1999; nuova edizione con lettere e documenti inediti, 2022).

Sul rapporto di Elvira ed Enzo Sellerio con Leonardo Sciascia, ho citato da *Leonardo Sciascia scrittore editore*, a cura di Salvatore S. Nigro (Sellerio 2019).

Su Livio Garzanti si veda *Una vita con i libri*, il volume che raccoglie appunti, racconti e interviste (a cura di Louise Michail Garzanti, Interlinea 2021). Il senso profondo del lavoro editoriale è raccontato mirabilmente da Roberto Calasso in *L'impronta dell'editore* (Adelphi 2013).

Su Cesare Pavese oltre a *Il mestiere di vivere* (nell'edizione a cura di Marziano Guglielminetti e Laura Nay, Einaudi 2020) si veda l'affidabile biografia di Lorenzo Mondo, *Quell'antico ragazzo* (Rizzoli 2006, Guanda 2021). Per il Pavese editore, accanto alla monumentale ricerca di Luisa Mangoni *Pensare i libri. La casa editrice Einaudi dagli anni Trenta agli anni Sessanta* (Bollati Boringhieri 1999), restano imprescindibili i due volumi di *Lettere 1924-1944* (a cura di Lorenzo Mondo, Einaudi 1966) e *1945-1950* (a cura di Italo Calvino, Einaudi 1966); e *L'editore Cesare Pavese* di Giancarlo Ferretti (Einaudi 2017).

*Eugenio Montale. Immagini di una vita*, a cura di Franco Contorbia (Mondadori 1996), è un accorto montaggio di fotografie per lo piú inedite e scritti dell'autore. Il carteggio di Einaudi con Montale per la pubblicazione di *Le occasioni* (1939) è stato pubblicato nel 1988 (Einaudi, edizione fuori commercio).

Tra i rari testi autobiografici di Norberto Bobbio spicca *De Senectute* (Einaudi 1996). La reggenza di Massimo Mila in Einaudi durante gli anni di guerra è documentata nelle *Lettere editoriali* (Einaudi 2010, edizione fuori commercio). Le pagine dedicate alla montagna sono raccolte in *Scritti di montagna* (Einaudi 1992, Rizzoli 2014).

Una scelta delle lettere dal carcere tra il 1935 e il 1943 di Vittorio Foa è raccolta in *Lettere della giovinezza* (a cura di Federica Montevecchi, Einaudi 2010). Accanto a *Il Cavallo e la Torre. Riflessioni su una vita* (Einaudi 1991), si vedano anche le conversazioni con Giovanni De Luna, Carlo Ginzburg, Pietro Marcenaro, Claudio Pavone e Vittorio Rieser raccolte in *Scelte di vita* (Einaudi 2010). La famiglia Foa è raccontata da Anna Foa in *La famiglia F.* (Laterza 2020).

A Nuto Revelli è dedicato il numero 55 di «Il Presente e la Storia», rivista dell'Istituto storico della Resistenza di Cuneo, a cura di Michele Calandri e Mario Cordero, con saggi, testimonianze e documenti (giugno 1999). Le conversazioni e le interviste tra il 1966 e il 2003 sono raccolte in *Il testimone* (a cura di Mario Cordero, Einaudi 2014). L'articolo di Lalla Romano su Revelli è compreso in *Un sogno del Nord* (Einaudi 1989).

Le conversazioni e interviste di Mario Rigoni Stern sono ospitate nel volume *Il coraggio di dire di no*, a cura di Giuseppe Mendicino (Einaudi 2018). La descrizione della sua casa fatta da Eraldo Affinati si trova in *Compagni segreti. Storie di viaggi, bombe e scrittori* (Fandango 2006). Cesare Cases ha affidato le sue memorie a *Le confessioni di un ottuagenario* (Donzelli 2003).

*Lettore di casa editrice* di Giuseppe Pontiggia è pubblicato da Henry Beyle (a cura di Antonio Franchini, 2013).

A Natalia Ginzburg ha dedicato un'accurata biografia Sandra Petrignani (*La corsara*, Neri Pozza 2018). La descrizione che dà Goffredo Parise del carattere di Natalia si trova in *Quando la fantasia ballava il «boogie»* (Adelphi 2005). L'articolo *Due fratelli* è uscito su «La Stampa» del 16 marzo 1978. Su Elsa Morante, la recente biografia di René de Ceccatty, *Elsa Morante. Una vita per la letteratura* (Neri Pozza 2020). Di ispirazione dichiaratamente autobiografica è l'intera produzione di Lalla Romano, pubblicata da Einaudi. Il ritratto che Carlo Fruttero ha dedicato a Chichita Calvino è raccolto in *Mutandine di chiffon. Memorie retribuite* (Mondadori 2010).

Le lettere di Gianni Rodari all'Einaudi sono raccolte in *Lettere a Don Julio Einaudi, Hidalgo editorial e ad altri queridos amigos (1952-1980)*, a cura di Stefano Bartezzaghi (Einaudi 2006, edizione fuori commercio). La lunga lettera di Calvino a Salinari si trova in *Lettere 1940-1985* cit. Le principali opere di Bruno Munari (*Le macchine di Munari*, *Fotocronache*, *Codice ovvio*) sono state ripubblicate da

Corraini. Sul sodalizio Fruttero & Lucentini si vedano *Mutandine di chiffon* cit., *Da una notte all'altra* di Carlo Fruttero (Mondadori 2015) e *I ragazzi di via Po. 1950-1961: quando e perché Torino ritornò capitale* di Aldo Cazzullo (Mondadori 2013). Su Franco Lucentini, *Uno. Doppio ritratto di Franco Lucentini* di Domenico Scarpa (Duepunti edizioni 2011).

Tullio Regge ha affidato molti particolari biografici al *Dialogo* con Primo Levi (a cura di Ernesto Ferrero, Edizioni di Comunità 1984; nuova edizione Einaudi 2005) e piú distesamente a *L'infinito cercare. Autobiografia di un curioso* (con Stefano Sandrelli, Einaudi 2012). L'articolo citato di Massimo Piattelli Palmarini si intitola *L'occhio del fisico e i sogni del poeta*, pubblicato sul «Corriere della Sera» il 22 aprile 1985.

Guido Ceronetti ha raccontato la sua giovinezza in *Piccolo inferno torinese* (Einaudi 2003). *Un viaggio in Italia* (1983) e *Albergo Italia* (1985) sono pubblicati da Einaudi. *Il Gineceo*, traduzione dell'immaginario poeta turco Mehmet Gayuk (Adelphi 1988), è stato ripubblicato con il proprio nome come *Poemi del Gineceo* (Adelphi 2012).

A Beppe Fenoglio ha dedicato una bella biografia Piero Negri Scaglione (*Questioni private. Vita incompiuta di Beppe Fenoglio*, Einaudi 2006); Alessandro Baricco ha scritto di *La paga del sabato* in *Una certa idea di mondo*, uscito su «la Repubblica» il 4 novembre 2012. *Bellas mariposas* di Sergio Atzeni è pubblicato da Sellerio (1996). I libri di Daniele Del Giudice sono pubblicati da Einaudi.

A Goffredo Parise hanno dedicato un numero speciale «Nuovi Argomenti» (n. 55, luglio-settembre 2011) e «Riga» (n. 36, 2016, a cura di Marco Belpoliti e Andrea Cortellessa, che comprende testi inediti, diari e lettere e una sostanziosa antologia della critica). Come vita e opere siano in Parise strettamente connesse lo dimostra Silvio Perrella in *Fino a Salgarèda. La scrittura nomade di Goffredo Parise* (Rizzoli 2003). Sempre Perrella ha curato *Quando la fantasia ballava il «boogie»* cit., raccolta di scritti su letteratura, arte e cinema. L'elogio della neve si trova in *Accadde a Cortina* (Liaison 2010); Nico Naldini lo ricorda in *Alfabeto degli amici* (Ancora del Mediterraneo 2004). Testimonianza di una bellissima amicizia è *Caro Goffredo* di Raffaele La Capria (minimum fax 2005). Il primo libro di Oreste Del Buono, *Racconto d'inverno* (1945) è stato rieditato da minimum fax (2019).

L'interesse di Leonardo Sciascia per la fotografia è documentato nel volume *Sulla fotografia* (a cura di Diego Mormorio, Mimesis 2021). La lettera di Calvino a proposito di *Todo modo* è pubblicata in *Lettere 1940-1985* cit.

Di Roberto Cerati si vedano le *Lettere a Giulio Einaudi e alla casa editrice (1946-1979)*, a cura di Mauro Bersani (Einaudi 2014, edizione fuori commercio). Sul lavoro editoriale di Paolo Fossati il saggio di Valentina Russo, *«Einaudi Letteratura» di Paolo Fossati*, in «Studi di Memofonte», n. 13, 2014; in particolare, sulla collana da lui diretta, ho ripreso alcuni passaggi da *Colloquio con Giulio Einaudi* cit.

Su Renato Guttuso, l'articolo in cui Vittorini spiega le sue qualità di illustratore si trova su «Il Politecnico», n. 29, 1° maggio 1946.

A Cesare Garboli ha dedicato un intenso ritratto Rosetta Loy (*Cesare*, Einaudi 2018). Gli *Scritti servili* sono pubblicati da Einaudi (1989), *La gioia della partita. Scritti 1950-1977*, a cura di Laura Desideri e Domenico Scarpa, da Adelphi (2016).

Per i riferimenti piú specificamente letterari riepilogo qui di seguito i testi che ho riportato: nell'introduzione ai *Prediletti*, da Primo Levi, *L'asimmetria e la vita*, in *Opere complete*, vol. II (Einaudi 2017); su Primo Levi, da *La ricerca delle radici* (Einaudi 2018), *Storie naturali*, *Lilít e altri racconti* e *Conversazioni e interviste*, tutti compresi in *Opere complete* cit.; su Eugenio Montale, da *Il secondo mestiere. Prose 1920-1979* («Meridiani» Mondadori 1996); su Nuto Revelli, ho citato *Il mondo dei vinti* (Einaudi 2016); su Giuseppe Pontiggia, da *La grande sera* (Mondadori 2018); su Natalia Ginzburg, da *Lessico famigliare* (Einaudi 2014), *Un'assenza* (Einaudi 2016) e *Le piccole virtú* (Einaudi 2015); su Lalla Romano, i versi citati si trovano nel volume *Poesie* (Einaudi 2001); inoltre, ho riportato dei brevi brani da *Un sogno del Nord* cit., e *Diario ultimo* (Einaudi 2006); su Gianni Rodari, da *La grammatica della fantasia. Introduzione all'arte di inventare storie* (Einaudi Ragazzi 2020); su Bruno Munari, da *Fotocronache* (Corraini 1997), mentre l'epigrafe di Lao Tse si trova in *Da cosa nasce cosa. Appunti per una metodologia progettuale* (Laterza 2018); su Fruttero & Lucentini, da *L'amante senza fissa dimora* (Mondadori 2019); su Guido Ceronetti, gli aforismi citati si possono trovare in *L'occhio del barbagianni*, *Il silenzio del corpo* e *La lanterna del filosofo*, tutti pubblicati da Adelphi nel 2015; su Sergio Atzeni, da *Passavamo sulla terra leggeri* (Mondadori 1996, Ilisso 2003) e *Gli anni della grande peste* (Sellerio 2008); su Daniele Del Giudice, da *Staccando l'ombra da terra* (Einaudi 2017); su Leonardo Sciascia, da *Fatti di storia letteraria e civile* (Adelphi 2016) e *Candido, ovvero un sogno fatto in Sicilia* (Adelphi 2014); la poesia *La Sicilia, il suo cuore* è pubblicata nel volume *La Sicilia, il suo cuore - Favole della dittatura* (Adelphi 1997); su Vincenzo Consolo, da *La ferita dell'aprile* (2013), *L'olivo e l'olivastro* (2016), *Il sorriso dell'ignoto marinaio* (2019) e *La mia isola è Las Vegas* (2012), tutti editi da Mondadori; inoltre vi è una citazione da *Il Consiglio d'Egitto* di Leonardo Sciascia (Adelphi 2021); su Nico Orengo, da *Gli spiccioli di Montale: requiem per un uliveto* (2001), *Cartoline di mare* (1999) e *L'intagliatore di noccioli di pesca* (2004), tutti editi da Einaudi.

Nel capitolo conclusivo, *Finestre illuminate nella sera*, devo la citazione di Virginia Woolf a Mario Barenghi. I versi di Valerio Magrelli sono tratti da *Exfanzia*, Einaudi 2022. La frase di Renata Colorni è presa da una conversazione a cura di Ilide Carmignani inclusa nel numero 334 di «aut aut» intitolato *Compiti del traduttore* (aprile-giugno 2007). La citazione da Primo Levi si trova nella sezione «Pagine sparse 1947-1987» del secondo volume delle *Opere complete* cit.

Desidero ringraziare Ernesto Franco e Andrea Canobbio del calore con cui hanno accolto questo libro, e Marco Lazzarotto della cura redazionale, al solito impeccabile.

*Indice*

*Stampato per conto della Casa editrice Einaudi*
*presso* ELCOGRAF *S.p.A. - Stabilimento di Cles (Tn)*
*nel mese di ottobre 2022*

C.L. 25798

Ristampa 0 1 2 3 4 5

Anno 2022 2023 2024 2025